はじめに

3世紀の中国の歴史書である魏志倭人伝に記された邪馬壹国がどこにあったのか、日本古代史上最大のテーマであり、これまで多くの人々により論争が続けられて来た。しかし、倭人伝に書かれた邪馬壹国がどこにあったのか、未だに結論が得られていない。

江戸時代から畿内大和説と九州山門説とに分かれて地名比定論争が行われて来た。しかし、地名比定は倭人伝に書かれた「邪馬壹国」をどう読むのか、古代の倭の国名が正確に漢字漢音表記されたか、更に古代の地名が変化せずに今も残っているかなどの問題があり、結論を得ることは困難である。

その後今日まで、倭人伝の解釈を巡って論争が続けられて来た。古事記や日本書紀には邪馬台国の卑弥呼が神功皇后として描かれており、箸墓古墳を卑弥呼の墓と思わせる記述となっている。そのため一般には邪馬台国畿内説が受け入れ易いものとなっている。

倭人伝に書かれた邪馬壹国がどこにあったのか長い間の論争にも関わらず未だに結論が得られていない。その原因は倭人伝の正しい解釈がなされず、誤った倭人伝の解釈に基づいた論理性に欠けた議論が続けられていることにある。例えば纏向遺跡が邪馬台国畿内説の根拠にならないことは明白である。

邪馬台国畿内説は博多湾岸にあったとされる不彌国から南には水行が困難なことから、「南は東の書き誤り」として不彌国から東に水行十日陸行一月で邪馬台国に至るとするものである。古代史ファンの中には今でも「南邪馬台国に至る。水行十日陸行一月」という倭人伝の一節が頭から離れない方が多いのではないかと思われる。しかし、そもそも不彌国を起点に水行十日陸行一月で邪馬台国に至るとすること自体が誤りである。倭人伝は「郡より倭に至るには」で始まっており「郡より女王国に至る万二千余里」と記されている。「万二千余里」や「水行十日陸行一月」は郡、すなわち帯方郡からの里程である。

倭人伝には「女王国の東、渡海千余里、又国あり皆倭種なり」という記述がある。すなわち女王国の東に千余里海を渡ったところに又、倭の国があるというものである。この記述から、邪馬台国が畿内ではなく北部九州にあったことが示唆される。

これまでの定説では伊都国をイト国と読み、伊都国は糸島に比定されている。伊都国を糸島に比定すると、必然的に末蘆国は唐津、奴国は福岡となる。出版された書物の中には「末蘆国から伊都国、奴国までは邪馬台国畿内説、邪馬台国九州説ともに疑いがなく、多くが認める所となっている」と記されたものまで見受けられる。しかし、このことが倭人伝の正しい解釈を妨げる原因となっていると言っても過言ではない。

隋書倭国伝には対馬は「都斯麻」と表記されている。このことから伊都国の都は「ト」ではなく「ツ」と読むのではないかと思われる。すなわち、伊都国をイト国と読み糸島に比定したことが邪馬台国論混迷の原因であると言える。

本書はこれまで出版されている多くの著書や論文を参考に、矛盾のない倭人伝の解釈により邪馬壹国がどこにあったのかを明らかにしたものである。

本書の概要を示すと以下の通りである。

○帯方郡から狗邪韓国までが水行７千余里、更に、狗邪韓国から対馬国、一支国を経て末盧国までが水行３千余里である。従って、帯方郡から末盧国まで水行一万余里である。

古代の航海は夜間は危険なため早朝から日没までの日中の航行に限られ一日の航行距離は千余里である。従って水行一万余里は水行十日である。

○一尺は２３・１センチで、一歩は６尺、一里は５０歩で一里は６９ｍである。

○末盧国は東松浦半島であり、その北端の呼子から東南陸行五百里約３５ｋｍで伊都（イツ）国の中心地、唐津市鏡付近に至る。

次の点は本書『新邪馬台国論』で述べる倭人伝の新解釈の中心をなすものである。

○伊都国の都はトではなくツであり、伊都国はイト国ではなくイツ国で、唐津に比定される。

○倭人伝の「伊都国より東南百里、奴国に至る」はこれまで伊都国の中心地から奴国の中心地までが百里と解釈されて来たが、そうではなく東南百里で伊都国と奴国との「国境」に至ると解釈される。

これは生野眞好氏著『陳寿が記した邪馬台国』の「国境記述法」による。伊都（イツ）国の中心地唐津市鏡付近から東南に百里約７ｋｍ行くと玉島川に至る。ここが伊都国と奴国との「国境」である。

○倭人伝に「奴国戸数２万余戸」と記された奴国は「ナ国」ではなく倭奴（イト）国であり、

糸島に比定される。隋書倭国伝には「漢の光武帝の時遣使入朝した。又、安帝の時遣使朝貢した。これは倭奴国である」と記されている。後漢の光武帝の西暦57年に遣使朝貢して「漢委奴国王」の金印を下賜されたのは倭奴国である。又、後漢安帝の時、西暦107年に遣使朝貢したのも倭奴国である。

○旧唐書には「倭國者古倭奴國也」(倭国はいにしへの倭奴国である)と記されている。又、「日本国は倭国の別種也」と記されている。3世紀の倭の倭奴国とその後の畿内大和の日本国とが別種であるとされている。この記述は邪馬台国北部九州説を示すものである。

○倭奴国の中心地糸島市波多江付近から東に百里、約7km行くと今宿青木に至る。そのすぐ東に長垂山があり、ここが倭奴国と不彌国との「国境」である。

○藤崎は古くは「フミサキ」と呼ばれていたとされており、不彌国は現在の福岡市早良区藤崎に比定される。

○倭人伝には「女王国の以北はその戸数や道里を略載すべくも其の餘の旁國は遠絶にして詳らかにするを得ず」と記されている。投馬国は戸数5万余戸、水行二十日と戸数、道里が記載されており、投馬国は女王国の北にあり、投馬国の南に邪馬台国があると解釈される。

○邪馬台国の時代、鉄器の普及により水田稲作が拡大し人口が増加している。一戸の人数を4人とすると戸数5万余戸の投馬国の人口は約20万人となる。これより、投馬国は広い平野部にあったと考えられ、帯方郡から水行のみで到達可能な福岡平野に比定される。

○帯方郡から東松浦半島の先端の呼子まで水行十日、更に唐津湾、糸島半島の沿岸を航海して博多湾の荒津まで水行十日である。従って帯方郡から投馬国まで水行二十日である。
○投馬国の南に「水行十日陸行一月戸数七万余戸」と記された邪馬台国がある。帯方郡から呼子までの一万余里が水行十日、呼子から久留米市北野町付近まで約140km、二千余里である。陸行二千余里に一月を要し、帯方郡から邪馬台国まで水行十日陸行一月である。
○邪馬台国はその戸数が七万余戸であり、筑紫平野に比定される。邪馬台国の領域は筑紫野市、宝満川流域の筑前町、基山町、小郡市、鳥栖市、筑後川流域の朝倉市、大刀洗町、久留米市、八女市など筑紫・筑後平野全域である。

本書の大きなポイントは次の点にあり、これにより矛盾のない倭人伝の解釈が可能となる。

第一に「東南陸行五百里伊都国に到る」の陸行の起点は東松浦半島先端の呼子である。

第二に「投馬国に至る　水行二十日」と記された投馬国は帯方郡から水行のみで到達が可能な博多湾に面した福岡平野である。

第三に一里は69mである。古代に道路があったと思われるところを辿って距離を求めると、東松浦半島先端の呼子から久留米市北野町付近まで約140km、陸行二千余里である。

以上をまとめると帯方郡から末蘆国の呼子までの一万余里が水行十日、呼子から邪馬台国までが二千余里陸行一月で、帯方郡から邪馬台国まで一万二千余里、水行十日陸行一月である。

本書の結論は、末蘆国は東松浦半島、伊都国はイツ国で唐津、奴国は倭奴（イト）国で糸島、投馬国は福岡平野、邪馬台国は筑紫・筑後平野である。

倭人伝には「倭地を参問するに周旋五千余里ばかりなり」という記述がある。これは狗邪韓国から対馬、壱岐を経て末盧国までが3千余里、末盧国から邪馬台国までが陸行二千余里、合計五千余里であり、狗邪韓国から邪馬台国までの距離をより明確に示したものである。

倭人伝には正始八年（西暦２４７年）卑弥呼が帯方郡に使いを遣わして狗奴国との戦いの状況を報告させた。帯方太守は張政等を派遣して詔書、黄幢をもたらした。この後卑弥呼が亡くなり卑弥呼の宗女台与、年十三なるを王と為し、国中遂に定まるという記述がある。更に倭人伝には「台与使いを遣わして張政等が還るを送らしむ」という記述がある。張政等が倭に滞在したのは一年ないし二年と推定されることから、この記述は西暦２５０年頃のことと推定される。

この頃倭奴国と邪馬台国を中心とする勢力は畿内大和に東遷し、前期ヤマト王権を築いたものと考えられる。その際に卑弥呼の銅鏡百枚は畿内にもたらされ、畿内の前期古墳に副葬されたと推定される。京都府の元伊勢籠（この）神社に神宝として伝えられている異体字銘帯鏡は糸島の三雲南小路遺跡から出土している。又、長宜子孫銘内行花文鏡や伊勢神宮に神宝として祀られている八咫の鏡は同じものが糸島の平原遺跡から出土している。これらの鏡は3世紀の中頃倭奴（イト）国が畿内に東遷してもたらされたものと推定される。畿内の3世紀後半から4世紀初めに築造された前期古墳には舶載の三角縁神獣鏡が副葬されている。これが景初二年卑弥呼の遣使朝貢で魏から贈られた銅鏡百枚である。

古代の中国語の発音は漢字の旁（つくり）に基づいて発音され、邪馬壹国の壹の旁は「豆」で壹の発音は登と同じト、又はトウであったと考えられる。従って、邪馬壹はヤマトに近い発音であったと推定される。

魏志倭人伝の邪馬壹国に至る記述を以下に示す。倭人伝は従郡至倭（郡より倭に至るには）で始まっており、自郡至女王國萬二千餘里（郡より女王国に至る万二千余里）と記述されている。従って、邪馬壹国に至る起点は郡すなわち帯方郡である。

魏志倭人伝原文抜粋

従郡至倭循海岸水行歴韓國乍南乍東到其北岸狗邪韓國七千餘里
始度一海千餘里至對海國・・又南渡一海千餘里至一大國・・
又渡一海千餘里至末盧國・・
東南陸行五百里到伊都國・・
東南至奴國百里有二萬餘戸・・東行至不彌國百里・・
南至投馬國水行二十日可五萬餘戸
南至邪馬壹國女王之所都水行十日陸行一月可七萬餘戸・・
自郡至女王國萬二千餘里・・
女王國東渡海千餘里復有國皆倭種・・
参問倭地絶在海中洲島之上或絶或連周旋五千餘里・・

倭人伝の新解釈　新邪馬台国論　目次

目次

倭人伝の新解釈

新邪馬台国論

帯方郡より水行十日、末盧国に至る

倭人帯方東南大海の中

魏志倭人伝は中国の歴史書である三国志・魏書30巻中の烏丸鮮卑東夷伝の東夷伝・倭人の条を言い、西晋の陳寿（西暦233年～297年）により、3世紀末の西暦280年頃に編纂されたものである。

東夷伝には夫余伝、高句麗伝、沃沮伝、挹婁伝、濊貊伝、韓伝、倭人の条の東夷七ヶ国の記事がある。この内倭国のみが倭国伝ではなく倭人の条とされている。これは倭人伝中に「女王国の東、海を渡ること千余里、復（また）国有り、皆倭種なり」という記述があり、倭国全体を記述したものではないことによる。

魏志韓伝には次のように記されている。

韓は帯方の南に在り、東西は海を以て限りと為し、南倭と接す
韓には三種有り　一を馬韓と言い、二を辰韓と言い、三を弁辰と言う
馬韓は西に在り　五十四国有り　其の北は楽浪と、南は倭と接す
辰韓は東に在り　十二国有り　其の北は濊貊（わいはく）と接す
弁辰は辰韓の南に在り　亦、十二国　其の南は亦倭と接す

魏志倭人伝の時代、３世紀の朝鮮半島
（ 岡田英弘氏著『倭国』より引用 ）

紀元前3世紀、中国には西に秦、東に楚の二つの大国があった。紀元前221年に秦の始皇帝が中国を統一したが、その後紀元前202年に漢が中国を統一した。

中国北方にあった燕は漢の支配下にあったが、燕王が匈奴に亡命したので燕人の衛満が燕人千余人を率いて平壌付近にあった箕子朝鮮に向かい、それまでの王を追放して衛満朝鮮を築いた。一方、箕子朝鮮は馬韓の地に攻め入り韓となった。その後、衛満の孫の右渠が漢に従わなかったので漢の武帝が衛満朝鮮を滅ぼし、紀元前108年直轄領として真番郡、臨屯郡、楽浪郡、玄菟郡の四郡を置いた。真番、臨屯の2郡はその後廃止されて楽浪郡となった。

紀元3世紀頃、鴨緑江付近にあった高句麗が南下して楽浪郡に侵攻した。このため楽浪郡を支配していた公孫度が西暦204年楽浪郡の南に帯方郡を置いた。楽浪郡は平壌付近で、帯方郡は帯方の名の由来が帯水という川の名にあり帯水は今の漢江であることから現在のソウル付近と考えられている。

魏志韓伝には韓は帯方郡の南に在り。東西海を以て限りと為し、南倭と接す。方四千里ばかり有りとされている。すなわち韓は四方の一辺が約四千里と記述されている。地図上でその距離を求めると、東西約280km、南北約300～320kmである。これより一里はおよそ70～80mとなる。これは東夷伝に記載された一里がおよそこの距離であることを示すものである。

魏志韓伝・馬韓の条には馬韓の風俗について次の記述がある。

馬韓は西に在る　その民は土着し種を播き植える　養蚕を知り絹布を作る

それぞれ有力者がいて一番勢力の大きい者は自ら名乗って臣智と為す

五月に種まきが終わると鬼神を祭る　群衆は昼夜休みなく歌って舞い酒を飲む
十月に収穫が終わると又これを繰り返す　鬼神を信じ、国邑ではそれぞれ一人を立てて天神の祭りを司らせる　これを天君と名付けている
その風俗は規律がなく、国邑に統治者があるといえども制御することができない　跪いて拝む礼はない　住居は土で部屋を作り草で屋根を作る　長幼男女の別なくその中に住んでいる
葬る時、棺はあるが槨はない　牛、馬に乗ることを知らず、牛馬は死を送るに盡してしまう
次に魏志韓伝・辰韓の条に辰韓の風俗に関して次のように記されている。
辰韓は馬韓の東に在る　その古老はいにしえの人秦の労役を避けて韓国にたどり着き、馬韓がその東の外れの土地を割いて与えたと伝える　土地はよく肥えて五穀や稲の種を播くのに適している　養蚕を知り絹の布を作る　牛や馬に乗ったり車を引かせたりする
次に魏志東夷伝・倭人の条には倭人の風俗として次の記述がある。
その風俗は淫（みだれ）ていない　男子は皆その衣服は横広の布を結びあわせただけで、殆ど縫っていない　婦人は単衣の中央に穴をあけそこに頭を貫して着ている
稲や紵麻を植え桑を栽培し、養蚕して糸を紡ぎ麻布や絹を産出する
牛、馬、虎、豹、羊、カササギなどはいない
又、魏志韓伝・辰韓の条には特に次の記述がある。
国、鉄を出す　韓・濊・倭皆従って之を取る　諸市に買うに皆鉄を用う　中国が銭を用いるが如し　又、以て二郡に供給す

加耶諸国図

（ 田中俊明氏著『古代の日本と加耶』より引用 ）

更に魏志韓伝・弁辰の条には次の記述がある。
弁辰、辰韓と雑居す　其の瀆蘆（トクロ）国は倭と界を接す　十二国亦王有り
馬韓や辰韓には王がおらず、有力者がなる最高位は臣智という地位であったのに対して、弁辰には十二ヶ国があり、王がいる

弁辰瀆蘆国の瀆は大河を意味し蘆は湾を意味する言葉であることから『古代の日本と加耶』の著者田中俊明氏は瀆蘆国は後の卓淳国であり、洛東江下流、現在の昌原（チャンウォン）であるとしている。昌原の茶戸里遺跡からは鉄剣や鉄斧、鉄戈などのほか前漢鏡である星雲紋鏡が出土している。尚、星雲紋鏡は三雲南小路遺跡や須玖岡本遺跡からも出土している。

魏志韓伝・弁辰の条で、「其の瀆蘆国は倭と界を接す」と記されている。ここで瀆蘆国が界を接する倭とは狗邪韓国であり、後の金官加耶、現在の洛東江河口の金海と考えられている。

金海の良洞里古墳からは木棺墓から鉄斧、鉄矛、鉄剣、鉄鏃、連弧紋鏡や尚方作流雲紋縁方格規矩鏡が出土している。流雲紋縁方格規矩鏡は桜馬場遺跡、井原鑓溝遺跡、平原遺跡からも出土している。金海の大成洞古墳からは木棺墓から方格規矩四神鏡や鉄斧、鉄艇などが出土している。近くの鳳凰洞遺跡からは製鉄用の送風管や鉄滓などが出土している。金官加耶は古くから鉄を生産したことが発展の基盤となった。東菜（トンネ）の福泉洞（ポクセンドン）古墳からは大量の鉄製品が出土している。

洛東江流域に金官、安羅、古寧、大伽耶、星山、小加耶の六つの加耶国があった。三国遺事の駕洛国記には後漢の建武１８年（西暦４２年）、金海にある亀旨峰（クジボン）で黄金の六つの

卵から六加耶国の王が誕生したとされている。最初に現れたのが金官加耶の首露王である。

古事記の天孫降臨には邇邇芸命が「筑紫日向の高千穂の久士布流多毛に天降り坐しき」と記されている。加耶と倭の建国神話で亀旨峰が共通している点が注目される。これは山を神聖化した思想によると思われる。古事記には「此地者向韓国。眞来通笠沙之御前而。朝日之直刺國。夕日之日照國也」すなわち、この地は韓（から）国に向かい……と天孫降臨の地が記されている。このことは倭国が加耶国と古くから関係が深かったことを示している。

『古代の日本と加耶』の著者田中俊明氏によると、駕洛は朝鮮語ではｋａ·ｒａｋ（カラッ）で加羅と同じ発音である。加耶はカラのｒ音が転化したもので、駕洛も加羅も加耶も元は同じ言葉であるとされている。

加耶国の中心であった金官加耶は鉄の生産と共に発展したが、3世紀頃になると高句麗が南下し、新羅の侵攻により金官国が滅亡した後は大伽耶が加耶国の中心となった。大伽耶は洛東江の上流にあり、周辺で鉄鉱石を産出し鉄を生産したことで発展した。

大伽耶の中心地であった高霊（コリョン）の池山洞（チサンドン）古墳は直径約25ｍ、高さ約6ｍの円墳で、5世紀後半の築造とされている。池山洞古墳からは王のものと思われる金冠や耳飾りが出土している。

この古墳は32基の石槨を配置し、40人余りの殉葬者をともなった殉葬墳とみられている。東莱の福泉洞古墳や金海の大成洞古墳も又、殉葬墳である。

『陳寿が記した邪馬台国』の著者生野眞好氏によると東夷伝編纂の目的は「東夷諸国の国境を明確にすること」にあり、里数の記載は東夷七ヶ国の各伝のすべてにおいて「冒頭に国境の記述がなされている」とされている。

①夫余伝

夫余は長城の北に在り 玄菟を去ること千里 南は高句麗、東は挹婁、西は鮮卑と接す

北に弱水有り 方二千里可り 戸八万

②高句麗伝

高句麗は遼東の東千里に在り 南は朝鮮、濊貊、東は沃沮、北は夫余と接す

丸都の下に都す 方二千里可。戸三万

③沃沮（よくそ）伝

東沃沮は高句麗の蓋馬大山の東に在り

大海に沿うて居す 其の地形、東北狭く

西南に長く、千里可り

北は挹婁、夫余、南は濊貊と接す 戸五千

④挹婁（ゆうろう）伝

挹婁は夫余の東北千余里に在り

大海に沿う 南は北沃沮に接す 其の北は未だ極まる所を知らず

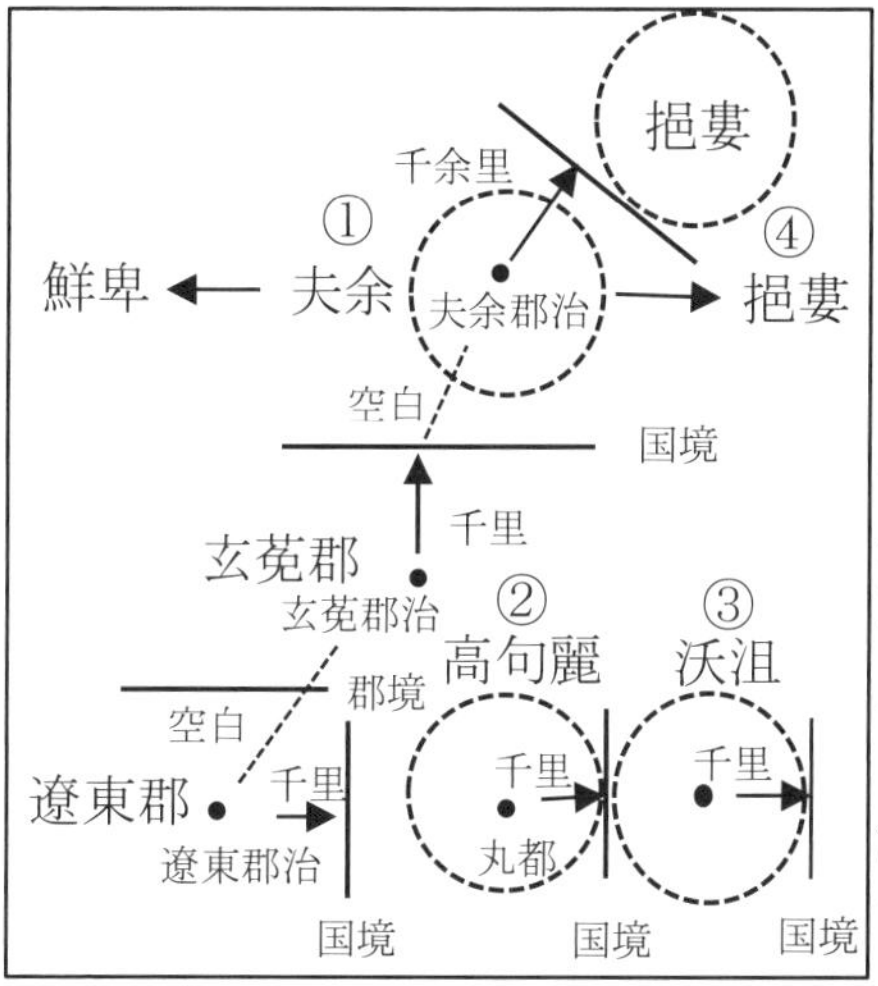

（生野眞好氏著『陳寿が記した邪馬台国』の記載を元に作成）

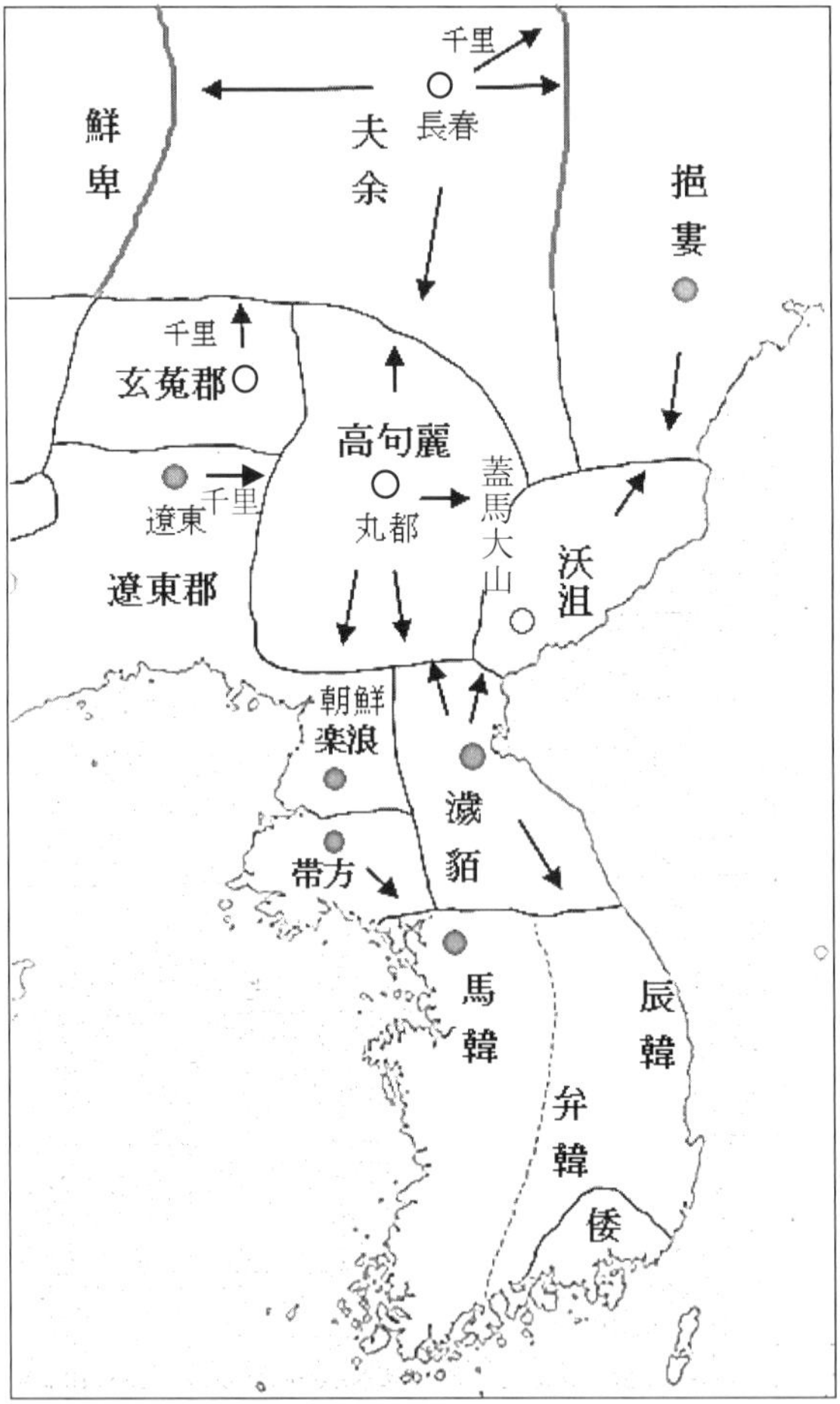

東夷諸国の国境の記述
（倭人伝の記載をもとに作成）

⑤濊貊（わいはく）伝
濊は南は辰韓、北は高句麗・沃沮と接す 東は大海を極む 今、朝鮮の東、皆、其の地なり
戸二万

⑥韓伝
韓は帯方の南に在り 東南は海を以て限りと為し、南は倭と接す 方四千里可り
三種有り 一を馬韓と曰い、二を辰韓と曰い、三を弁韓と曰う
馬韓は西に在り 山海の間に散在す 大国は万余家、小国は数千家、総じて十余万戸
辰韓は馬韓の東に在り 弁・辰韓、合わせて二十四国 大国は四、五千家、小国は六、七百家、総じて四、五万戸。其の瀆蘆国、倭と界を接す

⑦倭人の条
倭人は帯方の東南大海の中に在り 山島に依りて国邑を為す
郡より倭に至るには海岸に循い（したがい）水行し、韓国を歴るに、乍ち南し、乍ち東し、其の北岸、狗邪韓国に到る 七千余里 始めて一海を渡る、千余里、對馬国に至る

このように、すべての東夷諸国の接する国境を第一義に記述がなされている。

司馬遷の史記や班固の漢書、魏徴の隋書には中国の天子が夷蛮の国を支配する上で知っておくべき項目があり地形、国境（境界）、道里（距離）、面積、言語や風俗、戸数（人口）などであるとされている。

生野眞好氏はその著書『陳寿が記した邪馬台国』の中で、東夷伝の記述の規則性について次のように結論している。又、これを「国境記述法」と名付けている。

「東夷伝に記された道里は、原則として中心から国境、（空白）中心から国境の順に記されている。このため国境から中心までの道里が省略されることになる。」

この生野眞好氏の「国境記述法」をもとに、東夷伝の記述を示すと次のようになる。
○夫余・・遼東の北に玄菟があり、玄菟の北に夫余がある 玄菟郡治より夫余国境まで千里
夫余の南に高句麗、東に挹婁があり、西は鮮卑と接する 方二千里、戸数八万戸
○高句麗・・遼東の東に高句麗がある 遼東郡治より高句麗国境まで千里 高句麗の南に濊貊、東に沃沮があり、北は夫余と接す 都は丸都。方二千里、戸数三万戸
○倭人・・帯方郡の東南大海の中、山島に依りて国邑を為す
帯方郡から邪馬壹国に至る道里、戸数は女王国より以北はそれぞれ記載することができるがその余の旁国は遠絶にして詳らかにするを得ず。

更に、生野眞好氏は倭人伝に書かれた倭国行路の説明文は次の通りであるとしている。
○帯方郡より倭の国境に至るには七千余里 その国境から女王国までの倭地を参問すれば五千余里 帯方郡より女王国に至るには一万二千余里
陳寿の道里の記述は国境を明確にすることを目的としており、中心から国境（空白）中心から国境の順に記述されている。このため国境から中心までが空白となり距離が示されない。そこで全体の里数や倭地の里数を記し、生じた空白区間の距離を示しているのである。

帯方郡から狗邪韓国までが水行七千余里で、狗邪韓国から女王国までが五千余里である。この五千余里の内三千余里が水行で、帯方郡から末蘆国までの一万余里が船による水行である。更に末蘆国から邪馬台国までの二千余里が陸行である。

帯方郡から末蘆国までの一万余里が水行十日であり、末蘆国から邪馬台国まで二千余里が陸行一月である。従って、帯方郡から邪馬台国まで「水行十日陸行一月」である。

海岸水行七千余里、狗邪韓国に到る

魏志倭人伝には冒頭、次のように記述されている。

郡より倭に至るには海岸に循（したが）い水行し、韓国を歴るに乍ち南し乍ち東し、其の北岸狗邪韓国に到る　七千余里

当時中国の軍事・政治の地方拠点として朝鮮半島に楽浪郡と帯方郡が置かれていた。楽浪郡は現在の平壌付近、帯方郡は現在のソウル付近にあった。

帯方郡、現在のソウル付近から船で韓国の西海岸に沿って水行し、韓は方四千余里という記述があることから南に四千余里、その後東に三千余里、合計七千余里水行して、狗邪韓国、現在の金海付近に到る。

西暦６０７年、遣隋使が隋に派遣され、翌年西暦６０８年、隋の煬帝は使者裴清を倭国に派遣した。隋書倭国伝に次の記述がある。

○明年　上遣文林郎裴清使於倭國　度百済　行至竹島　南望耽羅國
経都斯麻國迴在大海中　又東一支國　又東至竹斯國……
・明年、文林郎の裴清を使者として倭国に派遣した　百済を渡り竹島に行き至り、南に耽羅国を望み、迴（はるか）大海中に在る都斯麻（ツシマ）国を経て、一支国、竹斯国に至る
竹島は珍島（チンド）島、耽羅国は済州（チェジュ）島、竹斯国は筑紫国である。

ここで、対馬（ツシマ）は「都斯麻」と表記されている。これより「都」は「ト」ではなく、ツと発音されていることがわかる。従って、倭人伝に書かれた伊都国は「イト」国と読むのではなく「イツ」国と読むのではないかと思われる。

一里は70～80mで、千余里は70～80kmである。七千余里は約500～600kmとなる。ソウル付近から金海までの距離を求めると約600kmである。

古代の航法は沿岸に沿って陸地の山や岬、あるいは島を目標に、船の位置や船の針路を定めるいわゆる地乗り航法であった。これは常に陸上の目標で自船の位置が確認できることや嵐などで状況が悪化した場合に岬や湾などの安全な所に避難でき食料や水等の補給が可能なことなどの理由によるものであった。古代の船による航海は帆はあくまでも補助的なものであり、櫓や櫂を用いた人力が主であった。古代船の大きさと航行速度について次のように推定されている。
○全長30m、幅3m、漕ぎ手40人で、時速6km
○全長20m、漕ぎ手24人で、時速5km
○全長16m、漕ぎ手14人で、時速4km

小型船の場合、波の影響が大きく、漕ぎ手の人数が少ないために、大型船に比べて航行速度が遅くなる。又、小型船で大海を渡海する場合には転覆の危険がある。

夜間は針路が見えず、自船の位置が確認できないなど危険なため、古代の航海は早朝から日没までの日中の明るい時間に限られる。又、冬期は水温が低く、波が高く、日照時間も約10時間程度で短いなどの問題がある。

これに対して夏期は水温気温共に高く日照時間が長く、冬期に比べて危険が少ない。このため古代の航海は夏期に限られる。5月、6月、7月の日照時間は約14時間である。全長30mの大型船で、時速は約6kmと推定され、一日の航海は千余里、70~80kmが限度である。

今の韓国のソウル付近から馬韓の西海岸に沿って、大型船で昼間のみ航行し夜は港に停泊して一日千余里、七日間で七千余里を航海して狗邪韓国、現在の韓国の金海付近に到る。

『陳寿が記した邪馬台国』の著者生野眞好氏は狗邪韓国という地名表記について、狗邪韓国が倭人の国であったため、倭人の「加耶・加羅」の発音を映したものであろうとしている。

洛東江河口の金海（キメ）にある大成洞（テソンドン）古墳からは多数の鉄製の武器や武具、鉄鋌などが出土している。金官加耶（狗邪韓国）では周辺の鉄鉱石を利用して紀元前2世紀頃に鉄の生産が開始されたとされている。大成洞古墳の木槨墓からは後漢鏡である方格規矩四神鏡が出土している。

後漢鏡である方格規矩四神鏡が出土していることから、大成洞古墳群は紀元2世紀から3世紀頃の狗邪韓国の古墳と考えられる。

大成洞23号墳から出土した方格規矩四神鏡は内区の方格とT、逆L、Vの紋様と8乳が配置され、その間に青龍、白虎、朱雀、玄武と干支の12支が配されている。方格は地を表し外側の円が天を表している。又、逆LやVが天を繋ぎ止め、Tが天を支えている。

これは道教の天円地方の宇宙観を表すもので、青龍、白虎、朱雀、玄武の四神は星座を表し、東西南北の方角を表している。

内区の□が方格で、Vがコンパスで規、Lが曲尺で矩であり、右回りに、子、丑、寅、卯、辰、巳、午、未、申、酉、戌、亥の12支が配され、更に寅に青龍、申に白虎、巳に朱雀、亥に玄武の四神が配置されている。この紋様から、鏡は方格規矩四神鏡と呼ばれる。

韓国金海の大成洞古墳から出土した鏡と同じ方格規矩四神鏡が良洞里古墳からも出土している。

紀元前2世紀頃に洛東江河口の金海付近で産出する鉄鉱石を使用して鉄の生産が開始された。紀元1世紀頃には鉄器が普及し大型の木槨墓が造られるようになった。大成洞古墳からは大量の鉄鋌や鉄製武器、農工具などが出土している。

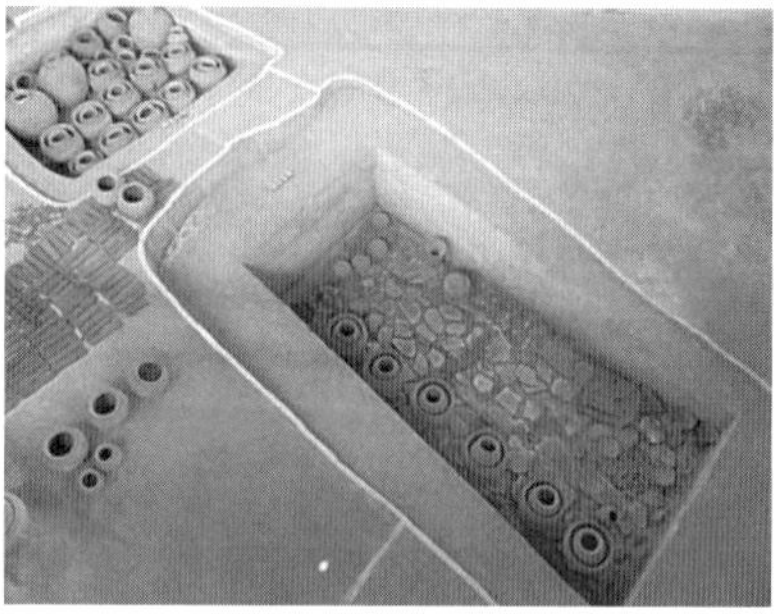

大成洞古墳木槨墓

後漢鏡である方格規矩四神鏡は西唐津の桜馬場遺跡から2面、糸島の井原鑓溝遺跡や平原遺跡から各々20面以上が出土している。

始めて一海を渡る千余里、対馬国に至る

魏志倭人伝には次のように記されている。
「始めて一海を度（わた）る千余里、對馬國に至る」
○居る所は絶島、方四百里可り　土地は山険しく、深林多し　道路は禽鹿の径が如し
○千余戸有り　良田無く、海物を食らいて自活す　船に乗りて南北に市糴す

対馬は魏志倭人伝では對馬、隋書倭国伝では都斯麻（ツシマ）と表記されている。対馬北端の鰐浦港から釜山浦までは約５０ｋｍで古くから船で南北に行き来していたことが知られている。鰐浦港釜山浦間を櫓を漕いで約８時間で渡ったと伝えられている。これは時速約６ｋｍである。

金海から対馬へ渡る場合、対馬になるべく近いことと対馬海流が東北東に時速２ｋｍの速さで流れているために船が東に流されやすく、西よりの地点を出発地点とすることが必要である。

このため対馬への出発地点としては対馬に近い巨済（コジェ）島が想定される。又、巨済島の東岸にある知世浦（チセポ）港が対馬へ出発する港として想定される。

魏志倭人伝には倭人の風俗について、次の記述がある。

その行来渡海して中国に詣（いた）るに　恒に一人をして頭を梳らず、しらみをとらず、衣服垢汚し、肉を食べず　婦人を近づけず喪人の如くせしむ　これを名づけて持衰と為す　若し行くこと吉善なればともにその生口財物を与え、若し航海中に疾病が有り暴風雨に遭えば便ちこれを

殺さんと欲す　その持衰謹まずと謂えばなり

後漢や魏への使者は海を渡って、壱岐国、対馬国、狗邪韓国に至り、馬韓の西海岸を北上して帯方郡に至り、更に遼東半島から山東半島に至り都の洛陽に至ったものと考えられる。倭人伝の記述は古代の航海がいかに危険なものであったかを示すものである。

対馬は南北に約８０ｋｍの細長い島で、中央に浅茅（あそう）湾がある。島の西から東に深く入り込んでおり、湾の奥に西漕手（にしのこいで）という小さな港がある。ここは、幅２００ｍあまりの狭い地峡となっており、その地峡を越えると東海岸の小船越（こふなこし）に出ることができた。大型船の場合は西漕手で下船して小船越で別の船に乗り換える必要があった。

古くからここが朝鮮半島や中国に行き来する交通の要衝であり、遣隋使が西暦６０７年から３回派遣されているが、いずれもこの浅茅湾を通って朝鮮半島を経て中国に至っている。

西暦６３０年から西暦６６５年まで、５回遣唐使が派遣されているが、すべて対馬の浅茅湾を通るルートがとられている。壱岐勝本から対馬の小船越に至りそこで船を降りて狭い地峡を渡り西漕手で別の船に乗り換えて浅茅湾を西に航行して朝鮮半島、中国に向かったと考えられる。

唐・新羅連合により百済が滅びた後統一新羅が成立した。その後、数年おきに遣新羅使が派遣されたが、すべて対馬の浅茅湾を通るルートがとられている。

小船越のすぐ南に浅茅山がある。天平八年（西暦７３６年）遣新羅使が対馬に至り、浅茅湾で詠んだ歌が万葉集におさめられている。

対馬の島の浅茅の浦に到りて船泊りせし時に順風を得ず、経停まること五箇日（いつか）

○百船の泊つる対馬の浅茅山しぐれの雨にもみだひにけり
・多くの船が停泊する対馬の浅茅山はしぐれの雨で黄色く色づいてしまった

対馬の弥生遺跡は島の中央の西海岸の峰町や豊玉町に集中している。峰町には対馬一の宮の海神神社がある。主祭神は豊玉姫命で、社伝に神功皇后が海神を祀らせ給いし所とされている。社伝には継体天皇の御代に祭殿を建て、神功皇后、応神天皇を加えて祭り八幡宮と称す、更に欽明天皇の３１年に宇佐に分祀すとされている。一方、宇佐八幡宮の社伝には創紀の年が欽明３１年（西暦５７０年）とされており海神神社の社伝と一致する。この海神神社と淡路島の伊邪那岐神社と伊勢神宮とは北緯３４度２７分で東西に一直線に並んでいることが知られている。

豊玉町には和多都美神社がある。海幸彦、山幸彦伝説の発祥の地とされる所で、山幸彦と豊玉姫が祀られている。浅茅湾の入口に在り、鳥居が北西方向に巨済島の方向を向いており巨済島が古代に狗邪韓国から対馬に至る出発地点であったことを示すものと考えられている。

巨済島から対馬の浅茅湾に至り浅茅湾を通過するルートは巨済島－西漕手間の距離が約９０ｋｍ、小船越－壱岐勝本間が約６０ｋｍとなる。このルートは距離が短縮され、かつ穏やかな湾内を航行できる利点があるが、西漕手浦で船を降りて小船越（こふなこし）で東海岸に出て、別の船に乗り換える必要がある。従って、魏の使者の船は船を乗り換える必要のない別のルートを辿ったものと推定される。

巨済島の知世浦港から対馬の到着地点を対馬北端の鰐浦港とすると巨済島－鰐浦間は約７０ｋｍとなるが、対馬鰐浦港－壱岐勝本港間の距離が約１００ｋｍとなり、この間の日没前一日での航海が困難となる。又、到着地点を豊玉町志多浦とすると巨済島－豊玉町間は約７０ｋｍとなるが、豊玉町－壱岐勝本間が約１００ｋｍとなり、この区間の日没までの渡海が困難となる。

従って、巨済島からの対馬の到着地点としては、下島の西岸、厳原町の阿連が想定される。巨済島の東岸の地世浦から対馬の下島の西岸厳原町の阿連（あれ）までの距離は約８０ｋｍで厳原町の阿連から壱岐の北端の勝本港までの距離も約８０ｋｍである。従って、いずれの区間も夏期の早朝から日没までの一日での渡海が可能である。

巨済島の地世浦港から対馬下島の西岸厳原町の阿連（あれ）までの距離は約８０ｋｍであり、手漕ぎの大型船で、航行速度が時速約６ｋｍとすると夏期の早朝から約１４時間の航海で日没前対馬下島の阿連に到着すると想定される。

巨済（コジェ）島の地世浦港から到着地点として想定される対馬下島の阿連は阿連川の下流の平野部にあり、半農半漁の集落である。阿連（あれ）は誕生を意味する言葉である。

対馬下島の阿連地区では、アワビやサザエの素潜りが行われ「良田無く海物を食らいて自活す」という倭人伝の記述と良く一致する。又、船に乗りて南北に市糴すとあり、壱岐や朝鮮半島との行き来があったことが記されている。

阿連地区では亀の甲を焼いてそのひびの方向や広がり方から吉凶を占う「亀卜」（きぼく）の伝統があった。これは主にその年の農作物の豊凶や天候を占うものであった。倭人伝の記述の中に「倭人の習俗、挙事行来に云為するところ有れば輒ち骨を灼きて卜し以て吉凶を占う」というものがあり、この記述はこのことを表しているように思われる。

始めて一海を渡る千余里、対馬国に至る

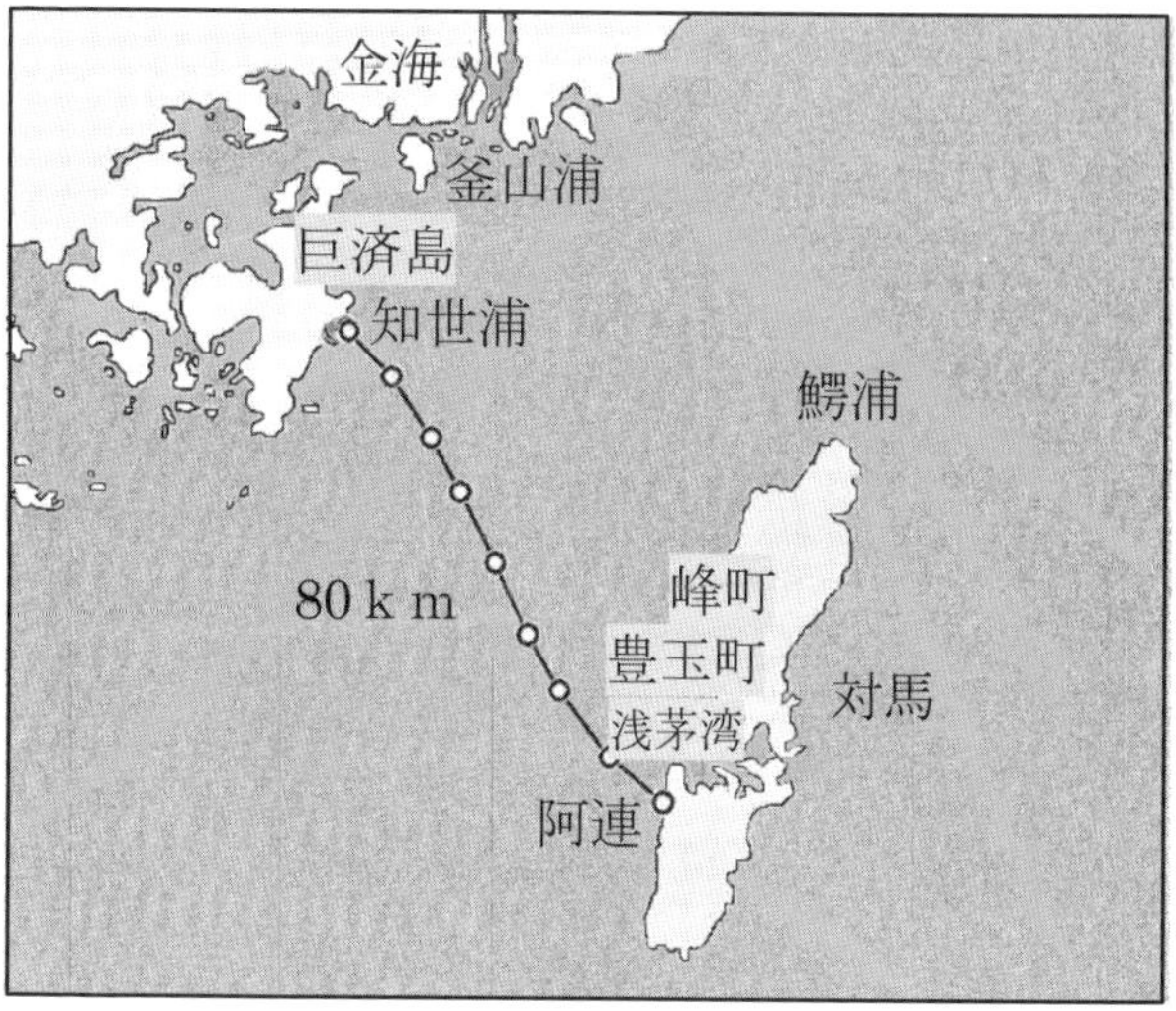

狗邪韓国 ➡ 対馬国

○鰐浦経由ルート

約 70 km　約 100 km

巨済島 ➡ 鰐浦港 ➡ 壱岐勝本

○豊玉町経由ルート

約 70 km　約 100 km

巨済島 ➡ 豊玉町志多浦 ➡ 壱岐勝本

○浅茅湾経由ルート

約 90 km　約 60 km

巨済島 ➡ 西漕手浦 ➡ 壱岐勝本

○想定ルート

約 80 km　約 80 km

巨済島 ➡ 厳原町阿連 ➡ 壱岐勝本

阿連には遣唐使として唐に派遣された最澄が帰国時阿連に着いた記録がある。最澄は桓武天皇の命により、西暦８０４年５月、遣唐使船に乗り難波を出発した。遣唐使船は４隻編成で、船は帆船であった。長さが約４５ｍ、幅が４～５ｍで、一隻に１２０～１６０名が乗船しその内半数が操船に携わる水夫であった。大型船の建造が可能になり、大宝２年（西暦７０２年）から中国への航路は沖乗りで、呼子から直接東シナ海を渡り明州（寧波）に至る南路に変更されていた。最澄を乗せた遣唐使船は延暦２３年（西暦８０４年）７月初め、呼子港から中国に向けて出港したが直後に嵐に遭い、約一ヶ月間漂流した後８月末に中国の明州に到着した。

遣唐使船は帆船で、大陸に向かって南東の季節風が吹く夏の７月から８月が、東シナ海を渡る時期とされた。しかしこの時期は台風が発生する時期でもあり海が荒れることが多かった。記録では１８回の遣唐使船で３回に１回、大遭難事故に遭遇した。

最澄は翌年西暦８０５年５月１８日、遣唐使船に乗り明州を出帆して帰国の途につき６月５日に対馬の阿連に到着した。明州-阿連間の距離は約９００ｋｍで航海日数は１８日間であった。

風向きや風速、波の高さなどにもよると思われるが一日の航行距離は約５０ｋｍである。従って、平均の帆走速度は時速約２ｋｍである。このように、帆船の帆走速度は船を自力で漕いで航海する手漕ぎ船の速度に比べてかなり小さいものである。

対馬下島の中央部に標高６４８ｍの矢立山があり、耕作に適した平野が少なく山がちで険しい地形となっている。これは「土地は山険しく深林多し。道路は禽鹿の径（みち）が如し」という倭人伝の記述と一致する。

又南一海を渡る千余里、一支国に至る

魏志倭人伝には次のように記されている。
「又南一海を度る千余里、名曰瀚海、一大国に至る」
○方三百里可り　竹木、叢林多し
○三千許家有り　田地有るも田を耕すに猶食らうに足らず　亦南北に市糴す

壱岐は周辺の小島を入れても四方約２０ｋｍの島である。壱岐で一番高い山は標高２１２ｍで山が低く島全体が平坦な地形となっている。川が流れ耕作できる田地がある。

壱岐の弥生遺跡としては島の東南部石田町にある原（はる）の辻遺跡が知られている。三重の環濠を巡らした総面積が百ヘクタールにも及ぶ大規模環濠集落跡である。竪穴式住居跡や甕棺墓があり遺跡の近くには船着き場の跡が発見されている。

遺跡からは多くの弥生式土器のほか細形銅剣、銅矛、鉄製の鏃や鍬先、中国の前漢時代の貨泉などが出土している。

対馬国の戸数が千余戸とあるのに対して、一支国は戸数が三千家ばかりとされている。高句麗伝には「高句麗は戸数3万戸、国に王あり」、濊伝には「濊は2万戸、王を称す」とある。一方、魏志韓伝には「大国は万余家、小国は数千家、臣智という有力者はいるが王はいない」と記されている。従って、一支国には有力者はいるが王はいなかったのではないかと思われる。

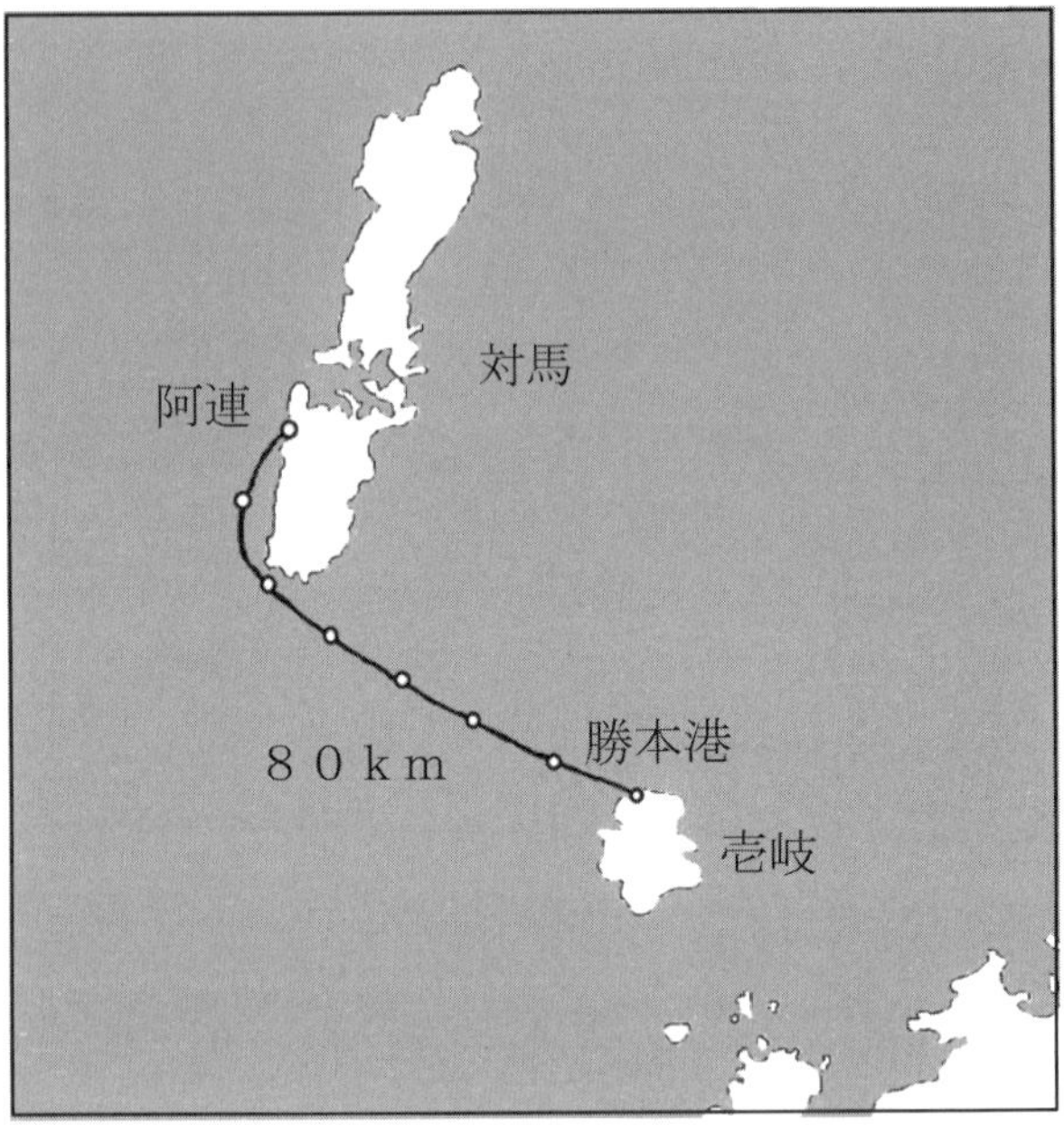

対馬国 ➡ 一支国

対馬から壱岐に至るには、対馬の阿連から対馬下島の南端を通って壱岐の北端の勝本港に至る。阿連から壱岐勝本までの距離は約８０ｋｍであり一里は７０〜８０ｍで千余里となる。

全長約３０ｍ、幅約３ｍの船で漕ぎ手の人数を４０名とすると、航行速度は時速約６ｋｍが想定される。船の航行速度を時速６ｋｍとすると対馬の阿連を出発して約１４時間の航海で壱岐勝本港への到着が想定される。

古代では針路が見えない夜間の航海は危険であり早朝に出発して日没前の明るい内に海を渡りきることが重要で、一日の航行距離は約８０ｋｍが限度と推定される。

壱岐の呼称にはイキとユキがあり、和名抄や万葉集には由岐（ユキ）とされている。

『地名学が解いた邪馬台国』の著者、楠原佑介氏によると、ユキは状態が滞りなく進むことを意味し地名は地形が平坦な台地からなることからきているとされている。

万葉集に西暦736年、遣新羅使の一行が新羅に向かう際に、一行の一人雪の宅麻呂が急死し壱岐の東南石田町で詠んだ歌がある。
○わたつみの畏（かしこ）き道を安けくもなく悩み来て今だにも喪なく行かむと壱岐の海人の
秀（ほ）つ手の占へを象焼きて行かむとするに夢のごと道の空（そら）路に別れする君
・海上の恐ろしい道を安らかなこともなく苦労してやって来て せめて今から災いもなく
行こうと吉凶の占いをして行かむとするに 夢のように道の途中で別れを告げた君よ
この歌の中の壱岐の海人（あま）のは「由岐能安末能」と表記されている。
更に、万葉集には次の歌があり、この中で壱岐は「由岐」となっている。
○新羅へか家にか帰る壱岐の島行かむたどきも思いかねつも
・壱岐の島で、新羅へ向かうのか、それとも家に帰るのか思い悩む
万葉集には天平2年（西暦730年）正月十三日（二月八日）壱岐の役人が当時大宰府の長官
であった大伴旅人の梅花の宴に招かれ、その際に詠んだ歌2首が収められている。
壱岐の守、板氏の安麻呂の歌
○春なればうべも咲きたる梅の花君を思ふと夜眠（よい）も寝なくに
壱岐の目村氏の彼方（をちかた）の歌

○春柳縵に折りし梅の花誰か浮かべし酒杯（さかづき）の上に

西暦２０１９年平成３１年、この年天皇の譲位により、改元して「令和」元年となった。この新元号令和はこの万葉集の梅花の歌三十二首序からとられたとされている。

○初春の令月気淑（うるは）しく風和らぐ　梅は鏡前の粉に披（ひら）き蘭は珮（はい）後の香に薫る

・初春の良き月、気はうららかにして風は穏やである。梅の花は鏡の前のおしろいのように白く美しく、蘭（藤袴）は香り袋のように薫っている。

後漢の張衡は西暦１３８年文選にある帰田賦の歌「仲春の令き月時和し気清む・・」を作ったとされている。当時、張衡の帰田賦の歌は広く知られており、その中でこの万葉集の歌「初春の令月にして気淑く風和らぐ」は詠まれたとされている。

又一海を渡る千余里、末蘆国に至る

倭人伝には末蘆国について次のように記述されている。

○又一海を渡る千余里、末蘆国に至る

○四千余戸有り

○山海に浜（そ）うて居む　草木茂盛し、行くに前人を見ず

好んで魚鰒を捕らえ、水の深浅と無く、皆、沈没してこれを取る

又一海を渡る千余里、末盧国に至る

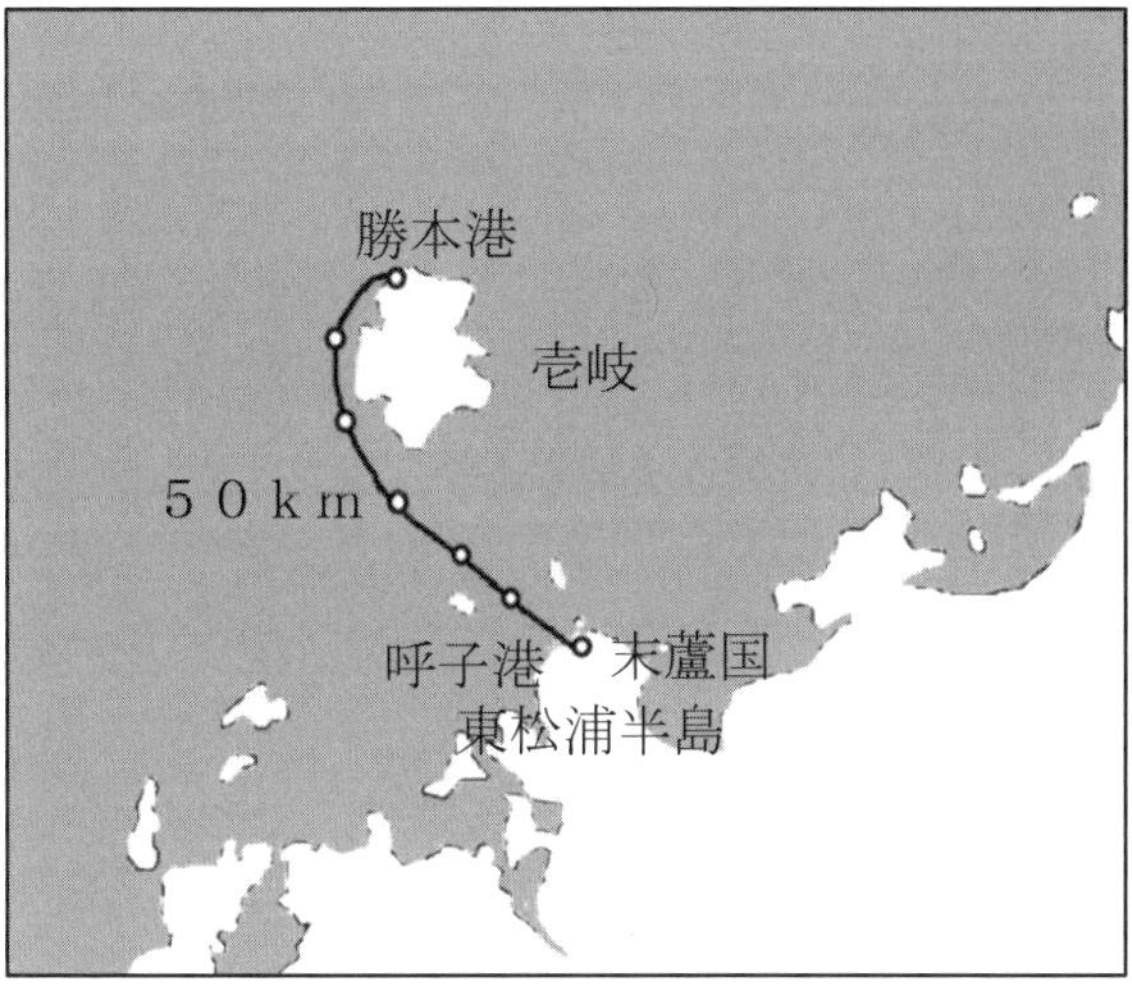

一支国 ➡ 末盧国

壱岐勝本港から東松浦半島先端の呼子港まで約５０ｋｍである。距離は短いものゝ玄界灘は波が荒く、航海は大変厳しいものであったと思われる。

全長約３０ｍ、漕ぎ手の人数が４０名の大型船の場合で船の航行速度は時速約６ｋｍが想定される。従って、壱岐勝本港から東松浦半島先端の呼子港まで、約８時間で呼子港に到着すると想定される。

呼子港で上陸せず、航海を続けて唐津に至るとすると、距離が２０ｋｍ程長くなり更に数時間、航海を続ける必要がある。

古代の手漕ぎ船で波の荒い海を航海して半島の先端の呼子に上陸せず、更に航行を続けることは、漕ぎ手の疲労が大きいことから考え難い。

従って末盧国の到着地点としては東松浦半島先端の呼子港と考えられる。

倭人伝に記された「山海に浜（そ）う」とは山地や丘陵が海に迫る地理的条件を意味している。東松浦半島の先端部は山が海に迫り平野がなく、もっぱら海に潜って魚鰒（鰒はあわび）を捕らえるなど漁業に依存していた。

松浦の地名は古事記には末羅、和名抄には万豆良とある。『地名学が解いた邪馬台国』の著者楠原佑介氏は平野がなく「山海に浜う」という地理的条件に合致する地は東松浦半島の先端部をおいて外にないとしている。

末蘆の地名について末蘆のマ（澗）は入江を意味し、ツラ（連）は連なるを意味することから入江が連なる地、すなわち名護屋浦、外津浦などいくつもの入江が連なる東松浦半島の先端部がこれにあたるとしている。

壱岐から船で東松浦半島に至ると最初に見えて来るのは東松浦半島先端の波戸岬で、名古屋浦があり、その先に呼子港がある。

壱岐から約５０ｋｍ、手漕ぎ船で8時間あまり航海して呼子港に到着すると想定される。

東松浦半島が末蘆国であり、一支国から末蘆国に至る末蘆国の到着地点としては、東松浦半島先端の呼子港である。呼子港は古代から北に船で壱岐、対馬を経て朝鮮半島、中国に至り、南に陸行して唐津に至る交通の要衝であった。

呼子の地名は西暦５３７年、天皇の命により任那救援に向かう武将の大伴佐手彦を慕い、松浦作用姫が別れを惜しみ再び逢うことの難しいのを嘆いて、山の峰から領布（ひれ）を振ってその名を呼んだことに由来するとされている。

（国土地理院の空中写真を使用）

東松浦半島の東に神集（かしわ）島がある。神集島は神功皇后が三韓征伐のため 朝鮮半島に向かう際に神々を集めて戦勝を祈願したことが その名の由来とされている。

　東松浦半島先端の波戸岬の北に加唐（かから）島がある。ここは日本書紀に百済の武寧王が誕生したとされている島である。

　日本書紀に西暦４６１年、加唐島で武寧王が生れたので百済に送り返したことが記されている。武寧王は加唐島で生まれたので斯麻王と呼ばれた。

　西暦４７８年百済の三斤王が崩御した。日本書紀雄略天皇２３年には、昆支君の子の一人を 百済の王にするとして、武器を与え 筑紫の兵５００人を遣わして百済に送ったことが記されている。それが 東城王である。東城王の時代、政権は安定した。しかし、東城王は西暦５０１年に暗殺された。東城王の後、武寧王が即位した。都は熊津（公州）であった。

　武寧王は西暦５１２年に高句麗を攻撃して高句麗に壊滅的な打撃を与えた。このことにより、中国から寧東大将軍百済王の称号が与えられた。武寧王は西暦５２３年に崩御した。

1971年に武寧王の墓が公州（コンジュ）市の宋山里古墳で発見された。墓誌には百済斯麻王癸卯年（523年）62歳で崩御と記されていた。

「寧東大将軍百済斯麻王 年六十二歳 癸卯年五月丙戌七日壬辰崩到」

これより逆算すると、武寧王が生まれたのは西暦461年となり日本書紀の記述と一致する。

天武5年（西暦675年）に新羅への第一回の遣新羅使の派遣が行われた。その後の大宝3年（西暦703年）にも遣新羅使が派遣された。乗員は約200名で、船は手漕ぎ船であった。

天平8年（西暦736年）の遣新羅使は阿倍継麻呂を大使として7月に難波を出発して、8月中旬に筑紫に到着した。その後西に向かい糸島半島の東岸の唐泊に停泊し、唐泊を出た後今度は西側の引津湾に停泊し、その後唐津湾を西に航海して9月末に神集島に到着した。

万葉集に遣新羅使が神集島に停泊し、長い船旅を詠んだ歌が収められている。

○足（たらし）姫御船泊てけむ松浦の海 妹が待つべき月は経につつ

東松浦半島東岸の西唐津の近くに、縄文時代晩期の水田跡で知られる菜畑遺跡がある。土器に付着して炭化した米が出土し炭素年代測定が実施された。その結果、水田稲作の開始がこれまで考えられていた紀元前5世紀を数世紀遡る可能性が示されている。

この菜畑遺跡のすぐ近くに桜馬場遺跡がある。甕棺墓から後漢鏡である流雲文縁方格規矩四神鏡一面と素紋縁方格規矩渦文鏡一面が出土している。方格規矩鏡は王権を象徴するものであり、桜馬場遺跡が末蘆国の王墓で、桜馬場遺跡のある西唐津付近が末蘆国の中心地であったと考えられる。鏡は直径23・2センチで漢尺の一尺である。又、銘文は次のようなものである。

○尚方作竟眞大好　上有仙人不知老　渇飲玉泉飢食棗　浮游天下敖四海　徘徊名山採芝草
壽如金石之國保兮

・尚方鏡を作ること真に大いに好し 上に仙人ありて老を知らず 渇しては玉泉を飲み
飢えては棗（なつめ）を食らう 天下に浮遊して四海に敖す 名山を徘徊して芝草を採る
寿は金石の如くこれ国を保つ（又はこれ国を保らぐ）

この銘文は洛陽出土の尚方作方格規矩四神鏡の銘文と同一である。尚、尚方作は官営の工房で作られたことを意味している。

23.2cm φ

桜馬場遺跡出土
尚方作流雲文縁方格規矩四神鏡
（重要文化財 佐賀県立博物館蔵）

方格規矩渦文鏡は直径１５・４センチで、銘文は「大山に上がりて神人を見る 玉英を食い 澧泉を飲む 文龍に賀して浮雲に乗ず 長之に宣を享く」というものである。いずれの銘文も不老不死の仙人の世界を表したものである。

紋様は中央の方格が地を外側の円形が天を表し中国の「天円地方」の世界観に基づいて宇宙を表現したものである。

方格規矩四神鏡は後漢から魏、西晋にかけて盛行したものであり、桜馬場遺跡は紀元２世紀から３世紀頃の遺跡と考えられる。

末蘆国より陸行二千余里、邪馬台国に至る

一里は周里50歩、69m

魏志倭人伝には「到其北岸狗邪韓国」と「到伊都国」の二箇所、「至」ではなく「到」が用いられている。「至」が用いられた箇所と比較すると「到」は単にそこに至るというだけではなく、そこに至りしばらくそこに滞在するということを意味するのではないかと思われる。

魏志韓伝に「韓は帯方の南、方4千里可りあり」という記述がある。地図上でその距離は東西約280km、南北300~320kmである。これから一里はおよそ70~80mとなる。

長さの基準は尺であり、中国で出土した周の時代の銅製の物差しから一尺は23・1センチである。秦の始皇帝は中国を統一した後、度量衡を統一した。その後前漢、後漢の時代となったが、漢尺も周の時代の尺と同じで一尺は23・1センチであった。後漢の光武帝から下賜され、志賀の島で発見された金印の一辺が一尺の10分の一の一寸に当たる2・3センチであることや後漢鏡である尚方作方格規矩四神鏡の直径が一尺に当たる約23センチであることから漢の時代の一尺が23・1センチであったことが理解される。

一歩は6尺で、50歩が一里である。従って一里は69mとなる。尚、歩はふたあしで一歩である。魏志は陳寿によって周の時代と同じ一里69mで記述されたことが結論される。

秦の始皇帝は中国を統一した後度量衡の統一を行った。その際、５０歩を６倍した３００歩を一里とした。その結果、その後は一里は３００歩が定着することになった。一説によると秦の始皇帝は自分の王朝を支配する運命的な数字が６であると信じたため５０歩を６倍した３００歩を一里としたとされている。

一尺は周、秦、漢の時代を通じて約２３センチであったがその後は時代を経るごとに長くなり現在とほゞ同じ長さの約３０センチとなった。中国では唐の時代一尺は２９・７センチで一歩は１・７８ｍ、一里は３００歩で、５３４ｍであった。日本では正倉院にある奈良時代の物差しの長さより一尺は２９・４センチであった。

土木学会誌・土木史研究第１２巻（１９９２）に掲載された須股孝信氏らの論文「古代の使用尺度に関する考察」によると、一尺が２３・１センチが漢代に日本に伝えられて使用され始め、五世紀頃には畿内の天皇陵の造営に使用された。

漢尺の１・２７３倍の一尺２９・４センチの大尺も日本に伝えられ、７~８世紀に都営の造営などに使用された。ここで１・２７３という数値は正方形の面積とその正方形に内接する円の面積の比から得られる値である。

周の時代一尺は２３・１センチで、一歩は6尺で１・３８ｍ、一里は５０歩の６９ｍであった。

井田法では一戸５０畝と定められていた。面積の単位である一畝は５０平方歩であり、約９５平方メートルである。従って、５０畝は約４７６０平方メートルである。これは一辺が６９ｍの正方形の面積であり、６９ｍが一里であるから、５０畝（５反）は一里四方の面積である。

尺度の変遷一覧表（ 須股孝信氏論文データから作成 ）

時代	尺名	センチ	備　考
周	銅尺	23.1	北京歴史博物館蔵
前漢	牙尺	23.3	〃
後漢	骨尺	23.0	洛陽出土
隋	—	27.4	〃
唐	牙尺	29.7	正倉院蔵
〃	銅尺	29.9	北京歴史博物館蔵
宋	〃	31.6	〃
明	牙尺	32.0	故宮博物館蔵

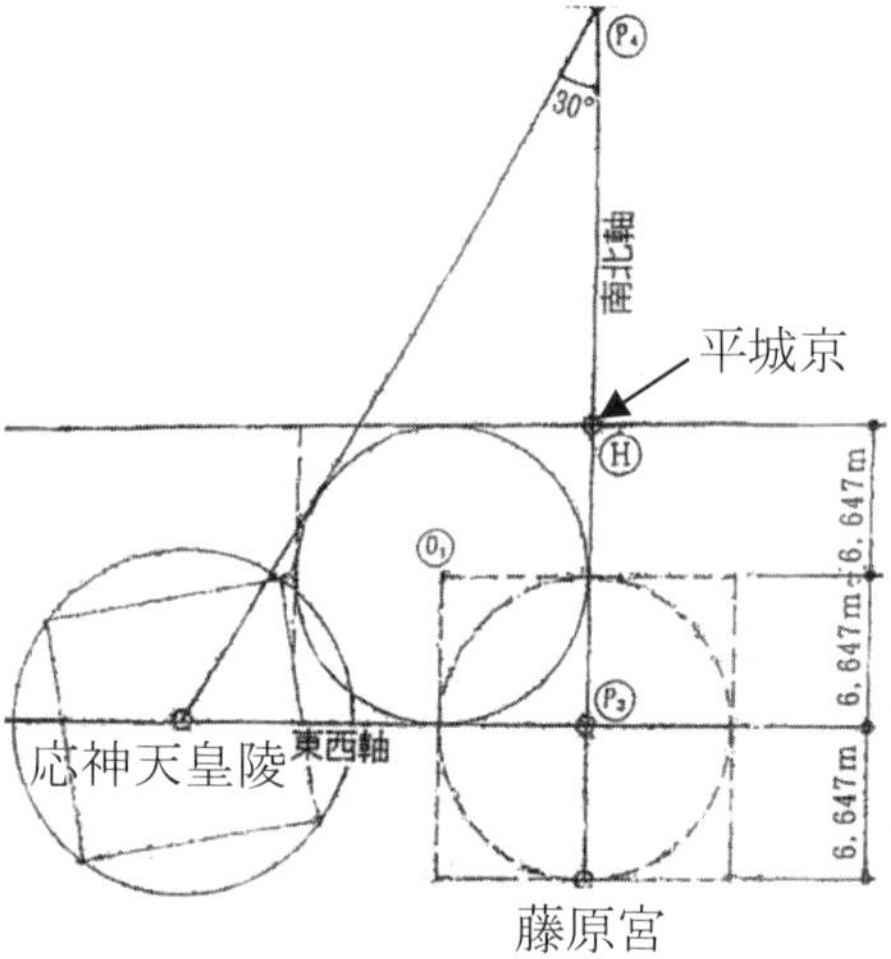

要点H
（ 平城京 ）
内接円半径
６,６４７m
完数１６里
↓
１里４１５.４m
↓
１歩１.３８m
↓
１尺２３.１ｃｍ

７世紀 応神天皇陵を起点とする藤原宮の造営
（ １尺２３.１センチ ）

（ 猪俣氏論文から転載 ）

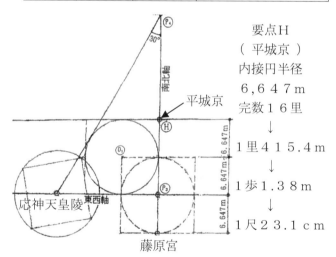

一里は周里５０歩、６９ｍ

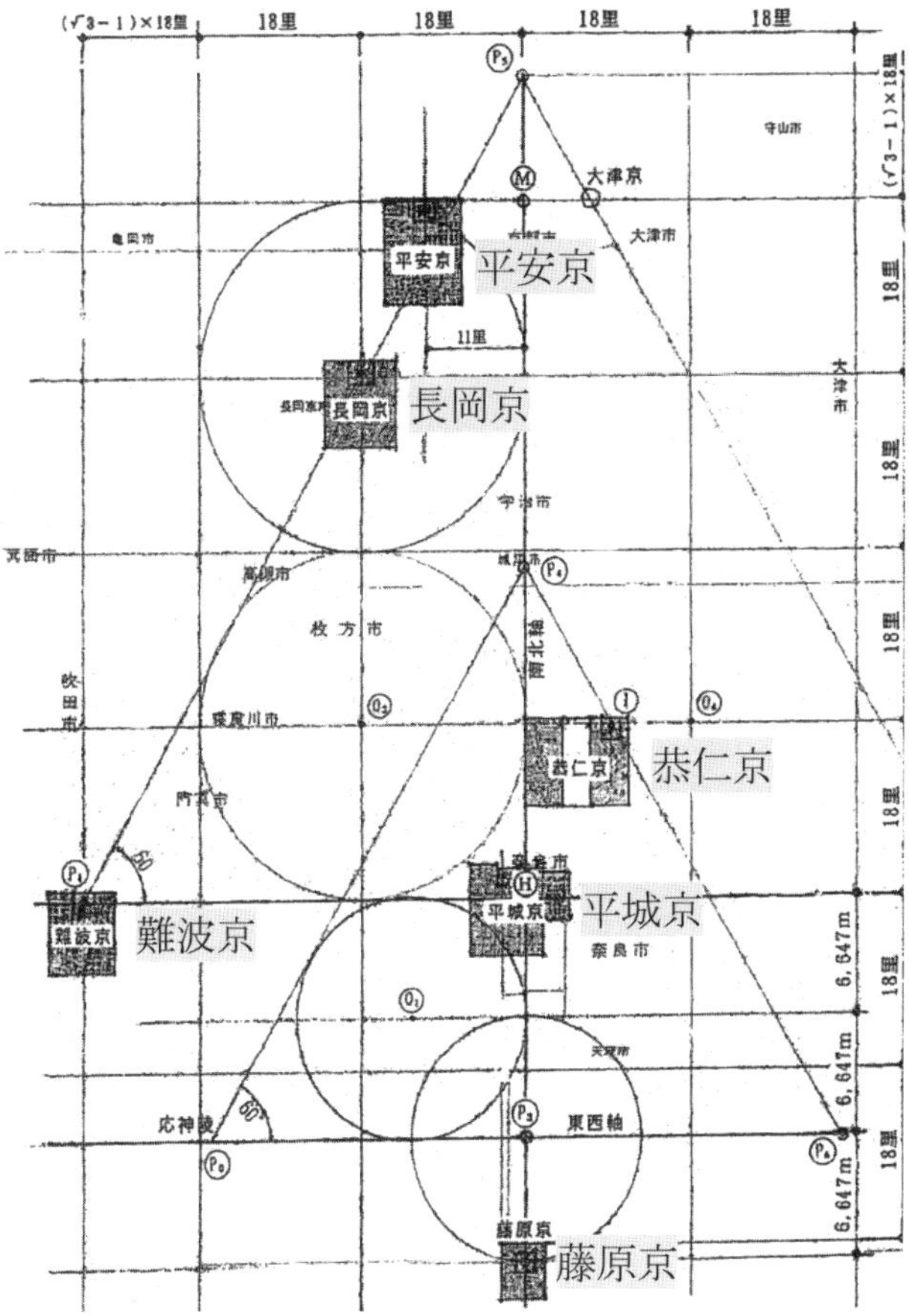

７～８世紀都営造営位置（１尺２９.４センチ)
（ 須股氏論文から転載 ）

東南陸行五百里、伊都（イツ）国に到る

魏志倭人伝には次のように記されている。

「東南陸行五百里伊都国に到る」
○千余戸有り
○世々王有るも皆女王国に統属す
○郡使の往来に常に駐まる所なり
○女王国より以北には特に一大率を置き検察せしむ　諸国之を畏れ憚る　常に伊都国に治し国中に於いて刺史の如く有り　王、使いを遣わして京都・帯方郡・諸韓国に詣らしめ及び郡の倭国に使いするや、皆津に臨みて捜露し、文書・賜遺の物を伝送して女王に詣らしめ差錯するを得ず

倭人伝には末蘆国から「東南陸行五百里伊都国に到る」とある。又、「草木茂盛し行くに前人を見ず」とあることから、前を行く人が見えないくらい草木が繁茂した険しい山道を東南に五百里陸行して伊都国の中心地に到着すると解釈される。一里は６９ｍであるから、東南に五百里、約３５ｋｍ陸行して伊都（イツ）国に到る。

戸数は千余戸で、代々王はいるが皆女王国に統属しているとされている。郡使が常に駐まり、一大率を置いていることから、ここが軍事的に重要なところであったと推察される。

倭人伝には伊都国は帯方郡の使者が倭国に往来する時に常に駐まるところと記されている。

帯方郡の使者は倭国に来たときは必ず伊都国に至り、伊都国に滞在するという事である。又、帯方郡の使者は津すなわち港に臨み文書や下賜物を捜露、すなわち探し出し指し示して差錯するを得ず、すなわち間違いがないようにする。中国の都・帯方郡・諸韓国へ倭の王が遣わす使者についても同様に送る文書や贈り物を確認して間違いがないようにするとされている。帯方郡から文書を受け取ったり、帯方郡などへの文書を使者に持たせて送っていたことは3世紀頃には既に倭国の使者や役人の中には漢文を理解し読み書きできる人々がいたことを示している。

当時伊都国が大陸や朝鮮半島の文化の入口であった。皆津に臨みてという記述があることから伊都国は近くに港があったものと解釈される。古代の港は遠浅の海岸や川の河口の場合、潮の干満の影響を受けやすいため川を少し遡った潮の干満の影響がないところに造られた。

松浦川を現在の河口より4ｋｍほど上流に遡った松浦川の右岸に中原遺跡がある。ここからは古代の硯とみられるものが出土している。又、近くの柏崎田島遺跡からは全長63・8センチの銅矛や全長49センチの触角式有柄銅剣、直径6・9センチの連弧紋日光鏡などが出土しておりこの付近が倭人伝に書かれた伊都国の中心地であったと思われる。

大宝元年(西暦701年)に大宝律令が制定され、その中の厩牧令で古代官道を整備し、30里ごとに宿駅を設け、定められた頭数の馬を置くことが定められた。

平安中期に編纂された延喜式に駅名が記載されており、松浦郡には登望駅、逢鹿駅、賀周駅、磐氷（いわひ）駅、大村駅の五つの駅があった。

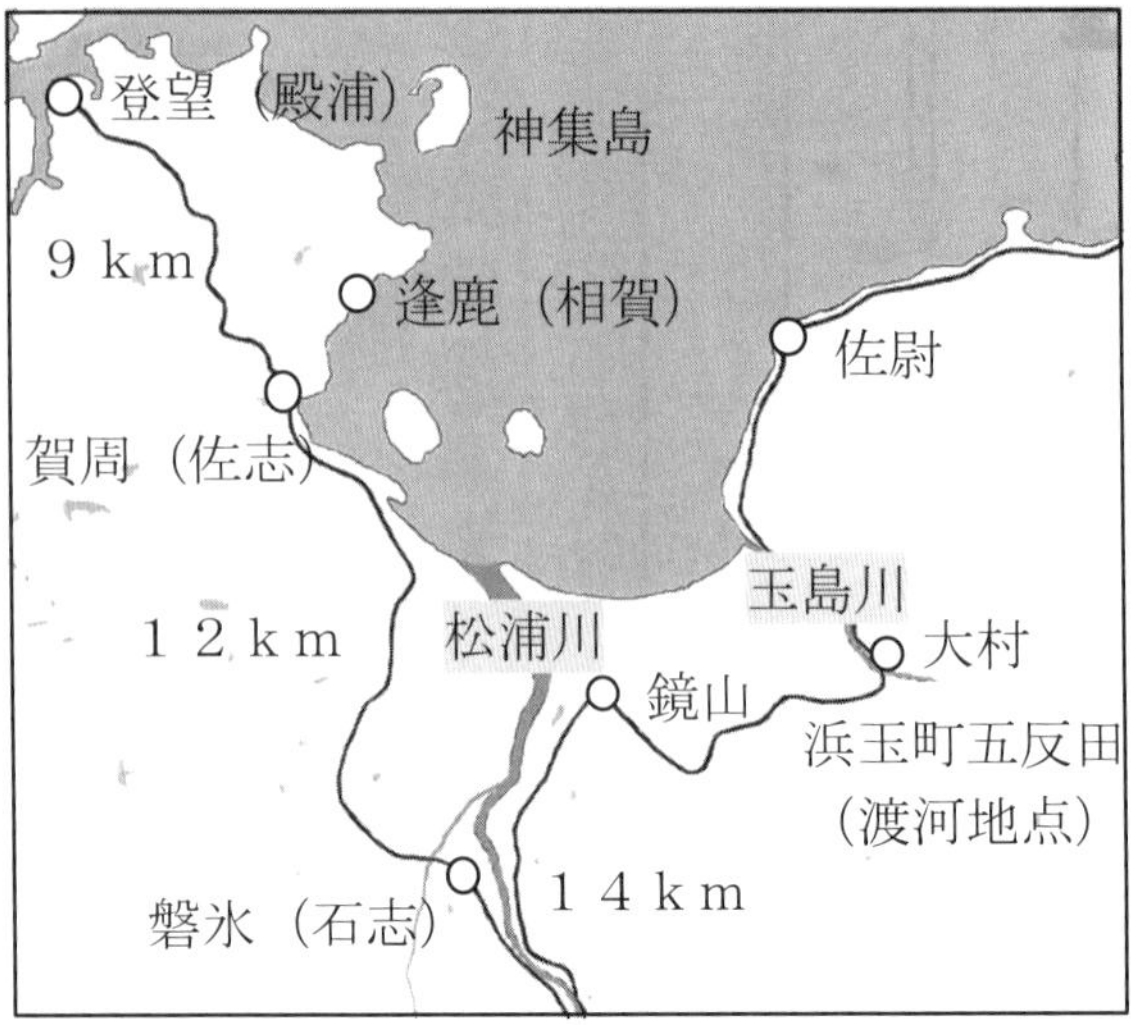

伊岐佐（渡河地点）
律令時代松浦郡古代官道図
（国土地理院地図データより作成）

登望駅は呼子町殿浦に、逢鹿駅は唐津市相賀、賀周駅は唐津市佐志に比定されている。

逢鹿駅と賀周駅間は山が海に迫り、断崖となっていて通行が困難なため、逢鹿駅は馬を配置せず、船を置く港としての駅である。

このため登望駅から賀周駅間は東松浦半島の内陸部を通るルートとなっている。

登望駅から賀周駅までは約９ｋｍで途中、峠を越える必要がある。

この区間は草木繁茂し行くに前人を見ずと倭人伝に書かれているように、草木が生い茂った細くて険しい山道であったことが想像される。

賀周駅から更に山道を通って磐氷（いわひ）駅に至る。

賀周駅から磐氷（いわひ）駅間の距離は約１２ｋｍである。

松浦川は古代には海が内陸に入り込んでいて現在より川幅が相当広くなっていた。このため、川を渡るには川を遡って上流の川幅の狭い所を渡る必要があった。渡河地点としては現在の相知町伊岐佐付近が想定されている。

筑前国風土記には松浦郡の郡衛が袖振峰（鏡山）の西に在ったことが記されている。従って、松浦郡の郡衛は現在の唐津市鏡付近にあったものと考えられる。鏡山は朝鮮出兵に際し神功皇后が鏡を捧げて戦勝を祈願したことから鏡山と名付けられたとされている。鏡山の麓にある鏡神社には神功皇后が祭られている。

大宝令やその後の養老令で官道の３０里ごとに宿駅を置くことが定められた。古代の日本には一尺２３・１センチの小尺と一尺が２９・４センチの大尺の二つの系統があり一里は３００歩で小尺の場合は一里は４１５ｍ、３０里は約１２ｋｍであり、大尺の場合は一里は５３４ｍ、３０里は１６ｋｍである。古代官道があったと思われる道路に沿って地図上で距離を求めると登望駅－賀周駅間が９ｋｍ、賀周駅－磐氷駅間が１２ｋｍ、磐氷駅－唐津市鏡間が１４ｋｍであり、いずれも１６ｋｍより短くなっている。従って、北部九州の古代官道の駅の設営には一尺が２３・１センチの小尺が使用されたものと思われる。

倭人伝には末蘆国から「東南五百里、伊都国に到る」と記されている。一尺は２３・１センチで一歩は６尺、一里は周里５０歩で６９ｍであるから五百里は３５ｋｍとなる。古代官道が整備されたのは八世紀であるが、古代にはその元になる道路があったと推定される。

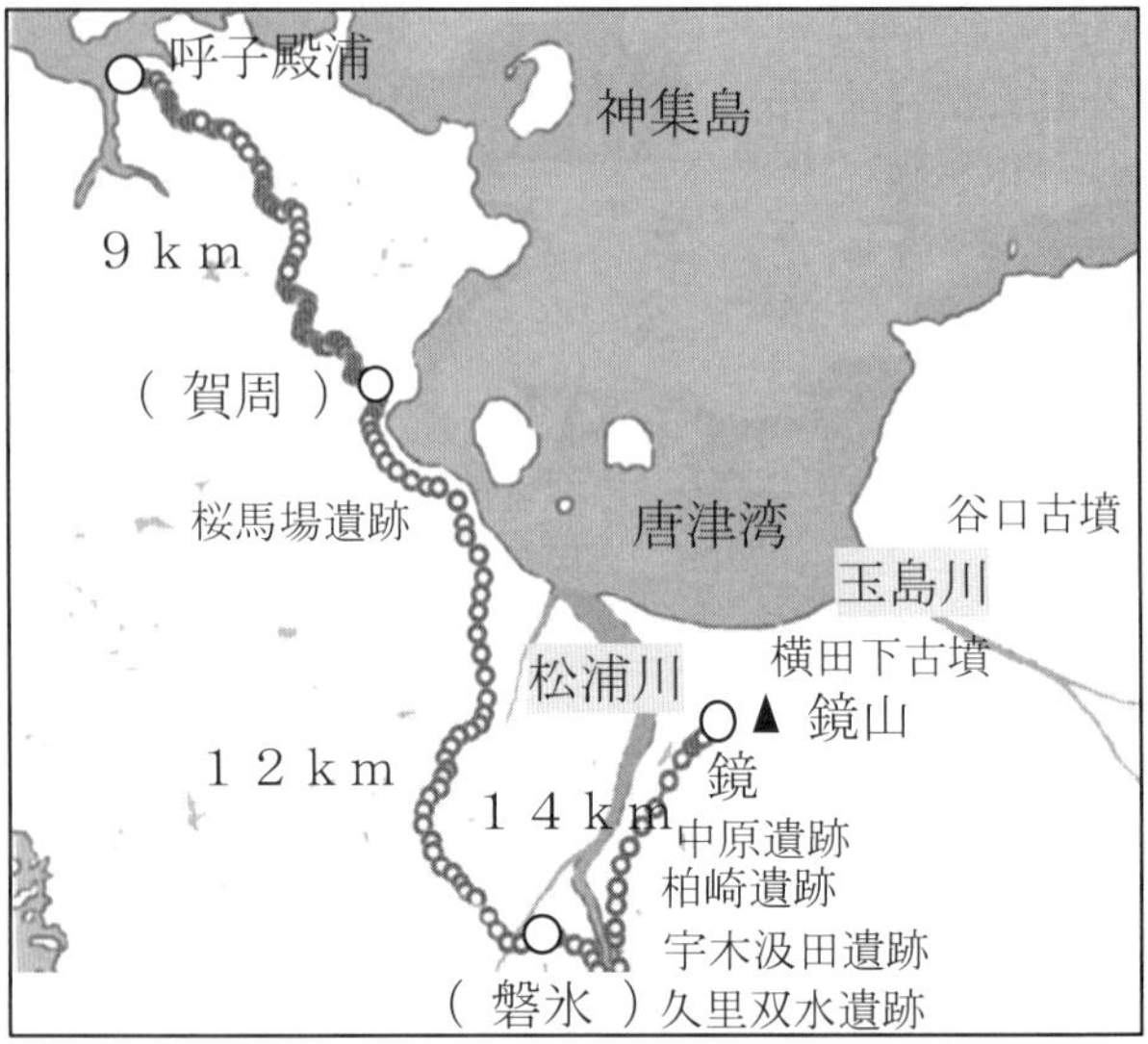

東南陸行五百里 末蘆国➡伊都（イツ）国

東松浦半島の北端の呼子町殿浦から東南に古代に道路があったと思われるところを辿って陸行し、賀周、磐氷を経て、松浦川の上流の相知町伊岐佐付近で渡河して鏡山の西の唐津市鏡付近に至る。

末蘆国の呼子殿浦から伊都国に比定される唐津市鏡付近までの距離を求めると約３５ｋｍであり、一里が６９ｍであるから五百里である。

これは末蘆国より「東南陸行五百里伊都国に到る」と記された倭人伝の記述と良く一致する。

伊都国の中心地は松浦川右岸の唐津市鏡付近と推定される。近くの中原遺跡からは方形周溝墓から直径１８・１センチの方格規矩鳥文鏡、内行花文鏡、浮彫式獣帯鏡、鉄剣などが出土している。

東南陸行五百里、伊都（イツ）国に到る

これまでの定説では末蘆国は唐津に、伊都国は糸島に比定されている。しかし、末蘆国を唐津とすると糸島は唐津から東北の方角に当たり「東南陸行五百里、伊都国に到る」という倭人伝の記述と矛盾する。

又、末蘆国を唐津とすると鏡山の南は平坦な湿地帯であったと推定され、これも「草木繁茂し行くに前人を見ず」という倭人伝の記述と矛盾する。

更に伊都国は戸数千余戸とされており伊都国を糸島とすると三雲南小路遺跡や井原鑓溝遺跡、平原遺跡のある糸島が戸数千余戸の小国では到底在り得ず、これも倭人伝の記述と矛盾する。

末蘆国は東松浦半島であり、一支国から東松浦半島の先端の呼子町殿浦に至り、そこから東南に五百里陸行して伊都国の中心地唐津市鏡付近に至る。

唐津市鏡付近は呼子から東南の方角にあり距離も３５ｋｍ、五百里であることから末蘆国から東南陸行五百里という倭人伝の記述とよく一致する。

伊都国はこれまで何の疑いもなくイト国と読まれ、怡土という古い地名があることから、糸島に比定されて来た。しかし、隋書倭国伝には対馬は「都斯麻」と表記されており都はトではなく、ツと読むものと考えられる。万葉集では次に示すように都はトではなくツと読まれている。

・和多都美能於伎津之良奈美　多知久良思　安麻乎等女等母　思麻我久流見由
　わたつみの沖つ白波　立ち来らし　海人娘ども　島隠る見ゆ
・楽浪乃国都美神乃浦佐備而　荒有京見者悲毛
　さざなみの国つ御神のうらさびて　荒れたる京（ミヤコ）みれば悲しも

現在の兵庫県たつの市の揖保川の河口付近に昔、伊都（イツ）村という村があった。湾が砂州によって外海から隔てられて内海になっており波が穏やかで船を停泊させるのに適していた。

御津は神功皇后の乗られた船を停泊した港であるので御津と名付けられたという。その御津の浜辺の村が伊都（イツ）村である。播磨風土記によると三韓征伐に向かう神功皇后を乗せた船がこの地に停泊した際、船の水夫らがこの村はいい村だ、「いつかこの地に到りて見むかも」（いつかこの地に行き着いて暮らしたいものだ）と言ったので良い、美しいという意味で伊都（イツ）村と名付けられたという。伊都村は、現在のたつの市御津町岩見に比定されている。奈良時代に伊都（イツ）の表記があり、江戸時代には伊津村であった。

唐津市の松浦川の河口も古代には海が内陸に入り込んで穏やかな湾となっており、美しい浜辺が広がっていたと想像される。このことから厳（いつ）、美しいを意味するイツ国と呼ぶようになったと考えられる。尚、中国語で伊都はイツと発音される。

伊都国はイト国ではなく、イツ国である。帯方郡の使者が倭国に往来する時に常に駐まる所とされており、イツ国は倭の港を意味する倭（ヰ）の津（ツ）、イツと呼ばれたとも考えられる。

伊都国は港としての重要な役割を有しており、一大率という軍事監察権を有する組織を置いて女王国より以北の国々を検察させると共に、船の出入りを監視させ、帯方郡からの使者の往来に際して必要な対応をさせたものと考えられる。筑前国風土記には、松浦郡に「烽掤所」があったことが記されている。鏡山は標高２８４ｍで眼下に唐津湾を、遠くに壱岐の島を臨み軍事拠点として好適であり、ここで一大率が軍事的な役割を果たしたのではないかと推察される。

伊都国より東南百里、奴国（倭奴国）に至る

魏志倭人伝には次のように記されている。

「東南百里、奴国に至る」

○二万余戸有り

倭人伝には伊都国より東南百里奴国に至ると記されている。これまで東南百里で伊都国の中心地から奴国の中心地に至ると解釈されて来たが、そうではなく、伊都国から東南百里で伊都国と奴国の国境に至るとするのが正しい解釈である。これは『陳寿が記した邪馬台国』の著者、生野眞好氏の「国境記述法」による。

又、奴国はナ国と読み、これまで那の津あるいは那珂という地名があることから、福岡に比定されて来た。しかし、奴は呉音ではナであるが漢音ではド又はトである。三国志を書いた陳寿は西晋の人であるが、魏もその後の西晋も漢の正統を標榜しており、正史である魏書は漢音で書かれたことには疑いがない。

奴はドであり奴国はド国となる。しかし大和言葉には濁音で始まる言葉はない。一方「い抱く」が「抱く」あるいは「い出る」が「出る」のように「い」を省いても同じ意味になる場合には欠落する場合があり、奴は倭（イ）が欠落した倭奴であり、倭人伝に書かれた奴国は倭奴（イト）国である。

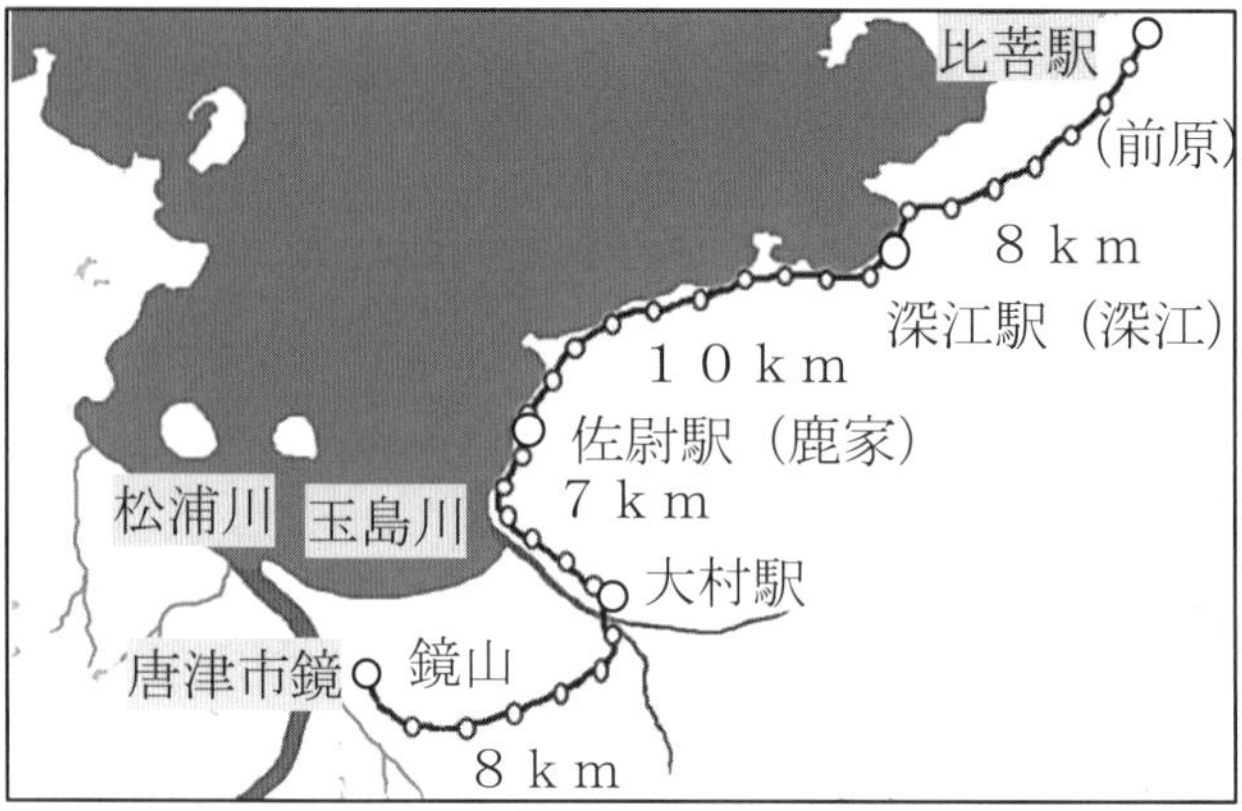

律令時代古代官道図　唐津市鏡 ➡ 比菩駅（前原）
（国土地理院の地図データを使用して作成）

伊都国はイト国ではなくイツ国で唐津に比定される。伊都国の中心地は現在の唐津市鏡付近と推定される。

八世紀の古代官道は 松浦郡の郡衛があった唐津市鏡付近から 浜玉町五反田付近で玉島川を渡って 大村駅に至り 佐尉駅（鹿家）、深江駅、比菩駅（前原）を経て、最終的に 太宰府に至るルートとなっていた。

渡河地点と推定される 浜玉町五反田の近くには神功皇后を祭神とする玉島神社がある。

大村駅は 玉島川を渡ったところにある大村神社付近にあったとされている。

各駅間の距離を求めると、唐津市鏡-大村駅間が約8ｋｍ、大村駅-佐尉駅間が約7ｋｍ、佐尉駅-深江駅間が約10ｋｍ、深江-比菩駅間が約8ｋｍである。

従って、唐津市鏡付近から糸島市前原町付近まで約33ｋｍである。

伊都国より東南百里、奴国（倭奴国）に至る

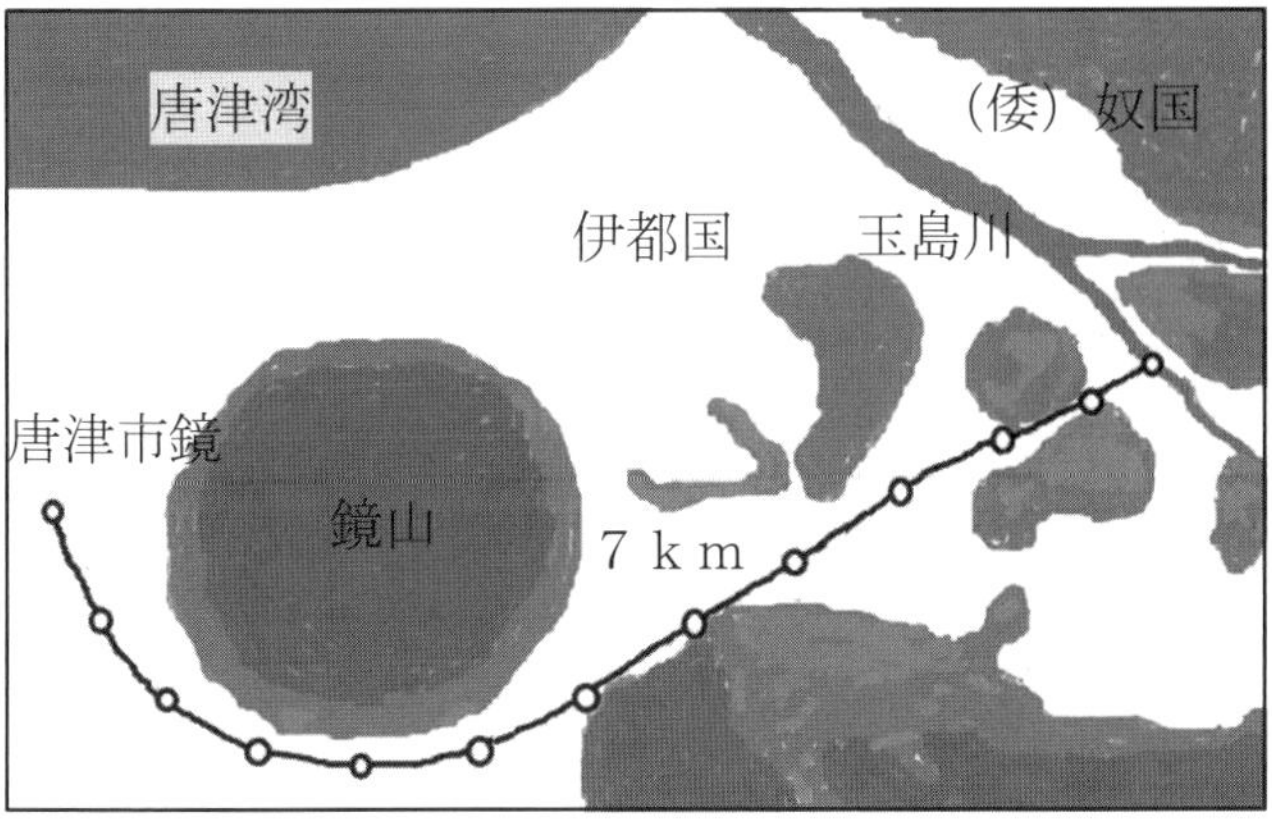

伊都（イツ）国の中心地 ➡ （倭）奴国国境
（国土地理院地図データより作成）

倭人伝には「東南百里奴国に至る」と記されている。一尺は２３・１センチ、一歩は6尺、一里は５０歩、６９ｍである。従って、百里は約７ｋｍである。

『陳寿が記した邪馬台国』の著者、生野眞好氏の「国境記述法」によると倭人伝に記された距離は、国の中心地から「国境」までの距離である。この国境記述法によると、伊都国の中心地から奴国との国境までが百里、約７ｋｍと解釈される。

伊都（イツ）国の中心地に比定される唐津市鏡付近から東南に陸行して鏡山の南を通って約７ｋｍで玉島川に至る。ここが伊都国と奴国との国境である。玉島川が伊都国と奴国の国境であるとすると、東南百里、奴国に至るという倭人伝の記述と良く一致する。

すなわち玉島川の左岸が伊都（イツ）国で、玉島川の右岸が倭人伝に書かれた奴国である。

玉島川は古くは松浦川とも呼ばれ、松浦の地名の由来となったところである。古事記や日本書紀によると、神功皇后は仲哀天皇の崩御後、朝鮮出兵のため香椎宮から肥前松浦に至り、戦勝を占う魚釣りをされた。その川が玉島川であり竿をあげると鮎がかかっていた。皇后は珍しい魚だと言われた。そこでその地を梅豆羅国（めずらのくに）というようになり、現在の松浦はそれが訛ったものだという。

万葉集には次のような大伴旅人の歌がおさめられている。

○まつら川 川の瀬光り鮎釣ると 立たせる妹（いも）が 裳（も）の裾（すそ）濡れ奴
　麻都良河波 可波能世比可利 阿由都流等 多々勢流伊毛何 毛能須蘇奴例奴
・松浦川の川の瀬が光っている そこで鮎釣りをしている乙女の裳（も）裾が濡れている
○松浦なる玉島川に鮎釣ると立たせる子らが家路（いへぢ）知らずも
・松浦の玉島川で乙女らが鮎釣りをしている その子らの家への道は知らないけれど
○松浦川七瀬の淀は淀むとも我れは淀まず君をし待たむ
・松浦川の川の瀬で川の流れが淀むとも私は淀むことなくあなたを待っています

松浦は「麻都良」（まつら）と表記されており、都はツと読まれていることがわかる。

又、松浦は、現在はマツウラであるが、二重母音のｕが省略されて古代には麻都良（マツラ）（末羅）と発音されている。

東松浦半島の北端の呼子殿浦から伊都（イツ）国の中心地に比定される唐津市鏡付近まで約３５ｋｍである。又、松浦郡の郡衛があった唐津市鏡付近から比菩駅があった糸島市前原付近まで約３３ｋｍである。従って、東松浦半島の呼子殿浦から倭奴（イト）国に比定される糸島まで、約６８ｋｍ、千余里である。倭人伝には末蘆国から邪馬台国まで陸行一千余里と記されている。末蘆国から倭奴国まで千余里であるから倭奴国から千余里約７０ｋｍ陸行して邪馬台国に至ると解釈される。

古代北部九州での鉄の生産

北部九州では早くから稲作が開始され唐津の菜畑遺跡や福岡の板付遺跡に代表されるように弥生前期の紀元前5~6世紀頃に水田稲作が開始された。使用される農具は磨製石器を使用して作られた木製の農具であったが紀元前4世紀頃になると中国から鉄製の斧などが入ってきて木製の農具を作るのに使用された。更に紀元前2世紀頃になると朝鮮半島で鉄が生産されるようになり紀元前後には中国大陸や朝鮮半島から鉄器や鉄の素材が倭にもたらされた。

鉄が普及すると鉄製の工具の外、鉄製の農具が出現し農業の生産性が飛躍的に拡大した。このため経済が発展し、北部九州に多くの国々が出現した。北部九州の多くの弥生遺跡から鍬や鋤の先に鉄の刃を付けた鉄製農具や鉄製の鎌などが出土している。

『邪馬台国はここだ』の著者、奥野正男氏は弥生後期の鉄器の出土が北部九州に集中していることから「古代北部九州で鉄の生産が開始され、鉄器の普及が生産力の発展を支え、そこに広い地域を支配する政治集団が形成されたと考えられる」としている。

製鉄の原料となる砂鉄にはチタン含有量の違いにより真砂砂鉄と赤目砂鉄がある。チタン含有量の少ない砂鉄を原料にすると低温での製鉄が可能で、鉄分含有率が高くチタン含有量の少ない真砂砂鉄が製鉄に適した原料とされている。表に示すように糸島半島の海岸にこの高品質の真砂砂鉄が産出する。チタン含有量が少なく、鉄含有率が高い糸島半島の海岸で産出する真砂砂鉄を原料に倭奴国を中心とする北部九州で製鉄が行われたと考えられる。

韓国金海の鳳凰洞遺跡からは鉄滓や製鉄に使用された送風管が出土している。又、近くの大成洞古墳からは多くの鉄艇が出土しており、古代に製鉄が行われていたことを示している。

この遺跡は紀元2~3世紀頃の狗邪韓国、後の金官加耶の遺跡である。古くから狗邪韓国と倭とは密接な関係にあり、狗邪韓国から鉄器や鉄素材を輸入し、あるいは技術を導入して製鉄を行った可能性が考えられる。

鳳凰洞遺跡出土送風管

大成洞古墳出土鉄艇
（大成洞古墳博物館）

倭奴国が倭国の宗主国として、強大な力を持ち得たのは独占的に朝鮮半島などから鉄製品や鉄素材を入手すると共に、産出する砂鉄を原料に鉄を生産し得たことにある。

鉄製の工具や鉄製の農具が普及すると、開墾と灌漑式水田の開発により、台地や丘陵などでの耕作が可能となり耕地面積が増加して農業生産力が飛躍的に拡大する。その結果人口が増加して倭の宗主国としての支配力が強まったと推測される。

糸島半島の砂鉄中の鉄分およびチタン含有量
（ 奥野正男氏著『邪馬台国はここだ』データから作成 ）

採 取 地	種 類	全鉄分 wt%	TiO_2 wt%
福岡県糸島市志摩町幣の浜	真砂砂鉄	66.9	1.50
〃　糸島市志摩町引津湾	〃	63.8	0.58
〃　糸島市志摩町北崎海岸	〃	67.2	0.78
〃　福岡市西区大原海岸	〃	68.4	0.57
〃　福津市福間海岸	〃	69.0	0.94
〃　北九州市若松区脇田海岸	赤目砂鉄	54.0	17.0
〃　遠賀郡芦屋町夏井ヶ浜	〃	50.0	17.0
鹿児島県志布志市志布志湾	〃	49.6	7.1
熊本県荒尾市有明海岸	〃	57.2	10.1

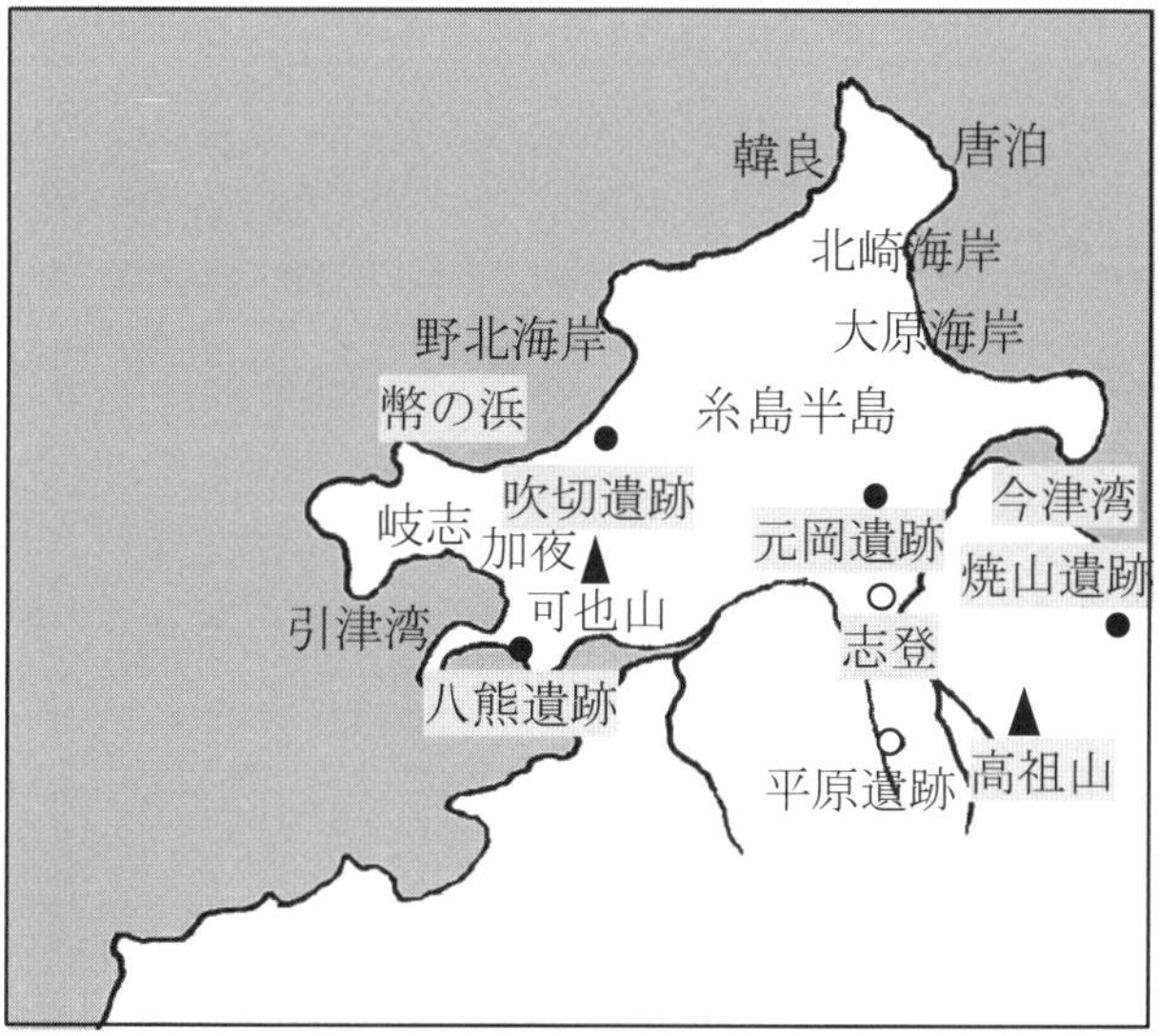

糸島半島の古代製鉄遺跡

福岡市西区今宿に焼山製鉄遺跡がある。製鉄跡より出土した木炭の炭素年代測定が九州大学の坂田武彦氏により実施された。測定結果は西暦３１０年前後というものであった。この結果より北部九州では4世紀初めあるいはそれ以前の３世紀には製鉄が行われていたと推定される。

倭人伝に「武器には矛、楯、木弓を用いる。弓の矢には鉄鏃或いは骨鏃を使う」という記述があり、３世紀には鉄の鏃を使用していたことが記されている。

可也山の西の八熊遺跡からは鉄滓や製鉄に使用した送風管等が出土している。八熊遺跡は八世紀頃の製鉄遺跡とされているが、古代より製鉄が行われていた可能性が考えられる。

日本書紀には神功４６年（西暦３６６年）、百済肖古王から鉄鋌４０枚が贈られたことが記載されている。古代において鉄は極めて貴重なものであった。

古事記には応神天皇紀に百済肖古王の朝貢の記述がある。

○百済国主照古王　以牡馬壹疋牝馬壹疋　付阿知吉師以貢上　亦貢上横刀及大鏡

○又科賜百済国若有賢人者貢上　故受命以貢上人　名和邇吉師　即論語十巻千字文一巻

付是人即貢進　又貢上手人韓鍛　名卓素

・又若し百済国に賢人あらば奉れと科賜（仰せ給う）故に命を受けて奉れる人　名は和邇

論語十巻千字文一巻を付けて奉れり　又手人韓鍛（からかぬち）を奉れり　名は卓素

応神天皇に百済の肖古王が牡馬一頭、牝馬一頭を阿知という人を付けて献上したことや七支刀及び七子鏡を献上したことが記されている。又、百済国に若し賢人有れば献上せよと命ぜられたので百済の和邇という人を論語十巻と千字文一巻を付けて奉ったことや　卓素という名の手人韓鍛（百済の製鉄工人）を献上したことが記されている。

尚、阿知吉師や和邇吉師の吉師は名前の後につけて渡来人を表すものである。

怡土、志摩には韓（から）に関連する地名が数多くみられる。唐泊や可也山のほか和名抄には韓良郷や加夜郷の名が記されている。

怡土は倭奴（イト）国、倭の宗主国

後漢書東夷伝に次の記述がある。
○建武中元二年倭奴国奉貢朝賀 使人自稱大夫倭国之極南界也 光武賜以印綬
・建武中元二年（西暦57年）倭奴国は貢物を奉じて朝賀した 使者は自ら大夫と称した
　倭国の極南界なり 光武帝は印綬を下賜した
○安帝永初元年倭国王師升等献生口百六十人願請見
・安帝永初元年（西暦107年）倭国王師升等生口百六十人を献上して謁見を願い出た
後漢書の記述から志賀島で発見された金印が西暦57年、漢の光武帝から倭奴国（イト国）に下賜されたものであることが明らかである。後漢から金印が下賜されたのは倭奴国が倭の諸国を統属し、倭国の宗主国であったからである。

金印の一辺の長さは2・3センチで漢尺23・1センチの10分の一の一寸である。又、紐は蛇紐（だちゅう）である。漢や魏晋から下賜される金印の紐は亀紐あるいは駱駝紐であり蛇紐は中国雲南省の王墓で滇王の印が発見されるまでは見られないものであった。紀元前１０９年、漢の武帝が滇族を攻め滇王が漢に帰順することを表明したので印を下賜したことが史記に記されている。「滇王之印」も一辺が２・３センチで漢尺の一寸である。金印の紐は中国西北方の異民族に対しては駱駝紐であり、南方の蛮夷に対しては蛇紐となっている。

漢委奴国王の委は倭の略字であり「漢倭奴国王」である。漢や魏の時代に中国皇帝から従属国に下賜される印は最初にその印を与える中国の王朝、次に民族名、最後に属国の国名が記されている。従って民族名の倭の後に国名の（倭）奴国の倭が省略されて奴国となり、「漢委奴国王」とされたのではないかと考えられる。

▲志賀島出土金印

一方で民族名の倭を省略して漢の倭奴国王とした可能性も考えられる。

紀元一世紀から二世紀、中国の後漢の時代、倭国では倭奴国が北部九州の諸国を統属する大国であった。

日本書紀神代紀に伊弉諾尊が筑紫日向の小戸橋の檍原で禊祓い賜いし時に生まれし神、底津少童命、中津少童命、表津少童命とされている。この三神は志賀海神社の祭神である。

従って志賀島は倭奴国にとって聖地であり、金印が志賀島に埋納されたのはそのためであると考えられる。

隋書倭国伝には次のように記載されている。

・漢の光武帝の時遣使朝貢した　安帝の時又遣使朝貢した　これは倭奴国である

旧唐書には次のように記載されている。
・倭国はいにしへの倭奴国である 新羅の東南大海の中に在り 山島に依りて居す
又、次のように「日本国は倭国の別種なり」と記されている。すなわち紀元前後から紀元3世紀頃の倭奴国と後の紀元4世紀以降の畿内の日本国とは異なることが記されている。
・日本国は倭国の別種なり 其の国以って日邉に在り故に日本を以って名と為す
これより、邪馬台国北部九州説が裏付けられ、邪馬台国畿内説は斥けられる。

糸島半島は東西から湾が入り込み、古代には半島の部分が陸地と分断されて島となっていた。

糸島半島の付け根に広がる平地に豊玉姫を祭神とする志登神社がある。志登神社は、志登神社を中心に特別の位置関係にあることが提唱されている。

すなわち、志登神社の東には長垂山があり、西には可也山がある。北には柑子（こうし）岳があり、その北には灘山があり、南には雷山がある。

志登神社は延喜式神名帳には「筑前国怡土郡志登村 志登神社」と記されている。

志登神社は東から今津湾、西からは加布里湾が深く入り込んで海が近くまで来ていた。

志登は低地で水利に恵まれた土地であった。志登という地名は湿地ということから来ているとされている。又、倭奴（イト）、怡土は志登の地名に由来するものと思われる。

志登神社は長垂山－可也山を結ぶ東西軸と灘山－雷山を結ぶ南北軸の交点に位置する。

邇邇藝命（ににぎのみこと）の天孫降臨について古事記には次のように記されている。
・筑紫の日向の高千穂のクジフル岳に天降りされた

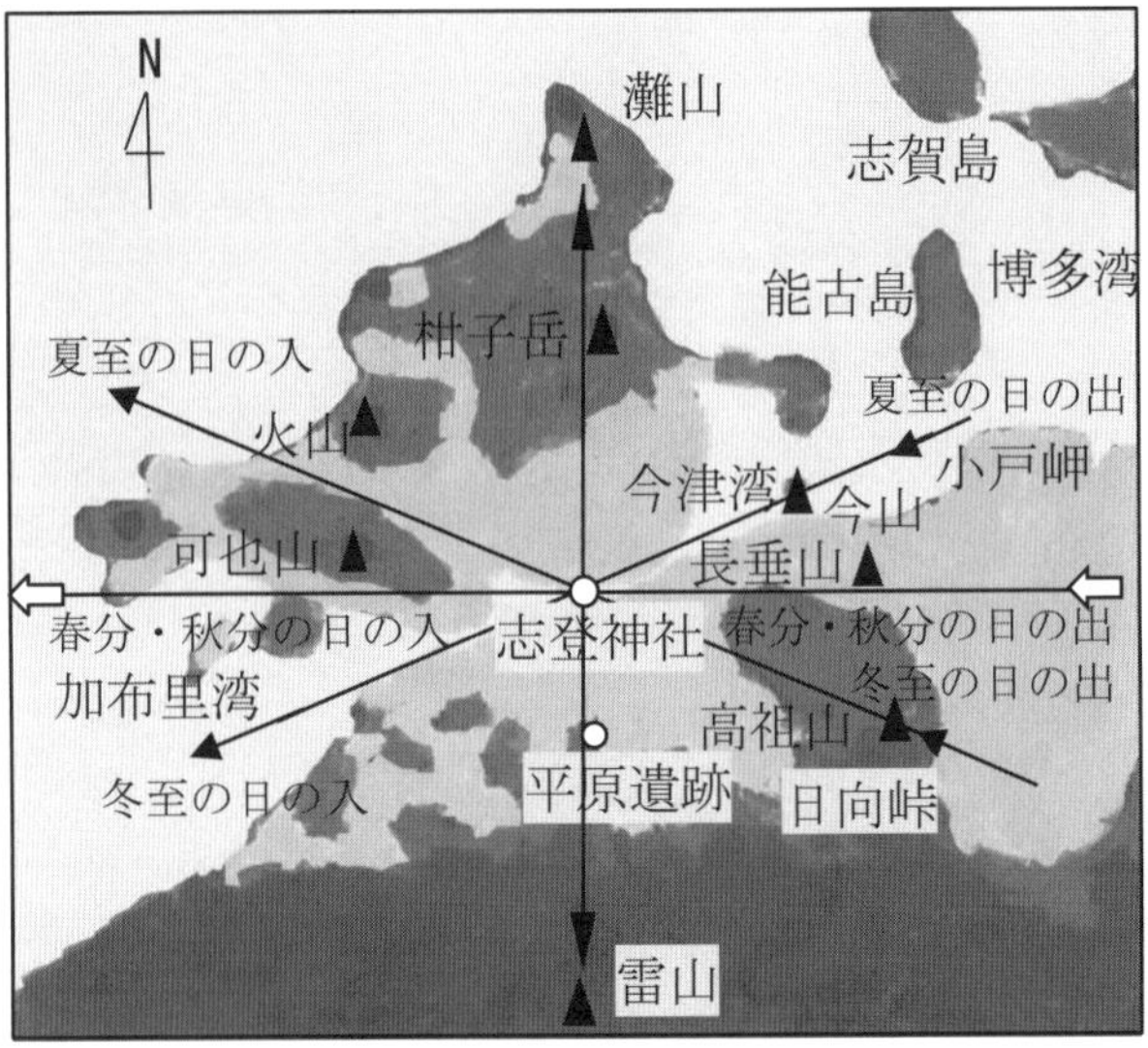

志登神社を中心とする倭奴国
(国土地理院地図データより作成)

志登神社

○此地者向韓国　真来通笠沙之御前而　朝日之直刺国　夕日之日照国也　故此地甚吉地詔而

・此の地は韓国（からくに）に向ひ　笠沙の御前（みさき）を真来通りて朝日の直刺す国
　夕日の日照る国なり　故に此の地は甚だ吉き地（ところ）と詔り給う

ここで「真来通り」は太陽の昇る方向、太陽が沈む方向を示している。すなわち、「この地は加羅国に向かい、笠沙の岬を真っ直ぐに朝日が昇り加羅国に向かって夕日が海面を照らしながら沈む」と解釈される。天孫降臨の地を宮崎県の日向とすると古事記にある「この地は韓国（からくに）に向かい」という記述と矛盾する。江戸時代の国学者本居宣長は、韓国を朝鮮半島の韓国ではなく空国、即ち不毛の地と解釈して天孫降臨の地を宮崎の日向とした。

高祖（たかす）山は標高４１６ｍで二つある峰の一つは「クシフル山」と呼ばれていたとされている。又、糸島半島は古代には半島の付け根にあたるところは東から今津湾が、西から加布里湾が入り込み入江になっていた。従って、「此の地は韓（から）国に向ひ、笠沙の御前（みさき）を真来通りて朝日の直（ただ）刺す国夕日の日照る国なり」は「今津湾の浅瀬の入江の向こうの岬から真っ直ぐに朝日が昇り、夕日が加布里湾の海を照らして西の韓（から）国の方向に沈んで行く」と解釈され、糸島の志登神社から見えるその光景を表現したものであるとされている。

邇邇藝命は笠沙の御前（みさき）で大山津見神の娘木花咲耶姫と出会い結婚する。邇邇藝命は糸島市雷山の雷神宮の祭神である。又、木花咲耶姫は糸島市三雲の細石神社の祭神である。

邇邇藝命と木花咲耶姫とが結婚して生まれたのが海幸彦（火照彦）（ホデリノミコト）と山幸彦（火遠理命）（ホオリノミコト）である。

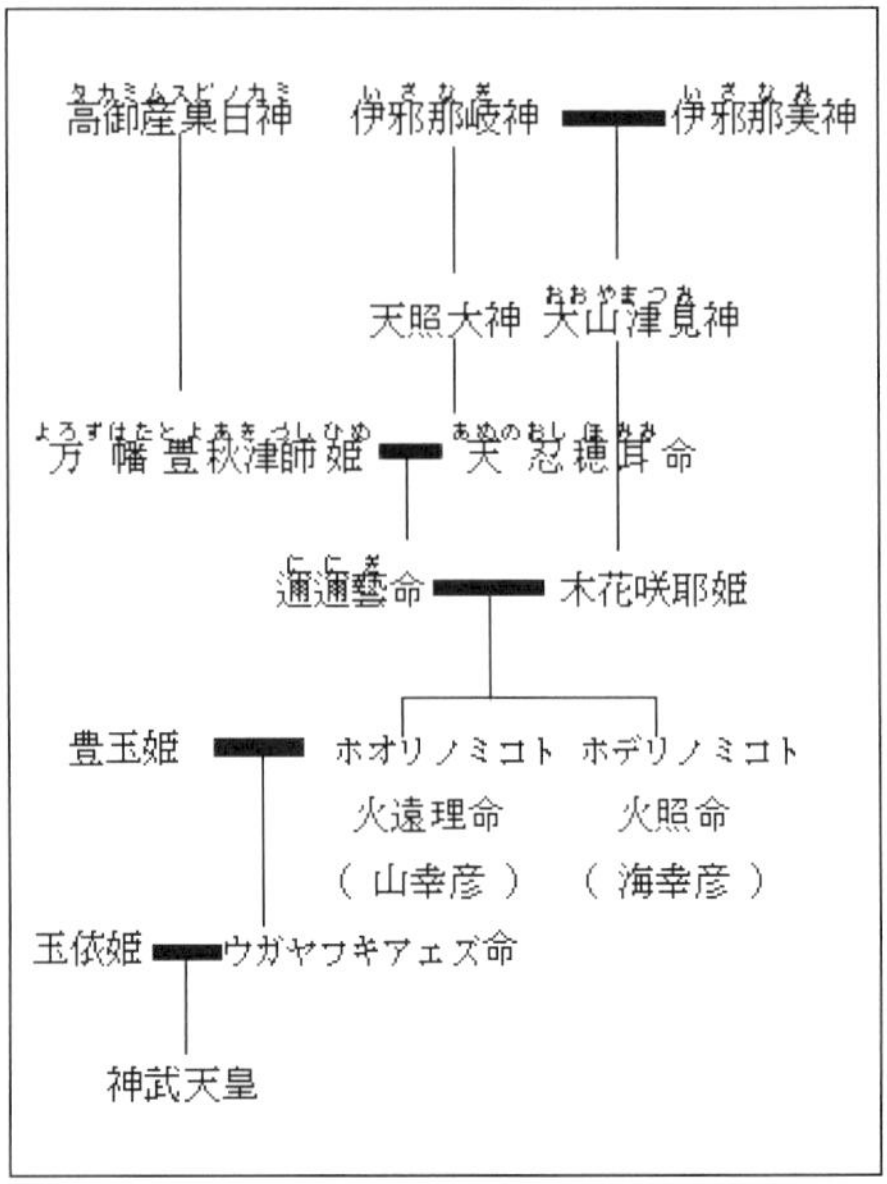

神武天皇系譜

古事記、日本書紀に海幸彦、山幸彦の物語が記されている。

山幸彦は失くした釣針を探しに綿津見神宮（海神の宮）に行き海神の娘の豊玉姫と結婚する。

三年が過ぎ山幸彦は元居た山に帰り釣針を返した。

豊玉姫は海神の宮で懐妊したが天神の子を海の中で産むわけにいかないといって陸に上がって来た。

そこで浜辺に産屋を作って生まれたのがウガヤフキアエズ命（ミコト）であり神武天皇の父である。

志登神社の祭神が豊玉姫である。ウガヤフキアエズ命と豊玉姫の妹の玉依姫とが結婚して生まれたのが神武天皇である。神武天皇は可也神社の祭神として祀られている。

日本書紀では神武天皇の即位年は中国の予言説である讖緯（しんい）思想の辛酉説に基づいて、斑鳩の宮造営の西暦６０１年から一蔀１２６０年遡った紀元前６６０年とされている。辛酉説は干支が一巡する辛酉の年に革命的な出来事が起こるとする説である。一元は６０年で、２１元を一蔀（ほう）と言い、一蔀は1260年で、辛酉の年の中でも特別に歴史的な周期とされる。尚、日本書紀の編年についてはこれとは別に倭奴国王が後漢の光武帝から金印を拝受した西暦57年を神武天皇の即位年とする説がある。

江戸時代の儒学者、貝原益軒により編纂された筑前国続風土記には「島は2字に分かちて志摩とする。志登神社は昔は怡土郡であったが今は何故か志摩郡に属している。今宿、志登、波多江、前原などは島に連なっている訳ではないが、入海のほとりに近いために志摩郡に属したものか」と記載されている。

倭人伝には奴国は戸数2万余戸とされている。一戸を4人とすると、人口は約8万人となる。尚、倭奴国の領域は旧怡土郡と志摩郡で、現在の糸島市と福岡市西区を合わせた領域である。

筑前国続風土記には七世紀中頃の諸国の田畑の石高が記載されている。怡土郡と志摩郡の合計の石高は約8万石となっている。

福岡平野の糟屋郡、那珂郡、早良郡、席田郡の合計が約14万石、筑紫平野の御笠郡、夜須郡、上座郡、下座郡、更に筑後平野の御井郡、御原郡、山本郡、生葉郡、竹野郡の合計が約24万石となっている。

尚、江戸時代の国郡別の石高の記録があり、怡土郡と志摩郡2郡の合計が約9万石、福岡平野の4郡の合計が約16万石、筑紫、筑後平野の9郡の合計が約26万石である。

可也山の西に新町支石墓群がある。紀元前5世紀頃のものと考えられており、ここからは石鏃の刺さった人骨が発見されている。石鏃は鉄鏃に劣らぬ威力を持っていたといわれる。

志登神社の西側、糸島市前原町に前原上町遺跡がある。紀元1世紀後半から2世紀前半の遺跡とされており、大型箱式石棺から長さが約1・2m（5尺）の鉄製素環頭大刀が出土している。これは弥生時代の大刀としては我が国最長のものである。

志登神社の東北東に標高80mの今山がある。今山は昔は夷魔山と書き、火遠理命（ホオリノミコト）（山幸彦）が山上から弓で夷魔を射て平らげたという伝説がある。

志登神社の東南東に標高416mの高祖（たかす）山があり、その麓に高祖神社がある。高祖神社の祭神は火遠理命、玉依姫、神功皇后である。高祖神社の南に糸島から福岡市西区に向かう日向（ひむか）峠がある。日向峠の北に博多湾があり、志賀島がある。

志登神社の東、今津湾の向こうに小戸というところがある。貝原益軒の筑前国続風土記には次のように記載されている。「姪浜の西北に在山を小戸と云う。或る人曰く、日本紀神代巻に所謂小戸橘の檍原（阿波岐原）とあるは此の地なりと」

古事記には「伊邪那岐大神、筑紫の日向の橘小門の阿波岐原に到で坐して、禊祓い賜いき」とある。又、この時に成りませる神、底津、中津、上津綿津見神の三神は志賀海神社の祭神とされている。これから伊邪那岐大神の禊の地「筑紫の日向の橘小門の阿波岐原」は志賀島のある博多湾岸にあり、筑紫の日向は糸島の日向（ひむか）を指しているものと思われる。

檍原の檍はアオキであり、古代語の二重母音のオの省略によりアオキはアキとなり、阿波岐原、アキ原になったと考えられる。阿波岐原は青木原であり、現在の福岡市西区の今宿青木と考えられる。

倭奴（イト）国の弥生遺跡

倭人伝に書かれた奴国は倭奴（イト）国で糸島に比定される。

糸島の弥生遺跡としては三雲南小路遺跡がある。三雲南小路遺跡は江戸時代の文政五年（１８２２年）に発見された。筑前国の国学者、青柳種信により「柳園古器略考」にその詳細な記録が残されている。それによると直径が約６０センチ、長さが９０センチ以上もある巨大な甕棺二つが口を合わせて埋められていた。甕棺の中からは３５面の銅鏡、有柄銅剣、銅矛、銅戈、ガラス勾玉、金銅四葉座飾金具などの副葬品が出土した。

三雲南小路遺跡は一辺が約３０ｍの方形周溝墓で、出土した鏡の破片の拓本から３１面の鏡が復元された。鏡は直径が１６～１８センチの重圏紋精白鏡３面、連弧紋清白鏡１２面等である。連弧紋清白鏡は紀元前１世紀、中国前漢時代のものとされている。

このほか金銅製四葉座飾金具や異体字銘帯鏡が出土している。異体字銘帯鏡はゴシック体の銘文がある連弧紋鏡であり、これと同じものが京都府の元伊勢籠（こも）神社に神宝として祀られている。

１９７５年に福岡県教育委員会により発掘調査が実施された。

その結果、この甕棺のすぐ隣から2号甕棺が発見された。2号甕棺からは直径6～8センチの連弧紋昭明鏡5面、連弧紋日光鏡9面など２０数面の銅鏡が出土した。

三雲南小路遺跡1号墳は連弧紋精白鏡や重圏紋精白鏡が出土していることから紀元前後頃の倭奴国の王墓と考えられる。

三雲南小路遺跡1号甕棺、2号甕棺出土鏡の内訳は次の通りである。

三雲南小路遺跡1号甕棺出土鏡

鏡の種類	直径cm	寸	銘文
重圏紋精白鏡	18.0	8	絜清白而事君
〃	16.0	7	
〃	16.0	7	
連弧紋精白鏡	18.8	8	
〃	18.2	8	―清白―――
〃	18.0	8	
〃	18.0	8	
〃	17.0	7	
〃	16.7	7	絜清白而事君
〃	16.4	7	絜清白而事君
〃	16.4	7	―清白而事君
〃	16.4	7	
	16.4	7	
	13.8	6	

三雲南小路遺跡2号甕棺出土鏡

鏡の種類	直径cm	寸	銘文
重圏紋銘帯鏡	11.4	5	
連弧紋星雲鏡	7.4	3	
連弧紋昭明鏡	8.3	4	
〃	8.3	4	
〃	8.0	3	
〃	6.2	3	
〃	7.5	3	
連弧紋日光鏡	7.4	3	
〃	7.2	3	
〃	6.5	3	
〃	6.5	3	
〃	6.5	3	
〃	6.4	3	
〃	6.4	3	
〃	6.5	3	
〃	6.5	3	

三雲南小路遺跡1号甕棺墓出土連弧紋精白鏡には「絜清白而事君」で始まる次の銘文がある。

「絜清白而事君　□沄之弇明　仮玄而流澤　恐而遠而日忘美之　願永思而不絶

外承可説永思而母絶」

連弧紋精白鏡の銘文に関して筑紫女学園大学の佐伯春恵氏の「立岩遺跡出土「清白鏡」及び銘文に関する一考察」と題する論文（筑紫女学園大学・人間文化研究所年報 第21号）がある。

この論文には連弧紋清白鏡の銘文の解釈について次のように示されている。

連弧紋鏡とは鏡の背面の内側に半円弧形を連環状にめぐらせ、外側に銘文を入れた鏡のことを言い、清白鏡とは「絜清白而事君」という文言で始まる銘文の入った鏡のことである。又、重圏紋鏡は内側と外側に銘文が二重に巡らされた鏡のことである。

立岩遺跡出土連弧紋清白鏡
（直径　18.0cm）
飯塚市歴史資料館提供

立岩遺跡出土重圏紋清白鏡
（直径　15.4cm）
飯塚市歴史資料館提供

連弧紋清白鏡の銘文は中国戦国時代の楚の政治家で詩人でもある屈原の「楚辞」が引用されている。これは九州大学教授の岡崎敬氏らの研究により明らかにされたものである。

屈原は初め楚の懐王の信任厚く、内政・外交に活躍したが、讒言により都を追われ楚が滅亡の危機に瀕するのを嘆きつつ失意の内に生涯を終えたとされている。その無念さを詩にしたのが屈原の「楚辞」である。画家横山大観の屈原は大観の代表作の一つである。

竹治貞夫氏著『中国の詩人・屈原』に屈原の生涯が記されている。屈原は楚の政治家で、三閭大夫として活躍した。楚は斉など東方の6ヶ国と連合して西の大国秦と対抗した。しかし、親秦派の讒言により、屈原は配流となった。配所での境遇を述べたものに次の詩がある。

・都への道は遥かに遠くして日々に忘られ　自ら述べんと願えども叶わず

　北の山並み眺めては涙を流し　流るゝ水に臨んではため息をつけり

連弧紋清白鏡の銘文は「絜清白而事君」で始まる次のようなものである。

○絜清白而事君……　恐疎遠而日忘……　願永思而不絶　清光哉宜佳人

・清白を潔く君に仕えしも……　疎遠にして日に忘らるゝを恐る……

　永く思い絶えざらんを願う　清光なるかな佳人に宜し

新元号令和の元になった梅花の宴で詠まれた万葉集の歌が文選にある張衡の「仕えて志を得ず田里に帰らんと欲す」と詠まれた帰田賦が原典とされている。しかし、万葉集では「気淑く風和らぐ」と歌われている。これより、連弧紋清白鏡の銘文も「心清らかにして君への忠誠の思いは絶えない」という意味と捉えていいのではないかと思われる。

忠誠は儒教の精神に基づくものであり、漢は儒教を国家の基本とした。従ってこの連弧紋精白鏡が漢代に流行したものと考えられる。

連弧紋清白鏡は王への忠誠を表すもので王が持つに相応しい鏡である。糸島の三雲南小路遺跡からは多数の連弧紋清白鏡が出土しており、三雲南小路遺跡は紀元前後頃の倭奴国の王墓と推定される。

三雲南小路遺跡のすぐ南に井原鑓溝遺跡がある。この遺跡は三雲南小路遺跡が発見された江戸時代文政５年（１８２２年）よりも約４０年前の天明年間（１７８０年頃）に、農民により発見されたものである。

国学者の青柳種信は農民が保管していた約２１面分の鏡片の拓本を三雲南小路遺跡の記録と共に「柳園古器略考」に残している。その拓本から、鏡１８面が復元された。すべて舶載の方格規矩四神鏡である。直径は約１４センチで、一尺は２３・１センチであるから約６寸である。

この鏡は後漢の紀元１世紀中頃に製作されたものと推定される。従って、この井原鑓溝遺跡は紀元１世紀後半から紀元２世紀頃のものと考えられる。

後漢書東夷伝には「建武中元２年、倭奴国貢を奉じて朝賀す　光武印綬を以て賜う」と記されている。井原鑓溝遺跡は西暦５７年、後漢の光武帝から金印を下賜された倭奴国の王墓と考えられる。

井原鑓溝遺跡のすぐ近くに細（さざれ）石神社がある。この細石神社には志賀島で発見された金印が細石神社の神宝であったとする言い伝えがある。祭神は磐長姫と木花咲耶姫である。

井原鑓溝遺跡出土方格規矩四神鏡

縁紋	直径cm	寸	銘文
鋸歯紋	14.1	6	飲澧泉駕
〃	14.1	6	〃
〃	14.0	6	
〃	13.2	6	尚方作鏡大朽 不知老渇飲玉泉
流雲紋	17.0	7	
〃	15.6	7	新有善銅出丹陽 和以銀錫□□明
〃	14.1	6	桼言之紀鏡造 蒼龍居左白扁右 孫子
草葉紋	13.8	6	玉英飲澧泉□□□保子孫
〃	13.8	6	
〃	13.8	6	
〃	13.8	6	
〃	13.2	6	
菱形紋	13.8	6	

井原鑓溝遺跡から出土した鏡の殆どが破損した状態で出土したため銘文の判読は困難であったが青柳種信により、判読した銘文の記録が残されている。出土した鏡はすべて方格規矩四神鏡で鏡の銘文は次のようなものである。仙人や瑞獣の紋様とともに道教の不老不死の神仙世界を表したものである。

○尚方作鏡大巧　不知老渇飲玉泉

・尚方鏡を作るに大いに好し　老を知らず渇しては玉泉を飲む

○新有善銅出（丹陽）和以銀錫□□明

・新には丹陽から出た善い銅が有る　銀色の錫と合わせて加工し清く明るい

○桼言之紀鏡造

・七言の紀で鏡を造る

○食玉英飲澧泉　宜官秩保子孫

・玉英を食らい　澧泉を飲む官秩に宜し　子孫を保たむ

銘文の尚方作は官営の工房で作られたことを意味している。
尚方作方格規矩四神鏡の銘文は次のようなもので不老不死の神仙世界を表したものである。
○尚方作鏡真大巧　上有仙人不知老　渇飲玉泉
・尚方鏡を作ること真に大いに好し　上に仙人ありて老ゆるを知らず　渇しては玉泉を飲む

志登神社から南に約３ｋｍの所に平原遺跡がある。平原遺跡は１９６５年に発見され、前原町出身の原田大六氏による発掘調査が実施された。平原遺跡は東西１４ｍ、南北１０ｍの方形周溝墓で、中央に木棺が埋葬されていた。中には４０面にのぼる銅鏡と長さ約８０センチの鉄製の素環頭太刀、ガラス勾玉、管玉、メノウ管玉、琥珀耳飾りなどが副葬されていた。

銅鏡は方格規矩四神鏡が多数を占め３２面にのぼった。尚方作が１９面、陶氏作が９面などで、直径１８・８センチ（８寸）のものが多数であった。

方格規矩四神鏡は後漢を代表する鏡である。方格規矩四神鏡の文様は、古代中国の天円地方の思想に基づいて宇宙を象ったものであるとされている。

方格規矩四神鏡のほか、内行花文鏡が２面と直径４６・５センチの大口径の内行花文鏡５面が副葬されていた。内行花文鏡２面は直径１８・８センチの長宜子孫銘内行花文四葉鏡とそれより口径の大きい直径２７・１センチの大宜子孫銘内行花文鏡である。

直径４６・５センチの大型の内行花文八葉鏡は三種の神器の一つの八咫（やた）の鏡と考えられている。天照大御神が天の岩戸に籠った時賢木の枝に掛けて天照大御神を招き出すのに使われたとされるものである。八咫鏡は天照大御神の御神体として伊勢神宮の内宮に祭られている。

平原遺跡出土鏡一覧

銘文	種類	cm φ	寸
尚方作	（1）	20.5	9
〃	〃	18.8	8
〃	〃	18.8	8
〃	〃	18.8	8
〃	〃	18.7	8
〃	〃	18.5	8
〃	〃	18.5	8
〃	〃	16.1	7
〃	〃	15.9	7
〃	〃	15.8	7
陶氏作	〃	18.8	8
〃	〃	18.8	8
〃	〃	18.8	8
〃	〃	18.4	8
〃	〃	16.6	7
〃	〃	16.6	7
〃	〃	16.4	7

（1）鋸歯紋縁方格規矩四神鏡

銘文	種類	cm φ	寸
尚方作	（2）	23.3	10
〃	〃	21.1	9
〃	〃	20.9	9
〃	〃	20.9	9
〃	〃	18.5	8
〃	〃	18.4	8
〃	〃	16.1	7
〃	〃	16.1	7
〃	〃	16.1	7
長宜子孫	（3）	18.8	8
大宜子孫	〃	27.1	12
-	（4）	46.5	20
-	〃	46.5	20
-	〃	46.5	20
-	〃	46.5	20

（2）流雲紋縁方格規矩四神鏡
（3）内行花文四葉鏡
（4）内行花文八葉鏡

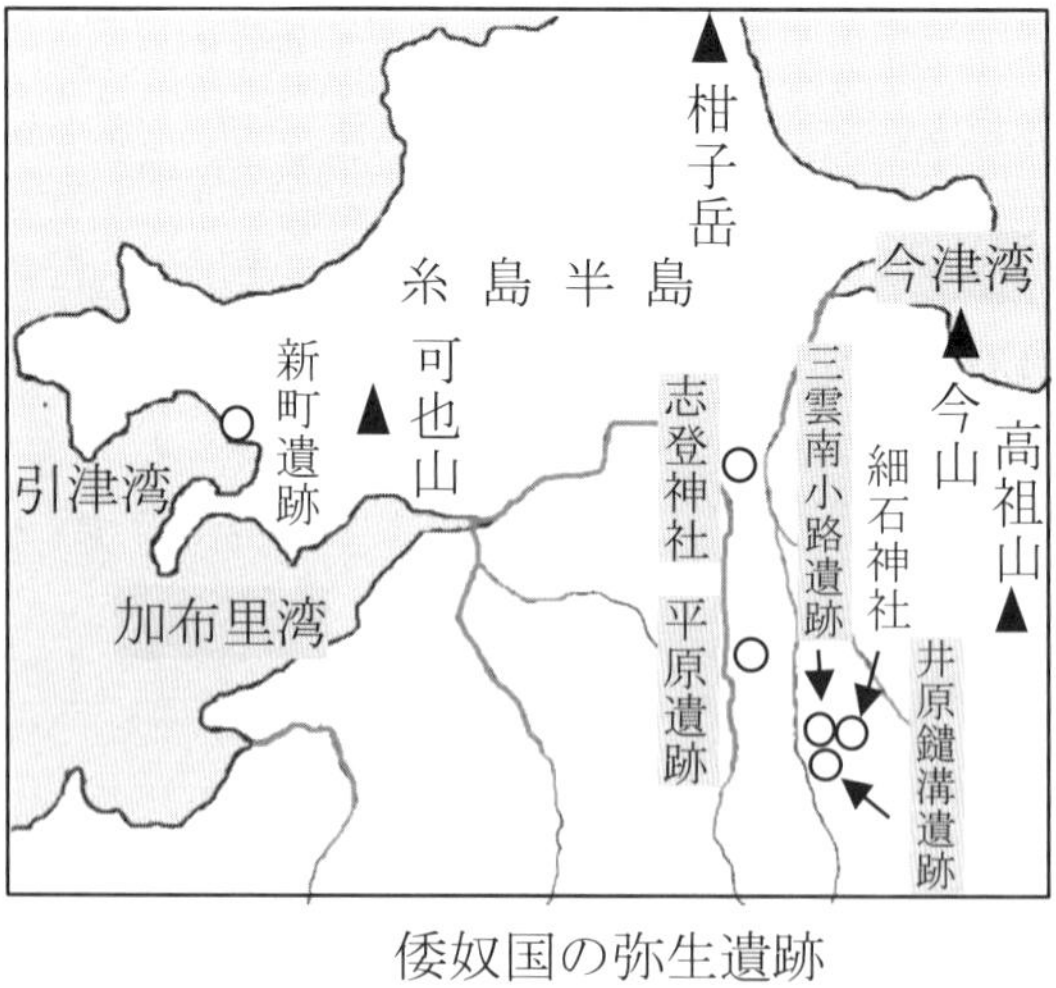

倭奴国の弥生遺跡

八咫鏡の咫（あた）とは円の周長を表す単位で、八咫の鏡とは鏡の周の長さが８咫の鏡ということである。１咫は８寸であり八咫は６４寸である。直径２尺の鏡の円周は６４寸である。従って八咫の鏡は直径２尺の鏡である。

直径が２尺の鏡の円周が６４寸で八咫の鏡になる。１尺は２３・１センチで４６・５センチは２尺である。漢尺の１尺は２３・１センチで倭国では当時この漢尺が使われていたものと考えられる。尚、八咫（やあた）は二重母音のａの省略（短縮）で「やた」となる。

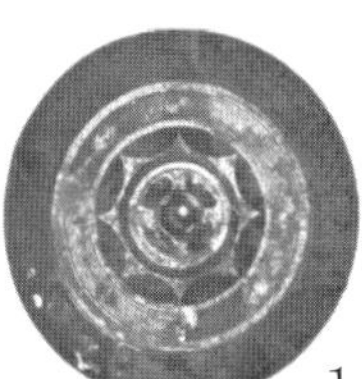

１８.８cmφ

長宜子孫銘内行花文鏡

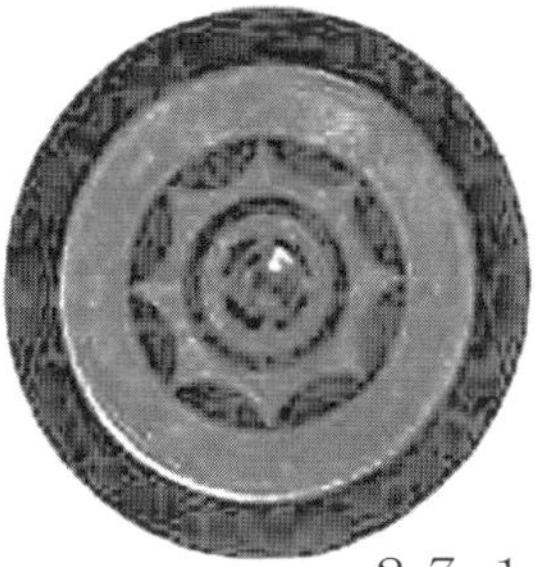

２７.１cmφ

大宜子孫銘内行花文鏡

４６.５cmφ

大型 内行花文八葉鏡

（ 糸島市立伊都国歴史博物館 ）

（ 文化庁保有文化財 ）

平原遺跡出土の内行花文四葉鏡2面の内、直径18・8センチの長宜子孫銘内行花文鏡は舶載鏡であるが、直径27・1センチの大宜子孫銘内行花文鏡は国産鏡であるとされている。

又、直径46・5センチの大口径の内行花文八葉鏡も国産鏡であるとされている。

尚、我が国では内行花文鏡と呼ばれるが、正式には連弧紋鏡である。

直径2尺の内行花文鏡が平原遺跡から出土していることから、伊勢神宮の八咫（やた）の鏡は倭奴国で作られ、倭奴国の畿内への東遷の際に畿内にもたらされたものと推測される。

方格規矩四神鏡や内行花文鏡は後漢時代のものであり、平原遺跡は紀元2世紀初めから2世紀中頃の遺跡と考えられる。

後漢書東夷伝には安帝永初元年（西暦107年）、倭国王師升等が生口160人を献上したと記されている。又、隋書倭国伝には次のように記されている。

〇漢光武遣使入朝自稱大夫　安帝時又遣使朝貢請之倭奴国

・漢の光武帝の時入朝し大夫を自称した　安帝の時又遣使朝貢した　これは倭奴国である

隋書倭国伝には光武帝の時に遣使入朝し、安帝の時又後漢へ遣使朝貢したのは倭奴国であると記されている。これより、平原遺跡は安帝の西暦107年に後漢へ遣使朝貢した倭奴国の王墓であると結論される。

三雲南小路遺跡の近くの糸島市三雲に築山古墳がある。全長約60m、後円部径約49mで、後円部径に対する全長の比は1・2である。周濠がありこれを含めると全長は約105mである。帆立貝式前方後円墳とされているが円形周溝墓と呼ぶのが相応しいと思われる。

倭奴（イト）国より東行百里、不彌国に至る

倭人伝には次のように記されている。

○東行百里不彌国に至る

○千余家有り

倭人伝に書かれた奴国は倭奴（イト）国である。倭奴国の中心地は志登神社のある糸島市波多江付近と考えられる。波多江の西には前原上町遺跡があり、南には平原遺跡がある。

前原上町遺跡からは１１８・９センチ（五尺）の大刀が出土している。この鉄製の大刀は分析の結果、中国の鉄鉱石を原料に作られたものであることが明らかにされている。波多江の南約３ｋｍにある平原遺跡からは多数の方格規矩四神鏡や内行花文鏡などのほか、長さ約８０センチの素環頭大刀が出土している。鏡や刀は王権の象徴であり、糸島市波多江付近が倭奴国の中心地であったと考えられる。

倭人伝には奴国より東行百里不彌国に至ると記されている。これまで東行百里は奴国の中心地から不彌国の中心地までの距離と解釈されて来たが、生野眞好氏著『陳寿が記した邪馬台国』の「国境記述法」によると、奴国の中心地から奴国と不彌国との国境に至ると解釈される。

一尺は２３・１センチで、一里は５０歩である。従って、一里は６９ｍで、百里は約７ｋｍである。

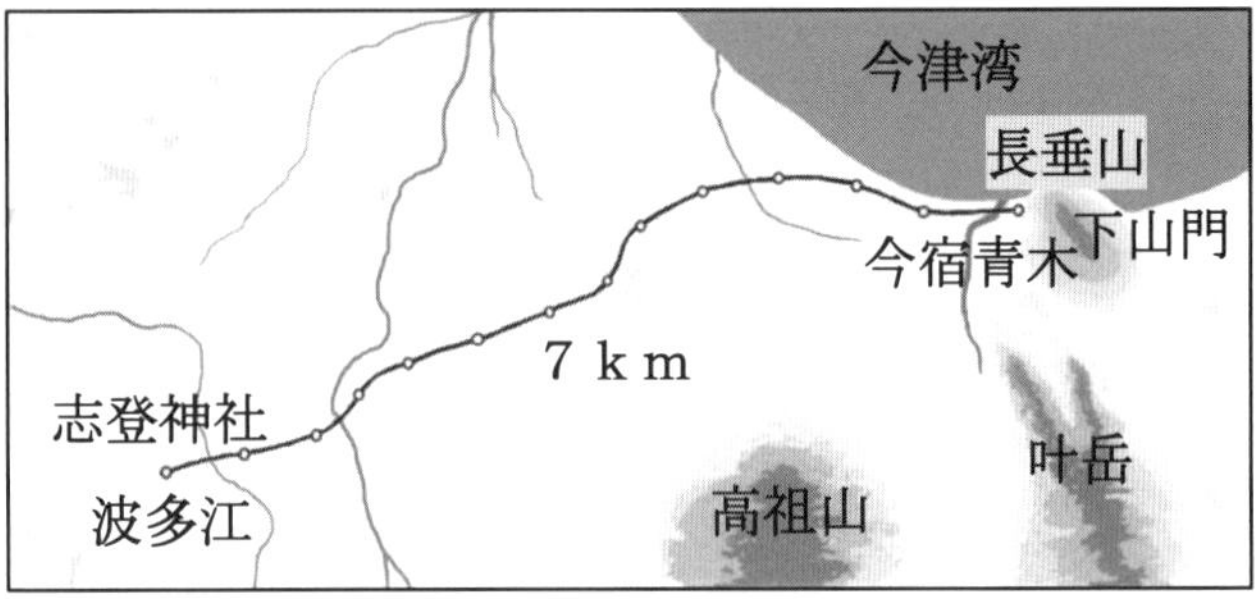

糸島市波多江付近から東に百里、約7km行くと今津湾岸の今宿青木に至る。その東に長垂（ながたり）山があり、ここが倭奴国と不彌国との「国境」である。

今宿は現在は福岡市西区であるが、以前は志摩郡であった。貝原益軒の筑前国続風土記には志摩郡今宿村、青木村とある。

長垂山は標高110mで、その東に下山門がある。下山門は現在は福岡市西区下山門であるが、筑前国続風土記によれば、昔は早良（さわら）郡山門村であった。

筑前国続風土記には「昔は早良郡山門村の内の鉢の窪という所より長垂山の頂を通り海を見下ろし、志摩郡に出る古への道あり」「此の所、志摩郡、早良郡両郡の境なり」とある。

昔は、長垂山が志摩郡と早良郡との境界であったことが記載されている。長垂山が倭奴国と不彌国との国境であるとすると東行百里不彌国に至るという倭人伝の記述とよく一致する。

下山門の東に、姪浜（めいの浜）という所があり、その東の室見川の河口右岸に藤崎というところがある。筑前国続風土記には、早良郡姪浜村、藤崎村の名がある。この藤崎が倭人伝に記された不彌国と思われる。

福岡生まれで『博多津要録』の著者、九州大学教授の秀村選三氏は「城下町福岡の町並み」の中で、藤崎は昔は「フミサキ」と言っていたと述べられている。このことから、ここが倭人伝に書かれた不彌国であると考えられる。

　１９８０年に福岡市教育委員会による藤崎遺跡の発掘調査が実施された。その結果、方形周溝墓から三角縁二神二車馬鏡と長さ５７センチの素環頭大刀が出土した。

三角縁二神二車馬鏡は直径２２・３センチで東王父、西王母の神像と車馬の紋様がある。

銘文はこれと同范の鏡の銘文から次のように推定される。

○陳氏作竟用青同有仙人不知老宜高官保子孫長寿

この銘文は奈良県馬見古墳群の佐味田宝塚古墳から出土した三角縁神獣車馬鏡の銘文「尚方作竟真大好上有仙人不知老」と類似しており、道教の神仙世界、不老長寿、子孫繁栄を表したものである。藤崎遺跡は３世紀後半から４世紀初めの遺跡と推定されている。

　室見川の河口左岸の姪浜に五島山古墳がある。現在は墳丘が失われているが、この古墳の箱式石棺から直径１３・６センチと１１・８センチの吾作銘斜縁二神二獣鏡が出土している。銘文は次の通りである。

○吾作明竟自有真青龍在左白虎右東王父西王母長宜子孫大吉

○吾作明竟幽湅三商會年益寿子孫番昌

　不彌国は戸数千余家とされている。古代には漁業が中心の小国であったと推測される。しかし出土した鏡や刀などの遺物からはかなり重要な国であった可能性が考えられる。

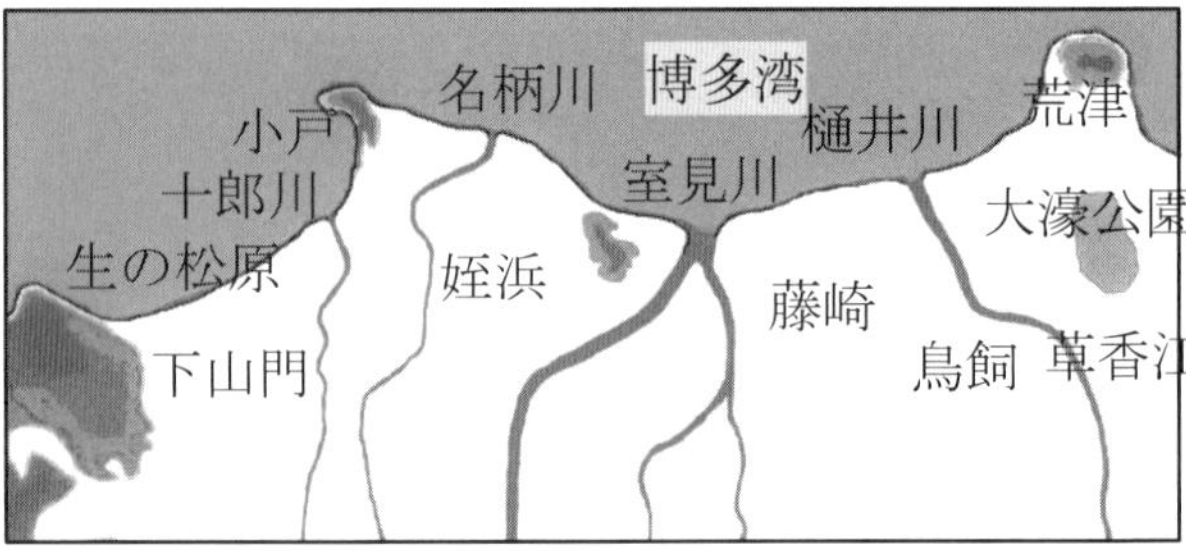

藤崎の東に鳥飼がある。鳥飼には神功皇后が新羅からの帰途、生まれ来る天皇（応神）の将来を祈願したとされる鳥飼八幡宮がある。鳥飼の東は古代には博多湾が深く入り込んでおり、草香江という入江になっていた。

万葉集には草香江を詠った大伴旅人の歌がある。

○草香江の入江にあさる蘆田鶴のあなたづたづし

（あゝ心細い）友なしにして（友が側にいないので）

現在の福岡市中央区の大濠公園は昔は海と繋がっており、入江となっていた。大濠公園の北に荒津というところがある。

ここは昔は袖の湊と呼ばれる港があったところである。

万葉集に荒津を詠んだ歌がある。

○白栲の袖の別れを難みして荒津の浜に宿りするかも

○神さぶる荒津の崎に寄せる波間なくや妹に恋わたりなむ

荒津は現在の福岡市中央区の荒戸である。筑前国続風土記には「三代実録に那珂郡荒津とあり、荒津は船のつく所をいへるなるべし。博多の邊より荒戸山迄すべて荒津といへるが、つと、とと通音なれば、今は転じて荒戸といへるなるべし」とある。

荒戸山は現在の西公園である。

不彌国は山門、姪浜、藤崎村で、中心は藤崎遺跡のある早良区藤崎付近と考えられる。

福岡市西区下山門に、生（いき）の松原がある。神功皇后が三韓征伐の際に戦勝を祈願したとされるところである。その松林の続く長垂海岸の向こうに小戸（おど）岬がある。

古事記には伊邪那岐大神が「筑紫の日向の橘小門の阿波岐原に到（い）で坐（ま）して禊祓いたまひき」と記されている。又、伊邪那岐大神の禊で「左の御目を洗ひたまひし時に成りませる神の名は天照大御神、次に右の御目を洗ひたまひし時に成りませる神の名は月読命、御鼻を洗ひたまひし時に成りませる神の名は建速須佐之男命」と記されている。

この古事記の記述について、福永光司氏著『中国宗教思想』には、中国の古代の道教の教理を纏めた百科全書である『雲笈七籤』に「盤古（元始の大御神）死に垂（なんな）んとして（もうすぐ死ぬというときに）身を化（か）え……左眼は日と為り、右眼は月と為る」という記述がある。これはかなり早い時期に中国から日本に道教思想が持ち込まれたことを示すものであるとされている。

不彌国の南、投馬国に至る

魏志倭人伝には次のように記されている。

「南投馬国に至る、水行二十日」
○五万余戸可り

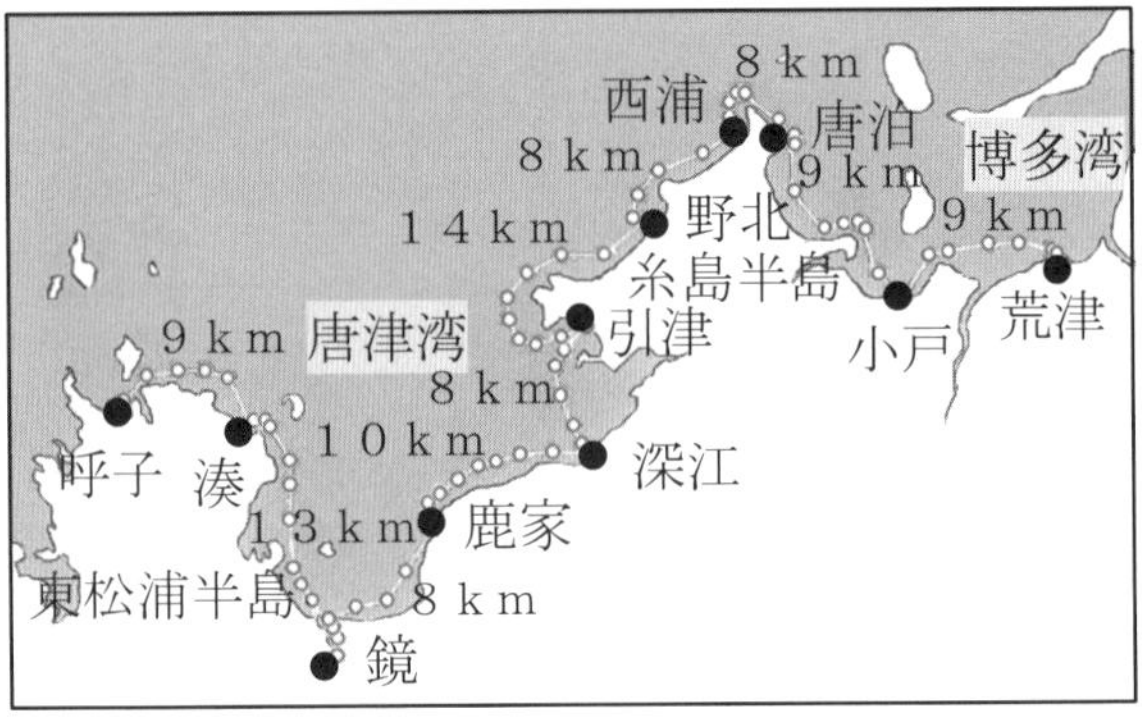

末盧国（呼子）から投馬国（荒津）まで水行１０日

沿岸に沿って航行する手漕ぎ船の場合、小型船は漕ぎ手の人数が少なく、波の影響を受けやすいため大型船に比べて航行速度がかなり遅くなる。

全長１６～２０ｍの船で漕ぎ手の人数が１０名の場合では航行速度は時速２～３ｋｍが想定される。

又、航海は通常、半日約４時間の航行である。

従って、一日の航行距離は８～１２ｋｍとなる。
東松浦半島の呼子港から半島の東岸の湊までが約９ｋｍ、湊から松浦川河口の鏡までが約１３ｋｍ、鏡から鹿家までが約８ｋｍ、鹿家から深江までが約１０ｋｍである。更に、深江から糸島半島の西岸の引津港までが約８ｋｍ、引津から半島の北岸の野北までが約１４ｋｍ、野北から西浦までが約８ｋｍ、西浦から糸島半島東岸の唐泊までが約８ｋｍ、唐泊から博多湾岸の小戸までが約９ｋｍ、小戸から荒津までが約９ｋｍである。

従って、呼子から博多湾岸の荒津まで約９６ｋｍである。

半日、約４時間の航行で航行距離は一日８～１２ｋｍであり、東松浦半島の北端の呼子港から博多湾岸の荒津港まで水行十日となる。帯方郡から末盧国まで水行十日で末盧国から投馬国まで水行十日である。従って、倭人伝に記載の通り帯方郡から投馬国まで水行二十日である。

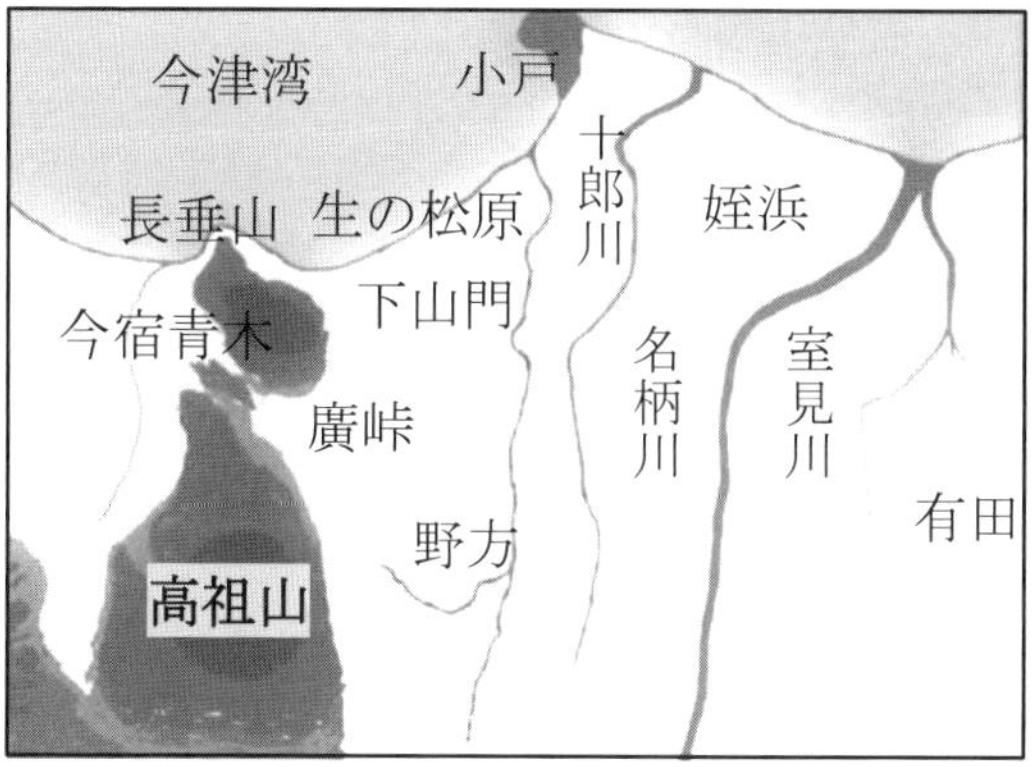

和名抄に早良郡には早良（鳥飼）、額田（野方）、毘伊（樋井）、能解（野芥）、田部、平群、曽我の七つの郷があったことが記されている。

下山門の南約４ｋｍのところに野方という所がある。野方は和名抄に記された額田郷に比定されている。

延喜式にある額田の駅が置かれたところで大規模環濠集落跡から竪穴式住居跡や穀物を貯蔵する高床式倉庫跡などが発見されている。

筑前国続風土記には「野方より西の方の山間を越えて志摩郡青木村へ越す道を廣峠と云い、道よし」とされている。廣峠は現在の福岡市西区拾六町広石峠と考えられている。

古くは野方より長垂山の南の峠を越えて志摩郡の青木村や今宿村に向かう道があり、広石峠は早良郡と志摩郡とを結ぶ交通の要衝であった。

博多湾は古代には海が深く入り込んだ湾となっていた。現在の大濠公園は海とつながった入海となっており、草香江付近は入江であった。大濠公園より南約３ｋｍのところに片江という所がある。ここは古代には入江の最深部で干潟であったと考えられている。

楠原佑介氏著『地名学が解いた邪馬台国』によるとこのように海が深く入り込んで湾になっているところはタマという地名の所が多い。タムは撓（たわ）むが語源であり、投馬はこのような海が深く入り込んだ湾となっている地形に由来するとしている。古代、博多湾はこのように海が深く入り込んだ湾となっており、投馬国の名はこれに由来すると考えられる。

福岡市博多区板付の御笠川とその支流の諸岡川に挟まれた低い台地に日本最古の環濠集落跡である板付遺跡がある。直径約１００ｍの環濠集落跡で、我が国最古の水田跡や竪穴式住居跡が発見されており、甕棺墓からは銅剣や銅矛などが出土している。

板付遺跡のすぐ近くの御笠川と那珂川に挟まれた低い丘陵地に環濠集落跡である那珂遺跡がある。直径約１５０ｍの環濠集落跡で、幅5~6ｍ、深さ２ｍの環濠があり、３世紀頃の幅約７ｍの道路跡が発見されている。和名抄には那珂郷の名があり、筑前国続風土記には那珂郡那珂村となっている。又、古代の官道跡や掘立柱建物跡が見つかっており那珂郡の郡衛があったと考えられる。

那珂遺跡の東南約４ｋｍのところに須玖岡本遺跡がある。須玖岡本遺跡の甕棺墓からは連弧紋清白鏡や連弧紋日光鏡などの前漢鏡が２０数面出土している。須玖岡本遺跡は糸島の三雲南小路遺跡と同時代の遺跡と考えられる。

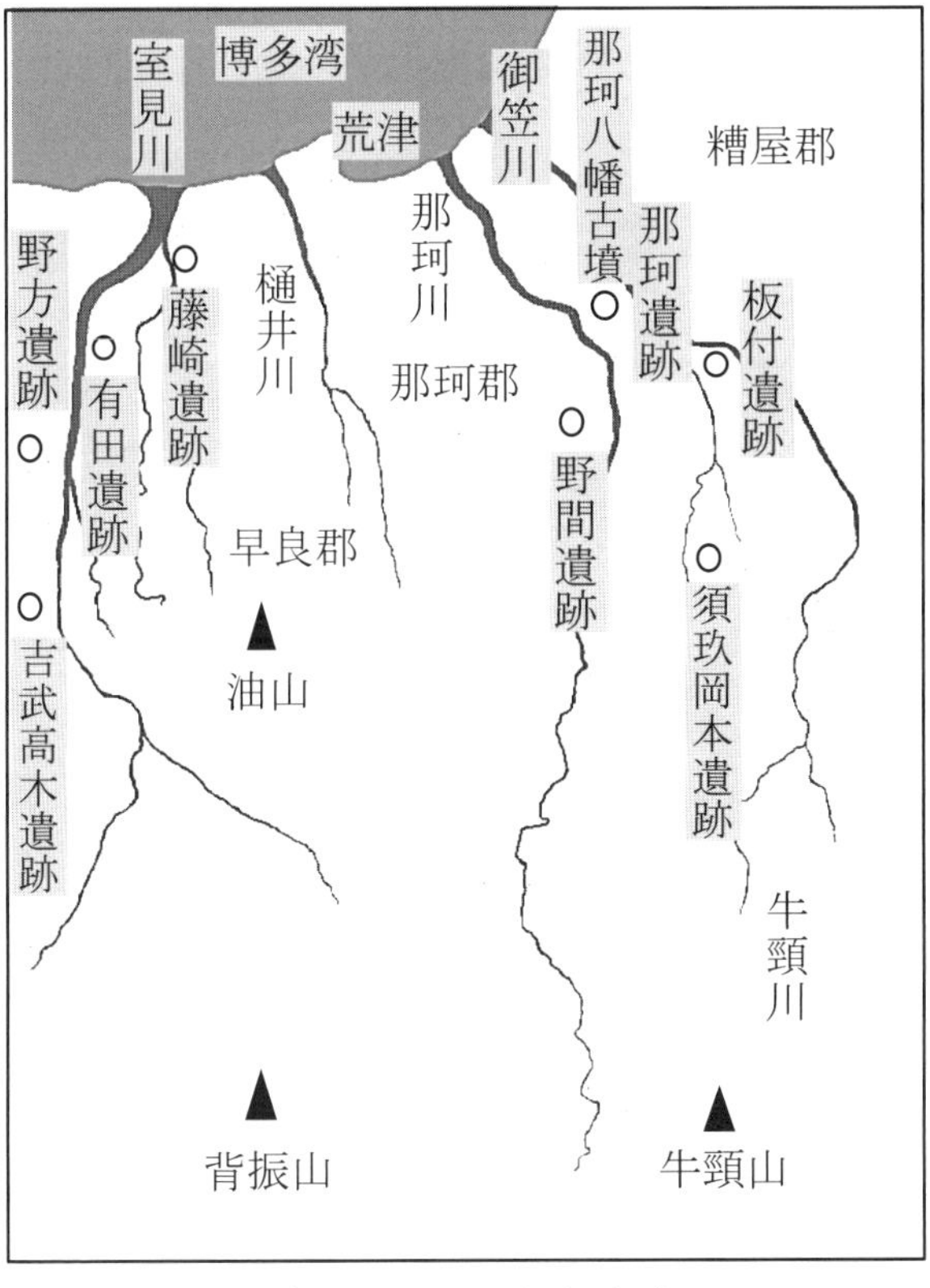

福岡平野の弥生遺跡

（国土地理院地図データより作成）

福岡平野の弥生遺跡

福岡市早良区の室見川中流左岸に吉武高木遺跡がある。東に標高597mの油山、西に標高416mの高祖山があり、南には標高1055mの背振山がある。

福岡市教育委員会の調査によると、多数の甕棺墓や木棺墓が発見され、木棺墓から細形銅剣、細形銅戈、細形銅矛などの青銅器や勾玉、管玉、多紐細文鏡などが出土した。多紐細文鏡が出土していることから吉武高木遺跡は須玖岡本遺跡や三雲南小路遺跡と同時代の紀元前後頃の遺跡と考えられる。

貝原益軒の筑前国続風土記には早良（さわら）郡について次のような記載がある。

此の郡、北に海有りて三方に高山有り　廣平の地に村里多く水田多し　中に早良川（室見川）流る　河水多けれど滞りなくして水旱の患稀なり　されども平田は肥饒ならずして種植豊ならず　那珂、席田、粕屋、御笠、夜須、下座、上座の七郡は南北に長く地つらなりて山隔たらず　怡土、志摩両郡も南北に地つらなれり　只早良一郡のみ東西南三方には高山有りて他郡に隔たり　北は海なり　是他郡に同じからず

この記述から、他の郡と異なり早良郡は三方が山に囲まれ、農耕にはあまり適していなかったことが推測される。吉武高木遺跡は弥生前期の王墓とみられるが、早良郡にはその後王墓とみられる遺跡が見当たらない。これは、早良郡ではその後水田農耕が大きく発展するに至らなかったことが原因ではないかと思われる。

野方の北東、約２ｋｍのところに有田遺跡がある。有田遺跡は室見川の下流右岸の丘陵にあり、竪穴式住居や掘立柱建物跡などが発見されている。福岡市教育委員会の発掘調査によると多量の鉄滓や炉壁などが出土し、ここが古代の製鉄遺構であることが確認された。砂鉄溜め遺構が発見され、採取された砂鉄は鉄含有率が高くチタン分の少ない高品位の真砂砂鉄であった。

倭人伝には投馬国の戸数は五万余戸とされている。一戸を４人とすると、人口は約２０万人となる。従って、投馬国はかなり広い領域を占めていたと考えられる。

貝原益軒の筑前国続風土記には七世紀頃の諸国の田畑の石高が記載されている。糟屋郡、那珂郡、席田（むしろだ）郡、早良郡の合計は約１４万石である。糟屋郡は現在の福岡市東区で箱崎、名島、香椎、和白などが含まれる。那珂郡は福岡市南区、春日市、那珂川市で、席田郡は福岡市博多区である。

投馬国の戸数が五万余戸という記載から推察すると投馬国は福岡平野の糟屋郡、那珂郡、席田郡、早良郡およびその周辺であったと考えられる。

福岡市東区の和白は博多湾の奥部にあり遠浅の干潟であったところである。和白の地名は和白が会議を意味し、神功皇后が三韓征伐に向かう際に軍議を行ったことに由来している。

福岡平野は宝満山を水源とする御笠川と背振山を水源とする那珂川両川の下流に広がる平野である。那珂川の下流域には日本で最古の水田稲作集落跡の板付遺跡や環濠集落跡の那珂遺跡がある。又、那珂川の中流左岸に環濠集落跡の野間遺跡があり、広形銅戈や広形銅矛の鋳型などが出土している。

那珂川の上流の福岡県春日市岡本に須玖岡本遺跡がある。明治時代に大きな蓋石の下から甕棺が発見され、その中から２０数面の前漢鏡、中細形銅剣３、中細形銅矛６、銅戈、ガラス勾玉、ガラス管玉など多くの副葬品が出土した。須玖岡本遺跡から出土した鏡は草葉紋鏡３面、星雲紋鏡６面、重圏紋清白鏡６面、連弧紋精白鏡６面、連弧紋日光鏡３面などであった。

連弧紋清白鏡は「絜清白而事君」で始まる次の銘文がある。

○絜清白而事君志治之合明□玄之流疏遠而日忘美□外丞可説□思而無紀

又、連弧紋日光鏡は「見日之光長不相忘」という日之光が入った銘文があり「日の光見ゆ長く相忘るゝこと無かれ」と読むことができる。

草葉紋鏡や星雲紋鏡は紀元前２世紀から紀元前１世紀、連弧紋清白鏡や連弧紋日光鏡は紀元前２世紀から紀元前後頃の前漢時代のものである。

又、須玖岡本遺跡からは後漢鏡である方格規矩四神鏡は出土していない。これより、須玖岡本遺跡は紀元前１世紀から紀元１世紀中頃の遺跡で、糸島の三雲南小路遺跡と同時期の遺跡と考えられる。

福岡市博多区の御笠川と那珂川に挟まれた那珂川の下流域に那珂八幡古墳がある。出現期の前方後円墳とみられているが、後円部に那珂八幡神社の社殿があり、前方部は欠削されているためこれまで形状が明らかではなかった。

最近、福岡市埋蔵文化財課による発掘調査が行われ、現地説明会が実施された。現地説明会の資料によると那珂八幡古墳は全長が約８６ｍ、後円部径が約５２ｍ、高さ約５ｍ、前方部の長さ約３４ｍで周濠を有する前方後円墳であることが明らかにされた。後円部径に対する全長の比は１・６である。この古墳も周濠があり、北部九州の前期古墳の特徴を有している。

古墳の主体部は後円部の社殿の下にあるため未確認であるが、主体部のすぐ近くより割竹形の木棺が発見され、その中から勾玉、菅玉、銅戈などのほか、直径２１・８センチの舶載の三角縁五神四獣鏡が出土している。又、鏡の紐に繊維束が付着しているのが発見され、絹であることが確認された。

三角縁五神四獣鏡は京都府の椿井大塚山古墳や岡山県の備前車塚古墳からも出土している。

那珂八幡古墳は3世紀後半から4世紀初めの築造と推定されている。

投馬国の中心地は那珂八幡古墳のある福岡市博多区那珂付近であったと推定される。

対馬峰町にある対馬一の宮の海神神社（和多都美神社）の主祭神は豊玉姫である。海神神社の縁起によると欽明天皇３１年（西暦５７０年）に宇佐に分祀したとされている。又、宇佐神宮の創建は欽明天皇３１年とされており、海神神社の縁起と一致する。宇佐神宮の祭神は応神天皇、豊受大神、神功皇后である。那珂八幡神社の祭神は応神天皇、玉依姫、神功皇后である。

那珂八幡宮縁起によると、欽明天皇３２年（西暦５７１年）宇佐のあとこゝに祀ったとされている。海神神社、志登神社の祭神が豊玉姫で、竈門神社、那珂八幡神社の祭神が玉依姫、赤司八幡神社の祭神が豊比咩命、大善寺玉垂宮の祭神が玉垂媛命で、いずれも女神である。

福岡市西区今宿青木に鋤崎古墳がある。鋤崎古墳は横穴式石室を設けた最も古い古墳であり、横穴式石室は北部九州の古墳の特徴となっている。鋤崎古墳は、全長約６２ｍ、後円部径約３７

mで、後円部径に対する全長の比は１・７である。鉄剣や鉄刀、全長約８０センチの素環頭大刀などが出土している。築造は４世紀末と推定されている。

福岡市南区の那珂川の中流左岸に老司古墳がある。全長約７６ｍ、後円部径約４５ｍ、高さ約８ｍの前方後円墳で、横穴式石室を有し、後円部径に対する全長の比は１・７である。後円部の墳頂に長さ約３ｍ、幅約２ｍ、高さ約１・８ｍの石室があり、直径１２・８センチの君宜高官銘蝙蝠座内行花文鏡、直径１１・４センチの方格規矩四神鏡などが出土している。更に、全長８２センチの素環頭大刀、約７０本の鉄刀や約６０本の鉄剣、鉄鏃など多数の鉄製の武器が出土している。老司古墳の築造は五世紀初めと推定されている。

投馬国の南、邪馬台国に至る

魏志倭人伝の原文を示すと倭人伝には次のように記されている。

「従郡至倭循海岸水行・・南至邪馬壹國　女王之所都　水行十日陸行一月・・可七萬餘戸」

「参問倭地絶在海中洲島之上　或絶或連周旋可五千餘里」

「自女王國以北其戸数道里可略載　其餘旁國遠絶不可得詳」

「其南有狗奴國　男子為王其官有狗古智卑狗　不属女王」

「自郡至女王國萬二千餘里」

すなわち、「郡より倭に至るには海岸に循（したが）いて水行し・・・南邪馬壹國に至る万二千余里、戸数七万余戸」と記されている。倭人伝には郡すなわち帯方郡から邪馬台国まで一万二千余里と記されている。又、倭地を参問するに周旋五千余里と記されており、狗邪韓国から対馬、壱岐を経て末蘆国までが三千余里、末蘆国から邪馬台国までが二千余里で、狗邪韓国から邪馬壹國まで周旋五千余里である。

　女王国の以北は其の戸数、道里を略載することができるが、其の余の旁国は遠絶にして詳かにするを得ずと記述されている。一方、投馬国は戸数五万余戸、水行二十日と戸数や道里が記されている。このことから投馬国は女王国より以北にあり、投馬国の南に邪馬台国があったと解釈される。

　末蘆国の東松浦半島北端の呼子から東南陸行し、伊都（イツ）国の中心地、唐津市鏡付近まで約３５ｋｍである。又、唐津市鏡付近から倭奴（イト）国に比定される糸島市前原付近まで約３３ｋｍである。従って、末蘆国の呼子から伊都（イツ）国を経て、倭奴（イト）国の糸島市前原付近まで約６８ｋｍ、一千余里である。これより、倭奴国から投馬国を経てあと千余里陸行して邪馬台国に至ると解釈される。

　西暦７０１年の大宝令やその後の養老令の厩牧令により、３０里ごとに駅を置くことが定められた。糸島市前原に比菩（ひぼ）駅が設けられ、その東に周船寺、更に額田、能解（のげ）、福岡市三宅付近に石瀬（いわせ）駅が設けられた。又、その南に太宰府、長丘（永岡）、基肄（基山）、田代、御井の各駅が設けられた。

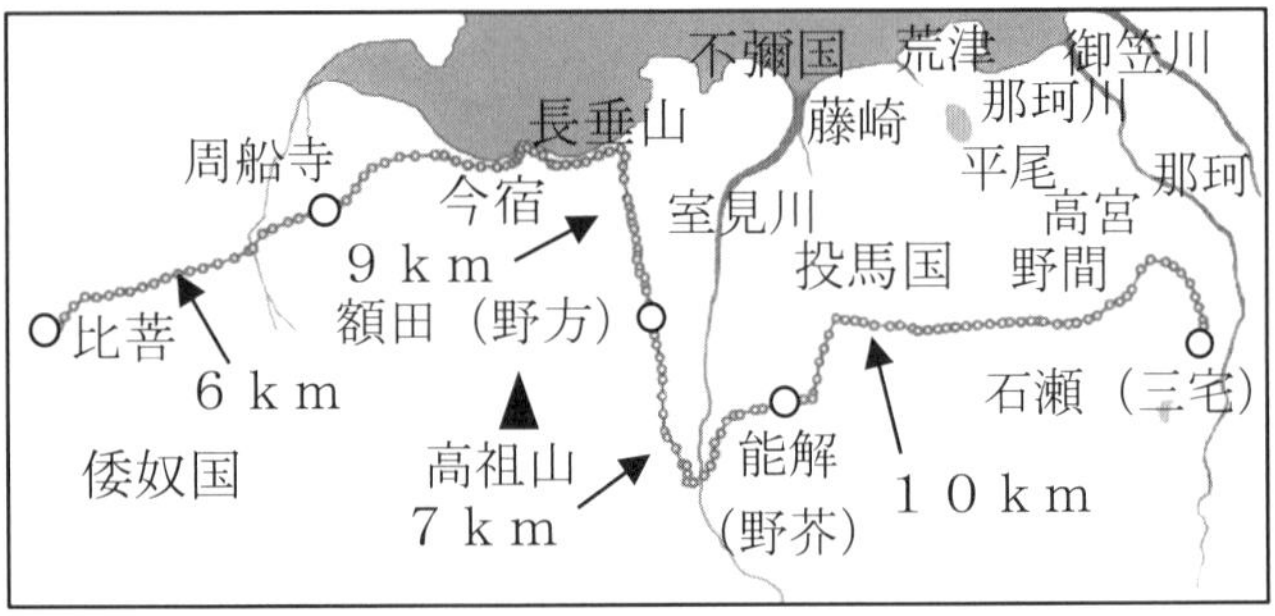

倭奴国（糸島市前原）➡ 投馬国（福岡市三宅）

官道を整備し駅が置かれたのは八世紀のことであるが
それ以前の古代においてその元になる道路が存在したと
推察される。そのルートに沿って各駅間の距離を求めると
次の通りである。

比菩（ひぼ）駅に比定される糸島市前原－周船寺間が
約6km、周船寺－額田（野方）間が約9km、額田－
能解（のげ）（野芥）間が約7km、能解－石瀬（いわせ）
（三宅）間が約10kmである。

従って比菩駅（糸島市前原町付近）から石瀬駅（福岡市
三宅付近）まで約32kmである。

斉明天皇四年（西暦660年）唐・新羅連合により百済
が滅亡した。百済は西暦662年、倭に救援を要請した。

斉明天皇七年（西暦663年）三月、斉明天皇は百済
救援のため那の大津に到着し、磐瀬の行宮に入った。

福岡市の野間、高宮付近に磐瀬川と呼ばれる小川があり
この付近に磐瀬の行宮が置かれたと推定されている。

その後、斉明天皇は五月に朝倉の橘広庭宮に遷ったが、
七月に崩御した。

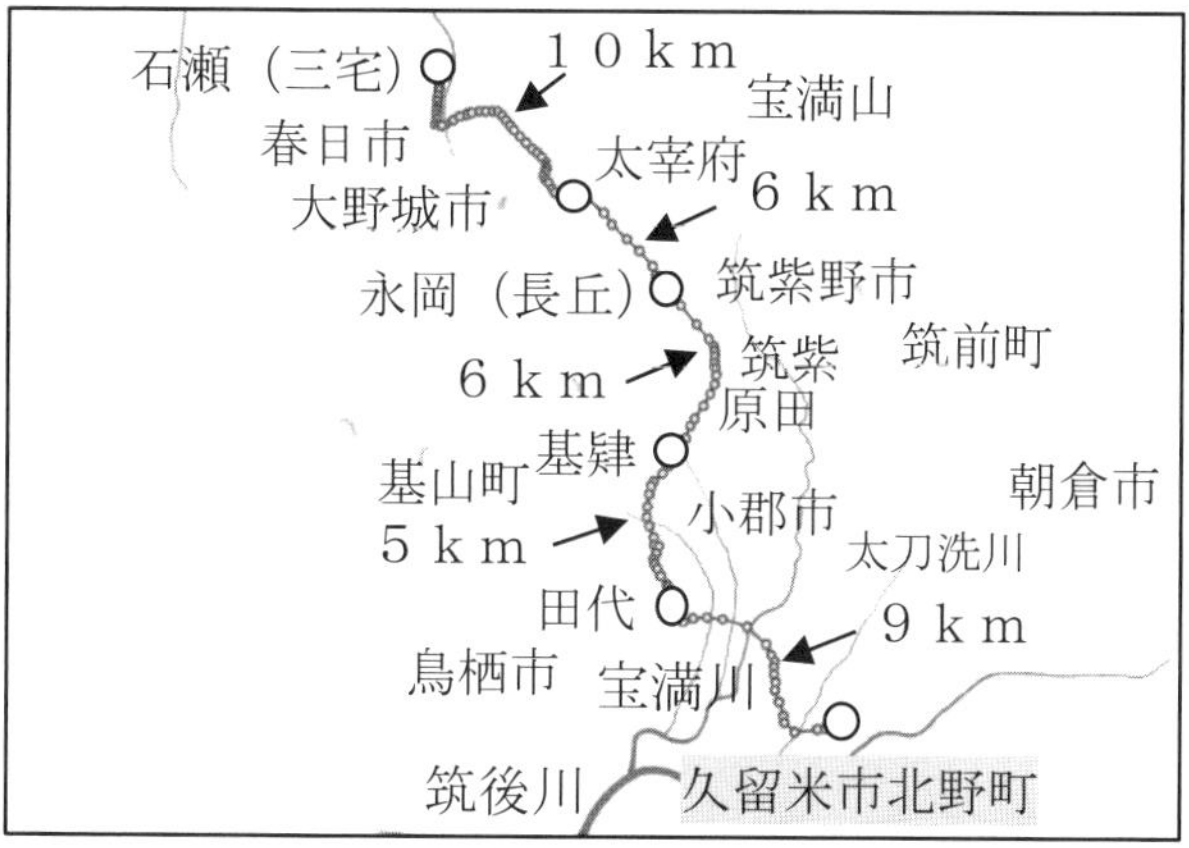

投馬国（福岡市三宅）➡邪馬台国

石瀬駅は福岡市三宅付近にあったと推定されている。ここから、古代道があったと思われる道路に沿って、南に向かうと石瀬－太宰府間が約１０ｋｍ、太宰府－長丘（永岡）間が 約６ｋｍ、長丘－基肄（基山）間が約６ｋｍ、基肄－田代間が約５ｋｍ、更に、田代－久留米市北野町間が約９ｋｍである。

従って、石瀬駅から久留米市北野町付近まで約３６ｋｍである。

太宰府から永岡（長丘）に至る幅約９ｍの古代官道の跡が 筑紫野市で見つかっている。

筑紫野市原田（はるだ）に延喜式に記載された筑紫神社がある。筑紫神社の祭神は筑紫の神とされている。原田の近くに築紫というところがあり、筑前国続風土記には次のように記されている。

「筑後国風土記に云う 筑後国はもと筑前の国と合わせて一国たり この界に荒ぶる神あり往来の者の半ばが死に及ぶ 其の数極めて多き故人命盡しの神と云う 筑紫の君等これをうれへ筑紫の君等の祖甕依（みかより）姫を祀る 然りしより此の方行路の人神の害を蒙らず、ここを以って筑紫の神と云う」…この人命盡しのツクシが筑紫の名のもとになったとされている。筑前国続風土記には、御笠郡筑紫村、原田村とあり、原田村は田代に至る宿駅なりと記されている。又、甕依姫の甕（みか）はこれまで不明とされて来たが、卑弥呼の弥呼ではないかと思われる。

筑紫野市の東に筑前町がある。筑前町は2005年に夜須町と三輪町が合併して生まれた町である。筑前町の東南に朝倉市がある。朝倉市は2006年に朝倉町と甘木市、把木町が合併して生まれた市である。筑紫野市の南に基山町がありその南に小郡市、更にその南に鳥栖市がある。鳥栖市の東南、筑後川の中流域に久留米市があり、その南に八女市がある。

筑後国の国府は当初久留米市合川町に置かれたが、その後、久留米市の御井に移された。御井には高良大社がある。御井郡の東に山本郡があり、そこに久留米市北野町がある。

末蘆国の呼子殿浦から東南に陸行して唐津市鏡付近まで約35km、唐津市鏡付近から玉島川を渡って糸島市前原付近まで約33km、今宿を通って室見川を渡り投馬国に比定される福岡市三宅付近まで約32km、更に、南に筑紫野市の永岡、鳥栖市の田代を経て久留米市北野町付近まで約36kmである。従って末蘆国の呼子から邪馬台国に比定される久留米市北野町付近まで約136kmである。一里は69mで約136kmは二千余里である。すなわち末蘆国から邪馬台国まで陸行二千余里である。

この間、一日に幾度も川を渡る必要がある。又、倭人伝には末蘆国は「草木繁茂し行くに前人を見ず」と書かれている。従って、歩行での陸行の速度は時速約2ｋｍ程度と推定される。又、一日の歩行時間は、半日約4時間程度と推定される。一般に宿営地から次の宿営地までが一日の行程である。従って一日の陸行距離は約8ｋｍが想定される。

末蘆国から邪馬台国へ

	○日数			渡河
末蘆国	登望			
	②	↓	9km	(蕾蒲峠)
	賀周			
	②	↓	12km	佐志川,町田川
	磐氷			
	②	↓	14km	徳須恵川,松浦川,半田川
伊都国	唐津市鏡			
	①	↓	8km	横田川,玉島川
	大村			
	①	↓	7km	
	佐尉			
	②	↓	10km	福吉川,加茂川
	深江			
	②	↓	8km	一貫山川,羅漢川,長野川,多久川
倭奴国	比菩			
	①	↓	6km	雷山川,瑞梅寺川,周船寺川
	周船寺			
	②	↓	9km	七寺川,十郎川,名柄川
	額田			
	①	↓	7km	室見川
	能解			
	②	↓	10km	樋井川
投馬国	石瀬			
	②	↓	10km	那珂川,御笠川,牛頸川
	太宰府			
	①	↓	6km	山口川
	長丘			
	①	↓	6km	
	基肄			
	①	↓	5km	高原川,秋光川
	田代			
	②	↓	9km	山下川,秋光川,宝満川,大刀洗川
邪馬台国	久留米市北野町			

距離 136km 日数 25 日

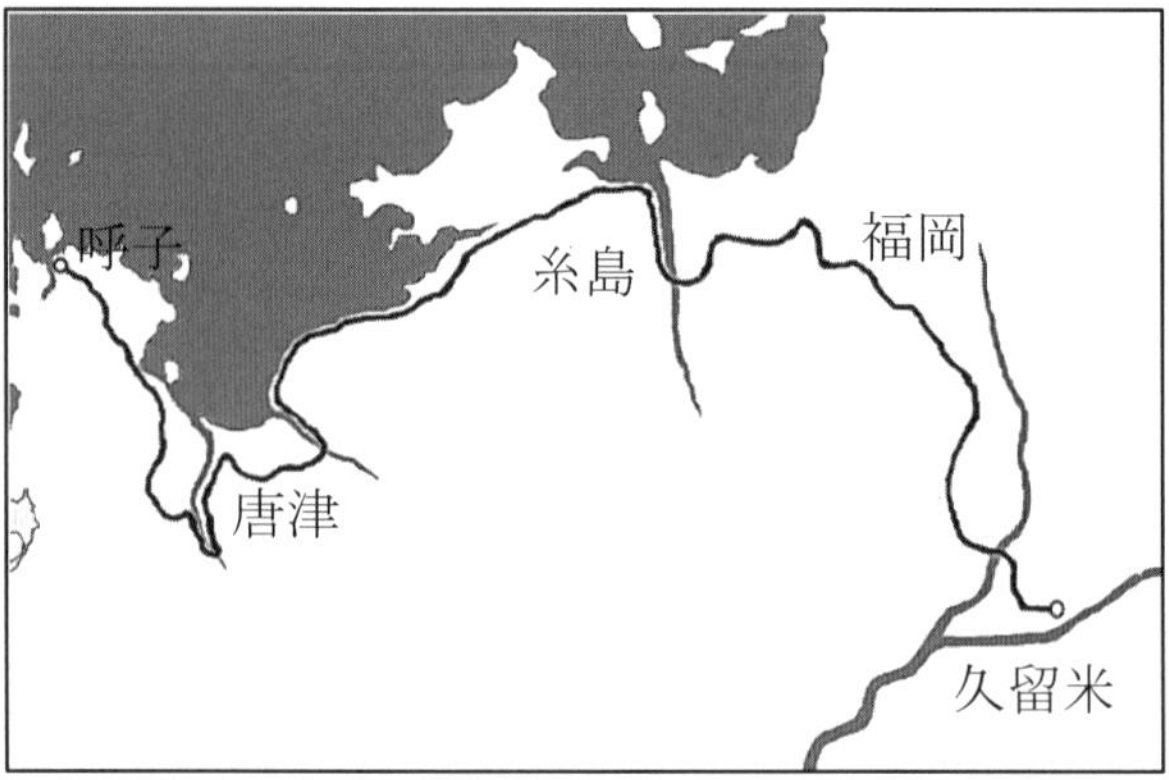

末蘆国から邪馬台国へ陸行２千余里
（国土地理院地図データより作成）

一日の陸行の距離を約８ｋｍとして、末蘆国の呼子から、邪馬台国の中心地と推定される久留米市北野町付近までの陸行の日数を推定すると約２５日となる。

すなわち二千余里、陸行一月である。

帯方郡から狗邪韓国に至り 対馬国、一大国を経て東松浦半島北端の末蘆国の呼子まで 水行一万余里である。一日の航行距離は千余里で水行十日である。

東松浦半島北端の末蘆国呼子から 東南陸行五百里３５ｋｍ陸行して伊都国に至る。伊都国はイト国ではなくイツ国で、唐津に比定される。

伊都国の中心地、唐津市鏡付近から東南百里、約７ｋｍで玉島川に至る。ここが伊都国と奴国との国境である。奴国はナ国ではなく倭奴（イト）国である。

倭奴国は三雲南小路遺跡、井原鑓溝遺跡、平原遺跡のある糸島に比定される。光武帝の時、西暦５７年、更に、安帝の時、西暦１０７年に後漢に遣使朝貢した倭奴国である。金印の「漢委奴国王」の委奴国であり倭人伝に書かれた奴国である。

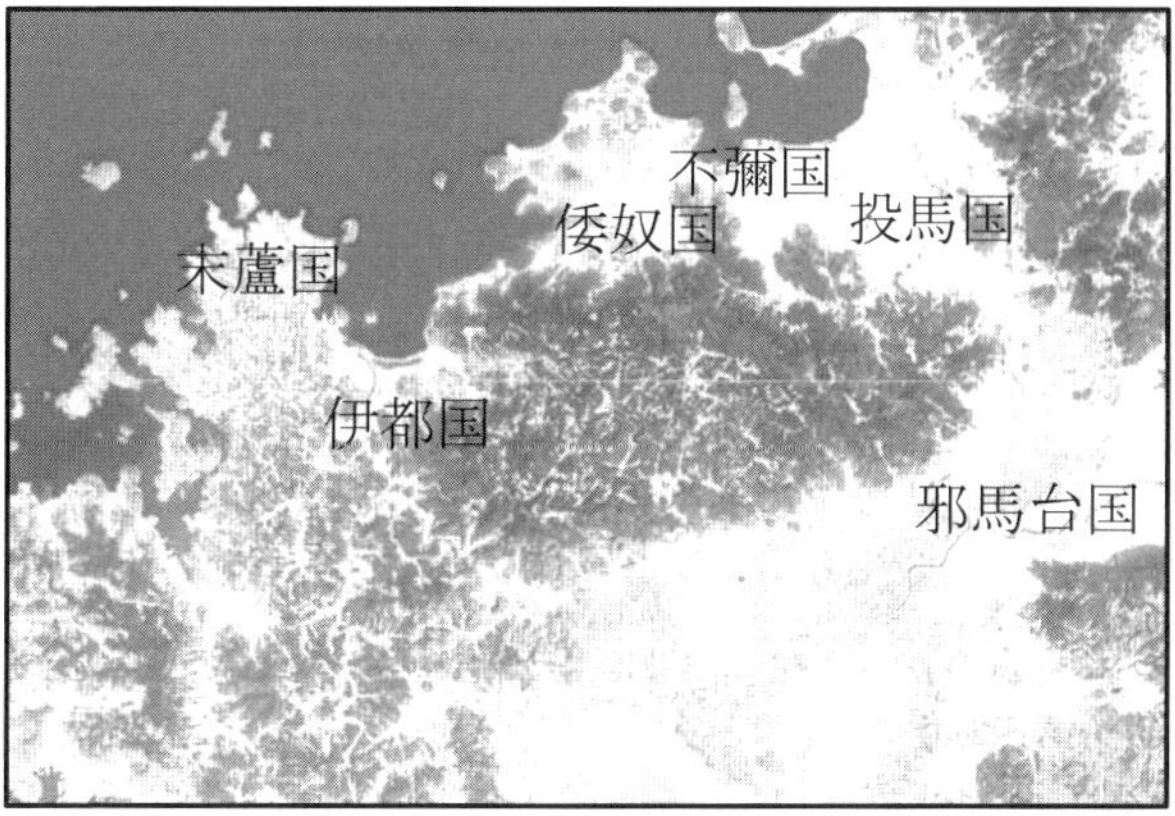

魏志倭人伝に記された紀元３世紀の倭国
(国土地理院空中写真を使用)

倭奴国に比定される糸島から投馬国に比定される福岡を経て、邪馬台国の中心地久留米市北野町付近までは次の通りである。

倭奴国の中心地、糸島市波多江付近から東に百里、７ｋｍ行くと今宿青木に至る。すぐ東に長垂山がありここが倭奴国と不彌国との国境である。不彌国は室見川の河口、博多湾岸の福岡市藤崎に比定される。

不彌国の南に戸数五万余戸の投馬国があり投馬国は福岡平野に比定される。

帯方郡から末蘆国までが水行十日、末蘆国から投馬国までが水行十日で帯方郡から投馬国まで水行二十日である。

末蘆国呼子から邪馬台国の中心地、久留米市北野町付近まで約１４０ｋｍ、二千余里、陸行一月である。

従って、帯方郡から邪馬台国まで一万二千余里、水行十日陸行一月である。

倭人伝には「倭地を参問するに或いは絶え或いは連なり周旋すること五千余里ばかりなり」と記されている。これは狗邪韓国から島伝いに倭地である對馬国、一大国を経て末蘆国まで、水行三千余里、末蘆国から邪馬台国まで陸行二千余里で、狗邪韓国から邪馬台国まで五千余里であることを示したものである。

以上より倭人伝に帯方郡より水行二十日と記された投馬国が福岡平野で、帯方郡より水行十日陸行一月と記された邪馬台国が筑紫・筑後平野であることが結論される。

邪馬台国の南には邪馬台国に敵対する国として狗奴国の存在が記されている。狗奴国は邪馬台国と国境を接するか地理的に近い国であったと推測される。狗邪韓国は加耶国であり狗は加(カ)であるから狗奴はカムである。神崎は加無佐木とあり、狗奴国は神崎であると思われる。

筑紫平野の弥生遺跡

朝倉市の筑後川上流の小石原川流域に平塚川添遺跡がある。筑前国続風土記には小石原はこしはらとされている。これはこいしはらの二重母音の「い」の省略によるものと考えられる。久留米市北野町は筑後国山本郡で和名抄には也馬毛止とある。これは耳納山の麓にあることに由来するとされている。この也馬毛止が倭人伝に邪馬壹と記されたのではないかと思われる。

朝倉市の平塚川添遺跡は面積約２０ヘクタールの巨大な低湿地多重環濠集落跡である。竪穴式住居跡が約３００軒、掘立柱建物跡が約１５０棟確認されている。

幾重もの環濠が巡らされ、中央の約２ヘクタールに祭殿と見られる二棟の掘立柱建物があり、それを取り囲む様に竪穴式住居が設けられていた。

中央部の外側に濠で区切られた区域があり、北側にある区域には首長の居館と推定される大型建物跡がみられた。防御のために周囲に柵が設けられその他の区域には高床式倉庫や工房が設けられていた。

平塚川添遺跡からは石斧、鉄製鋤先、鉄斧、王莽時代の貨泉などが出土している。

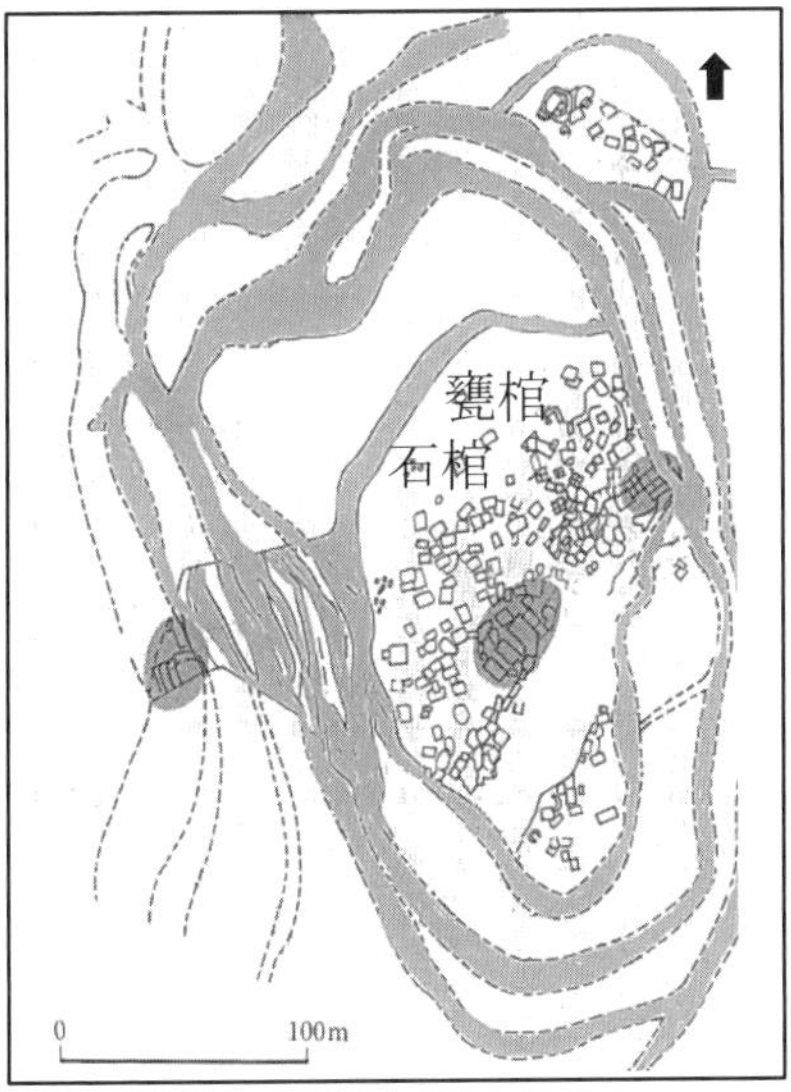

平塚川添遺跡
（甘木市教育委員会）

王莽時代の貨泉が出土していることから、平塚川添遺跡は紀元前後から紀元3世紀頃の遺跡と考えられる。

紀元1世紀頃には筑紫平野では鉄器が普及し、水田が開発されて稲作が拡大した。紀元2世紀になると気候が寒冷化し天候不順で凶作となり、食糧不足のため戦いが発生した。このため筑紫平野では防御のために周囲に柵を設けた環濠集落が形成された。北部九州の弥生遺跡の多くが環濠集落跡であり、甕棺墓から鉄戈や鉄剣など多数の鉄製の武器が出土している。

倭人伝には女王卑弥呼の宮殿には楼観（見張り櫓）があり、城柵が厳しく設けられ、常に武器を持った兵士が守衛していると記されている。

卑弥呼の宮殿は見張り櫓を設け、城柵を厳しく巡らした環濠集落であったとされており、平塚川添遺跡の可能性が提唱されている。

朝倉市は朝倉町と甘木市、杷木町が2006年に合併して生まれた市である。古代より朝倉と甘木は一つの纏まった地域であり、筑前国の夜須郡、上座郡、下座郡から成っていた。夜須郡は夜須町と三輪町、上座郡は朝倉町、杷木町、小石原村、宝珠山村、下座郡は甘木市に相当する。

八女市の亀ノ甲遺跡は環濠集落跡で、木棺から「見日之光天下大明用者君卿」銘連弧紋日光鏡が出土している。連弧紋日光鏡は三雲南小路遺跡、須玖岡本遺跡、筑前町の東小田峯遺跡からも出土している。

宝満川の上流の筑前町に東小田峯遺跡がある。この遺跡は弥生時代の大規模集落跡で、400軒以上の竪穴式住居跡と500基以上の甕棺墓が確認されている。

甕棺墓から鉄剣や鉄戈、直径17・2センチの連弧紋精白鏡や直径9・0センチの連弧紋日光鏡が出土している。連弧紋精白鏡の銘文は次の通りである。

〇絜清白而事君　志沄□之弇明　玄□錫流澤　恐疎而日忘　□美之以窮　可兮永思□而

この銘文は三雲南小路遺跡1号甕棺墓から出土した連弧紋精白鏡の銘文とほゞ同一のものである。

東小田峯遺跡は宝満川の上流にあり、すぐ近くに隈・西小田遺跡がある。

筑紫野市の隈・西小田遺跡からは約400基の竪穴式住居跡や多数の甕棺墓が確認され、甕棺墓から全長約40センチの鉄戈が出土した。又、人骨や鉄剣、前漢鏡である直径9・9センチの重圏紋昭明鏡などが出土している。更に、甕棺からは被葬者が受けた多数の鏃や折れた石剣、首を切断された人骨が出土している。

東小田峯遺跡や隈・西小田遺跡からは紀元前1世紀頃の前漢鏡が出土していることから、紀元前後頃の遺跡と考えられる。

隈・西小田遺跡のすぐ近くに津古生掛古墳がある。小郡市の津古生掛古墳は全長が約33m、後円部径が約29mの帆立貝式前方後円墳で、ここからは方格規矩鳥文鏡が出土している。

朝倉市の神蔵古墳は全長が約40m、後円部径が約32mの帆立貝式前方後円墳で、木棺から直径22・3センチの「天王日月」銘三角縁神獣鏡が出土している。

尚、久留米市北野町の良積遺跡や朝倉市の平塚川添遺跡から狗奴国に比定される佐賀県の吉野ケ里遺跡までは約30kmである。

佐賀県の吉野ケ里遺跡は我が国最大の弥生の環濠集落跡である。面積が約40ヘクタールで、環濠が城柵や物見櫓などで厳重に守られており、環濠内に大型の祭殿や高床式倉庫が設けられていた。ここからは鋤や鍬、鎌などの木製や鉄製の農耕具が見つかっている。

又、有柄細形銅剣、中国の貨泉、前漢鏡である連弧紋精白鏡などが出土している。これより、ここが王国であったことが推定される。甕棺墓から首のない人骨や腹部に矢を受けたと思われる人骨が出土している。これは激しい戦いがあったことを示すもので、吉野ケ里遺跡は邪馬台国に敵対する国として倭人伝に記された狗奴国であったと考えられる。

筑紫野市の隈・西小田遺跡から出土した重圏紋昭明鏡は紀元前1世紀頃の前漢鏡である。内区と外区に「内清質以昭明　光輝象夫日月　心忽揚而願忠　然壅塞而不泄」という銘文がある。

この銘文は中国の戦国時代の詩人屈原の楚辞を原典としており「内は清質にして以って昭明なり　光輝はそれ日月に似たり　心は忽ち揚りて忠を願う　然れども壅塞して泄らず」とあり、その内容は「私は清い忠誠心をもって帝に仕えているが、邪悪な側近によりそれが塞がれて帝に伝わらない」という嘆きの詩である。

屈原は初め懐王の信任厚く、三閭大夫として活躍したが、讒言に遭い配流された。各地を放浪した末、秦によって滅亡の危機に瀕する楚を憂えて川に身を投じたとされている。楚辞に「漁父の辞」というものがある。

屈原既に放たれて江潭に遊び行沢畔に吟ず　顔色憔悴し形容枯槁す　漁父見て之に問いて曰く子は三閭大夫に非ずや　何の故に斯（ここ）に至れると

重圏紋昭明鏡は隈・西小田遺跡のほか三雲南小路遺跡や立岩遺跡から出土している。又、連弧紋昭明鏡は吉野ケ里遺跡からも出土している。隈・西小田遺跡からは甕棺墓から重圏紋昭明鏡と共に鉄剣や鉄戈など鉄製の武器が出土している。

筑前町の東小田峯遺跡からは前漢鏡である連弧紋精白鏡や連弧紋日光鏡、連弧紋昭明鏡、鉄戈、鉄剣などが出土している。又、後漢鏡である方格規矩四神鏡や内行花文鏡は出土していない。

従って東小田峯遺跡や隈・西小田遺跡は紀元前後から紀元1世紀中頃の遺跡と考えられる。

久留米市北野町に弥生環濠集落跡である良積遺跡がある。良積遺跡からは、方格規矩鳥文鏡が出土している。方格規矩鳥文鏡は後漢末の鏡であり、良積遺跡は紀元2世紀末から3世紀中頃の遺跡と考えられる。

福岡県春日市の門田遺跡や朝倉市の栗山遺跡からは鉄製品が出土しているほか絹製品の出土が確認されている。倭人伝には倭国の風俗について次の記述がある。

○禾稲・紵麻を種（う）え、蚕桑緝績（しゅうせき）して細紵・縑緜（けんめん）を出だす

・稲や紵麻を植え、桑を栽培して養蚕し、糸を紡ぎ、細紵・縑・絹を産出する

福岡市早良区の有田遺跡から細形銅戈に付着して出土した平絹が日本最古の絹であるとされている。又、福岡市博多区の比恵遺跡や春日市の須玖岡本遺跡からは 出土した細形銅剣に付着した平絹が検出されている。絹製品は福岡市西区の吉武高木遺跡、飯塚市の立岩遺跡、福岡市の那珂八幡古墳からも出土している。

養蚕は中国で始まり、倭国には紀元前2世紀頃に伝わったとされている。『絹の東伝』の著者、

京都工芸繊維大学の布目順郎氏は弥生遺跡からの絹製品の出土が北部九州に限られており、畿内からは出土していない。このことは邪馬台国九州説の根拠となるものであるとしている。

以上のように紀元1世紀頃には北部九州では鉄器が普及し、水田稲作を行い、養蚕により絹を生産していた。景初二年の後、正始四年（西暦２４３年）にも卑弥呼は魏への遣使朝貢を行っている。倭人伝には次のように記されている。

○其四年　倭王復遣使　大夫伊聲耆掖邪狗等八人　上献生口　倭錦　絳青縑　緜衣　帛布　丹木拊　短弓矢（ここで、絳青縑の絳青は紺で縑は目を緻密に固く織った平織の絹布である）

すなわち、卑弥呼が正始四年に遣使朝貢し魏に絹織物を献上したことが記されている。これは邪馬台国が北部九州にあったことを示すものである。

神功皇后は仲哀天皇が橿日宮で崩御後、朝倉郡の三輪町に至った。その時につむじ風が吹いて御笠が落された。そこでその場所を御笠というと日本書紀に記されている。又、筑前国の夜須郡に至り、羽白熊鷲を討伐した。そこでわが心安らかなりと皇后が言われたのでその場所を安と言うなりとあり、夜須の地名の由来が記されている。

神功皇后は新羅征伐を前に米を神に捧げる必要があった。そこで神田を作り神田を潤すために水路を掘った。筑紫郡那珂川の安岡というところまで掘ると大磐が塞がって溝（うなで）を通すことができない。それで神功皇后が神に祈ると雷が鳴り岩を裂いて水路を通すことができた。それでその溝を裂田溝（さくだのうなで）と言うとされている。

貝原益軒の築前国続風土記には竈門山について「此の山は峯高くそびえ、雲霧ふかく覆い烟気常に絶えず。故に竈門山と云う。又、御笠山とも云う。或いは此の山を宝満とも号す」と記されている。竈門山（宝満山）は標高８２９ｍで、山全体が御神体として信仰されていた。

『地名学が解いた邪馬台国』の著者、楠原佑介氏はヤマタ又はヤマトという地名は山の間から流れ出た川の下流に跨って形成された扇状地の台地となっている地形に由来するとされている。

筑前町の東小田峯遺跡は、宝満山から流れ出た宝満川の下流に形成された扇状地にある。又、朝倉市の平塚川添遺跡は古処山から流れ出た小石原川の下流に形成された扇状地にある。

これより、邪馬壹国の名は東小田峯遺跡や平塚川添遺跡に特徴的な扇状地の台地という筑紫・筑後平野の地形に由来していると推測される。

古代の日本語では二重母音が単母音に短縮化することが知られている。高天（タカアマ）の原がタカマの原で、八咫（ヤアタ）の鏡がヤタの鏡である。

万葉集巻に舒明天皇が香久山に登りて国見したまいし時として次の歌がある。

〇山常庭　村山有等　取与呂布　天乃香具山　・・・・　怜怐国曾　蜻嶋　八間跡能国者

ヤマトニハ　ムラヤマアレド　トリヨロフ　アメノカグヤマ　ウマシクニソ　アキツシマ　ヤマトノクニハ

山常（ヤマトコ）はコの下略によりヤマトとなっている。又、八間跡（ヤマアト）は二重母音のアの省略でヤマトとなっている。

日本書紀には神武天皇は神日本磐余彦（カムヤマトイハレビコ）天皇と記されており、日本はヤマトと読まれている。従って、山本（也馬毛止）はヤマトとなり、倭人伝に邪馬壹（ヤマト）と記されたのではないかと思われる。

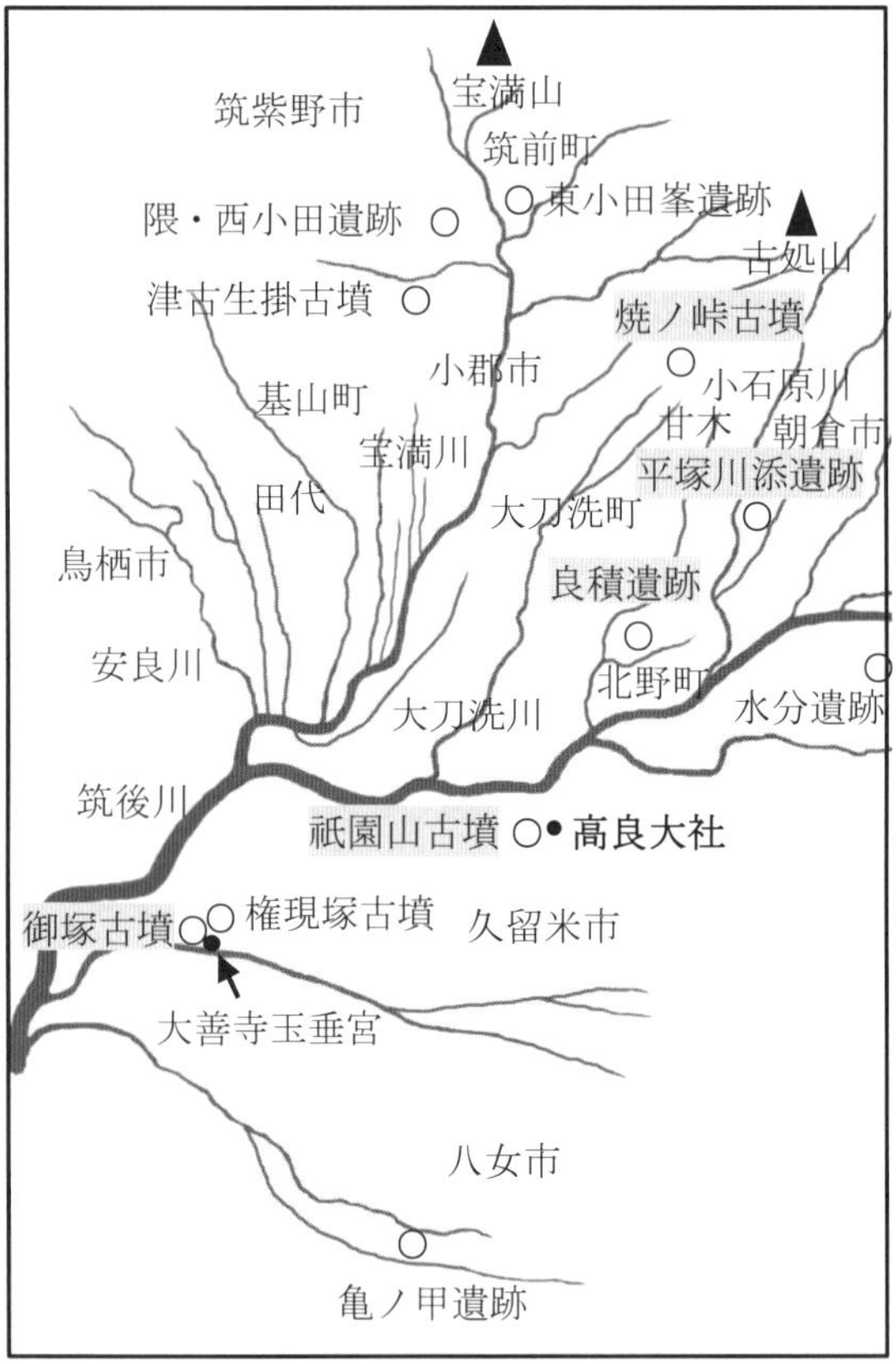

筑紫平野の弥生遺跡
（国土地理院地図データより作成）

紀元前後から紀元２世紀の時代

倭奴国の時代

前漢の武帝は衛満朝鮮を滅ぼし、紀元前１０８年、朝鮮半島に玄兎、臨屯、楽浪、真番の四郡を置いた。その後、臨屯、真番の二郡は廃止され、楽浪郡となった。

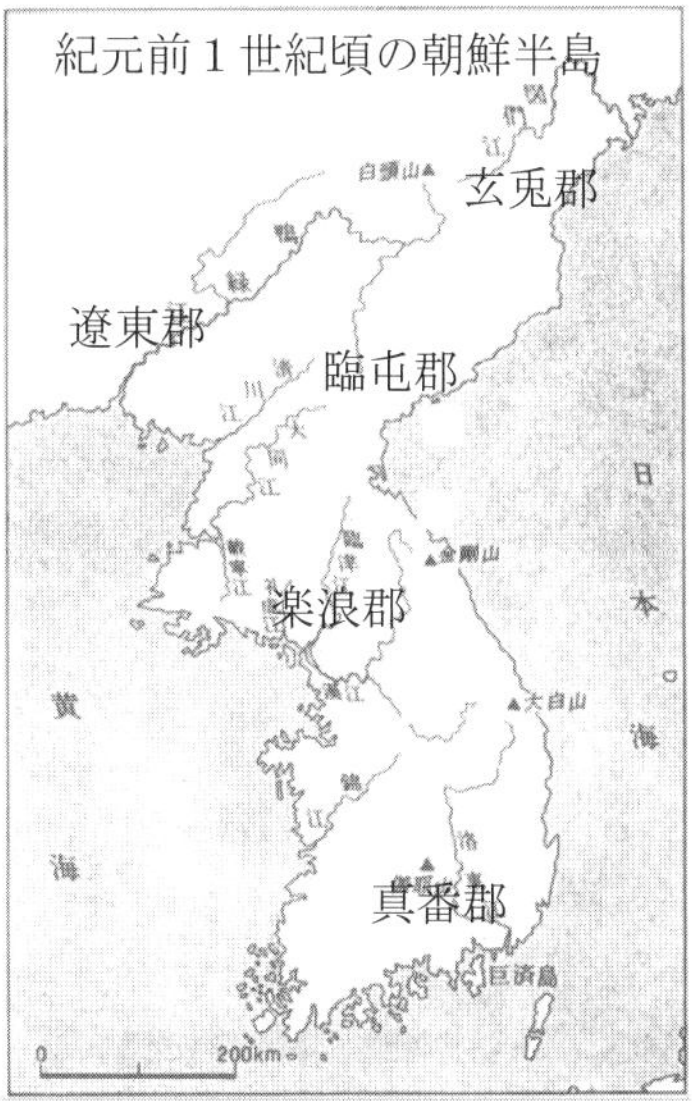

岡田英弘氏著『倭国』より引用

楽浪郡は紀元１世紀、すでに鉄器時代で楽浪郡の人口はこの頃わずかの期間に戸数が４万戸から６万戸、人口が約２５万人に増加した。これは鉄製農工具の使用が拡大したことによる。

紀元１世紀から２世紀頃、後漢への倭の遣使朝貢は、西暦２０４年に楽浪郡の南に帯方郡が置かれるまでは楽浪郡を経由して行われた。３世紀中頃の西暦２３８年公孫氏が滅ぼされた後は魏への遣使朝貢は帯方郡を経由して行われた。

糸島の三雲南小路遺跡からは前漢鏡である連弧紋精白鏡や昭明鏡、日光鏡など合計三十数面が出土している。これより三雲南小路遺跡は紀元前後から紀元1世紀中頃の遺跡と考えられる。三雲南小路遺跡のすぐ南に井原鑓溝遺跡がある。ここからは二十数面の方格規矩四神鏡が出土している。方格規矩四神鏡は後漢時代の紀元1世紀中頃に作られたものと考えられる。従って、井原鑓溝遺跡は紀元1世紀後半から2世紀初め頃の遺跡と推定される。

後漢書倭伝には紀元1世紀中頃の建武中元二年（西暦57年）、倭国の倭奴国が貢を奉じ朝貢したと記されている。光武帝は印綬を以ってすとされており、これが漢委奴国王の金印である。井原鑓溝遺跡は後漢の光武帝から金印を下賜された倭奴国の王墓である。

その後、安帝の永初元年（西暦107年）にも倭奴国が生口百六十人を献上して謁見を願ったことが記されている。隋書倭国伝には次のように記載されている。

〇漢光武遣使入朝自稱大夫　安帝時又遣使朝貢謂之倭奴国

・漢の光武帝の時遣使入朝し大夫を自称した。安帝の時又遣使朝貢した。これは倭奴国である。

すなわち、後漢の安帝の時、西暦107年に遣使朝貢したのは倭奴国であると記されている。金印の漢委奴国王の奴国、倭人伝に書かれた奴国は倭奴国である。倭奴国は早くから中国や朝鮮半島から鉄器や鉄艇などの鉄素材を独占的に入手し、糸島半島の海岸で産出する真砂砂鉄を原料に鉄を生産したと考えられる。

安帝永初元年の後漢への遣使朝貢の際には百六十人もの多数の生口を献上したことが記されている。このことから倭奴国が倭の宗主国として強大な権力を有していたことが推察される。

糸島の志登神社の南約３ｋｍのところに平原遺跡がある。平原遺跡からは、二十数面の尚方作方格規矩四神鏡、９面の陶氏作方格規矩四神鏡、２面の内行花文四葉鏡、更に、５面の大口径の内行花文八葉鏡が出土している。

方格規矩四神鏡や内行花文鏡は後漢時代の鏡であり、平原遺跡は紀元2世紀中頃から2世紀後半の遺跡と考えられる。従って、平原遺跡は永初元年（西暦１０７年）に後漢に遣使朝貢した倭奴国の王墓と考えられる。尚方作方格規矩四神鏡は洛陽の官営の工房で作られたことを意味し、銘文は次のようなものである。

〇尚方作竟大巧　不知老渇飲玉泉
・尚方鏡を作るに大いに好し　老を知らず　渇しては玉泉を飲む
〇食玉英飲醴泉　宜官秩保子孫
・玉英を食らい　醴泉を飲む　官秩に宜し　子孫を保たむ

一方、陶氏作は陶という工人の工房で作られたことを意味し、銘文は次のようなものである。

〇陶氏作竟真大巧　上有仙人不知老　渇飲玉泉飢食棗　壽如今石之國保　大吉
・陶氏鏡を作るに真に大いに好し　上に仙人有りて老を知らず　渇しては玉泉を飲み
　飢えては棗（なつめ）を食う　寿は金石の如く之国を保つ（保らぐ）

これらの方格規矩四神鏡の銘文は道教の不老不死の神仙世界を表したものである。

平原遺跡からは陶氏作方格規矩四神鏡が1号鏡から9号鏡まで9面が出土している。これらの鏡の多くは欠損した状態で出土している。又、銘文は右回りに円周状に配されている。

銘文の欠損している文字を□で表すと次の通りである。尚、（　）内は鏡の直径（センチ）を示す。

9号鏡　陶氏作竟真大巧　上有仙人不知老　渇飲玉泉飢食棗　壽如今石之國保　大吉（18・6）
2号鏡　陶氏作竟真大巧　□□仙人不□老　渇飲玉泉飢食棗　壽如今石之國□　□□（18・8）
3号鏡　陶氏作竟真大巧　上有仙□□□□　□□□□□食棗　□如今石之國□　□□（18・8）
8号鏡　□氏作□真大□　□□□□□□□　□□□□□食棗　壽如今□□□保　大吉（18・8）
1号鏡　□□□□□□□　□□□□□□□　□□□□□食棗　□□今石□國□　□□（18・6）
4号鏡　陶氏□竟□大巧　□□□□□□□　□□□泉飢食棗　壽如今石之國保　大吉（16・6）
5号鏡　陶氏作竟真大巧　上有□□□□□　渇飲玉泉飢食棗　□□□□□□□　□□（16・6）
6号鏡　□□作竟真大□　□有仙人不知□　渇飲玉泉飢□□　□□□□□□□　□□（16・2）
7号鏡　陶氏作竟□□□　□□□□□□□　渇飲玉泉□食棗　壽如今石□□□　□□（16・4）

割れて欠損の多い部分とそうでない部分とがあり、欠損の原因は、鋳型の繰り返し使用による損耗や鋳型の不具合で発生した微小のクラックによるものではないかと思われる。

すなわち、18・8センチと16・6センチの二つの鋳型が用いられ、直径18・8センチの鋳型で最初に9号鏡が鋳造され、その後2号、3号、8号、1号の順に鋳造されたと推定される。最初に鋳造されたと推定される9号鏡は紋様が緻密で、出来栄えが良く、割れがない。

次に16・6センチの鋳型で4号鏡が鋳造され、その後5号、6号、7号の順に鋳造が行われたのではないかと推測される。

倭の大乱

福岡県朝倉市の弥生環濠集落跡である平塚川添遺跡からは鉄斧、鉄製鋤先、鉄製の鎌など鉄製農工具が出土している。鉄斧や鉄製の農具が普及したことにより、水田開発や灌漑施設の整備が進み水田稲作が拡大した。

その結果、紀元1世紀頃には筑紫平野で人口が急増した。これは甕棺墓の数の増加などにより裏づけられている。しかし、紀元2世紀になるとそれまで温暖であった気候が急激に寒冷化して稲作が凶作となり食糧が不足して戦いが発生した。中国でも2世紀には天候不順で大洪水や旱魃が多発し、疫病や飢餓が発生している。

宝満川の上流の筑紫野市原田の隈・西小田遺跡からは多数の鏃を受けたり首を切断された人骨が出土している。筑紫野市永岡の永岡遺跡の甕棺からは石剣で受傷して死亡したと推定される人骨が出土している。又、佐賀県の吉野ケ里遺跡からは首を切断された人骨や多数の鏃が刺さった人骨が出土している。これらは戦いがあったことを物語るものである。

魏志倭人伝には次のように記されている。

○其国本亦以男子為王　住七八十年　倭国乱　相攻伐暦年　及共立一女子為王　名曰卑彌呼
　事鬼道　能惑衆　年已長大　無夫壻　・・・以婢千人自侍・・・宮室・楼観　城柵厳設・・・

・其の国本亦男子を以って王と為し、住（とど）まること七八十年。倭国乱れ相攻伐すること暦年及ち一女子を共立して王と為す。名曰く卑彌呼。鬼道に事（つか）え能く衆を惑わす年已に長大なれど夫壻なし・・・婢千人を以って自ら侍せしめ・・・宮室・楼観厳しく設け・・・

後漢書・倭伝には次のように記されている。

○桓霊間倭国大乱　更相攻伐暦年無主　有一女子名曰卑彌呼年長不嫁事鬼神道能以妖惑衆
　於是共立為王　侍婢千人

・後漢の桓帝から霊帝の間（西暦１４７〜１８８年）倭国は大いに乱れ、相攻伐し暦年主なし一女子有り、曰く卑彌呼、年長にして嫁せず、神道に事え妖術を以って能く衆を惑わす是によりて卑彌呼を共に立て王と為す　侍婢千人

梁書・諸委伝・倭の条には次のように記載されている。

・漢の霊帝の光和中に倭国乱れ攻伐して年を歴る　及ち一女子卑弥呼を共に立てゝ王と為す卑弥呼に夫婿なし　鬼道能く挟けて衆を惑わす　故に国人これを立てる。男弟ありて国を治るを佐く　王と為してより見る者少なし　奴婢千人をもって自らに侍らすただ一男子を使わして教令を伝うるに居所に出入りす　常に兵ありて宮室を守衛す

倭の大乱は2世紀中頃から2世紀末とされているが、倭奴国が中国に遣使朝貢した安帝の永初元年（西暦１０７年）にはすでに天候不順により中国で飢饉が蔓延していたことが後漢書に記載されている。西暦１１０年、その翌年の西暦１１１年、更にその翌年の西暦１１２年大雨により大洪水に見舞われたことが記されている。西暦１１２年には天候不順が続き元号が永初から元初に改められた。更に西暦１２２年、西暦１２４年にも天候不順が続いたことが記されている。

安帝の後の順帝の西暦128年には長雨と洪水、更に西暦130年から毎年旱魃に見舞われ、西暦136年には洪水により死者が千人余り出たことが記されている。又、後漢書の桓帝紀には永興元年（西暦153年）大水害により数十万戸が流民と化したことが記されている。

紀元2世紀初めに始まった寒冷化と天候不順がかなり長く続いたことが理解される。倭国乱れ相攻伐すること暦年とあることから、倭の大乱は2世紀末まで続き、その後卑弥呼が共立されて戦いが収まったと推定される。

尚、年已長大については『魏志倭人伝の世界』の著者、山田宗睦氏により次の解釈がなされている。三国志巻三十九蜀書九董劉馬陳董呂伝第九に次の記載がある。

○後主漸長大　愛宦人黄皓

・後主漸く長大、宦人、黄皓を愛す

後主は劉備の後、蜀の第二代皇帝となった劉備の子劉禅である。建興9年西暦231年、この時劉禅25歳である。

三国志巻五十二呉書七張顧諸葛歩伝第七には次の記載がある。

○逮丕継業　年已年長

・丕の業を継ぐに逮（およ）ぶや、年已に年長

丕（ひ）は魏王曹操の子で、曹操の死後魏の献帝から帝位を禅譲されて魏の初代皇帝となった曹丕である。この時西暦220年、曹丕34歳である。従って、年已年長は30歳前後の年齢を指しているものと解釈される。

卑弥呼が共立された時、卑弥呼は年已に長大と記されており、卑弥呼が共立されたのは卑弥呼が30歳頃で卑弥呼共立の時期は西暦200年頃と推定される。

日本書紀によると神功皇后は応神天皇誕生後、応神天皇の摂政となっている。これが神功元年である。日本書紀には神功55年に百済の肖古王が崩じたと記されている。百済肖古王の崩年は西暦375年である。従って神功55年は西暦375年となり神功元年は西暦320年となる。しかし、日本書紀では卑弥呼を神功皇后として描いていることから、神功元年はこれを120年繰り上げた西暦200年となる。

日本書紀では神功皇后は神功69年に100歳で亡くなっている。逆算すると神功皇后は神功元年30歳であったことになる。日本書紀で神功皇后は倭人伝に記された卑弥呼であり、卑弥呼共立の年が西暦200年で、卑弥呼共立の年を神功元年にしたと考えられる。

この頃中国では疫病が流行し、太平道や五斗米道のように占いや祈祷で疫病を治す鬼道が流行した。倭国も鬼道に事えとされた卑弥呼の共立により倭の大乱が収束したものと考えられる。

中国黄巾の乱

中国では紀元前後から紀元1世紀、鉄器の普及により農業生産力が拡大し、人口が増加した。しかし、紀元2世紀になると気候の寒冷化と天候不順により稲作が大凶作となり、飢饉が深刻化して農民が流民化し、農業生産力が低下した。

紀元2世紀後漢の時代、中国では和帝が10歳、桓帝が15歳で即位し、その後の霊帝が13歳で即位するなど幼帝の擁立が続いた。このため外戚、宦官が権勢を争い、官僚の賄賂が横行し、国家の統制力が衰えた。又、この頃、農民の負担が増加して民衆の不満が高まった。更に、洪水が起こり疫病が大流行した。

後漢書桓帝紀延憙九年（西暦166年）には「民多飢窮、又有水旱疾疫之困」と記されている。このような時期に現れたのが道教の一種で民間宗教である太平道の創始者張角である。張角は大賢良師と称し、病気で苦しむ人にそれまでの罪を悔い改めさせ、符水を飲ませ九節の竹の杖を持って祈祷して病気を治したとされる。

後漢書皇甫嵩伝には次のように記されている。

○鉅鹿人張角自稱大賢良師　奉事黄老道　畜養弟子　跪拜首過　符水呪説以療病　病者頗癒

百姓信向之　角因遣弟子八人使於四方　以善道教化天下　轉相誑惑十餘年間　衆徒数十萬

福井重雅氏著『古代中国の反乱』には「黄老の道を奉事して」の黄老の道について次のような説明がなされている。

黄老の道とは黄帝と老子を教祖に仰ぐ民間宗教の一つである。黄帝とは五帝と呼ばれる聖天子の一人で、中国ではあらゆる制度や文物の始祖とされている。同時に、黄帝は秦から漢の初めにかけて、無為自然を体得した理想的な帝王であるとされ、後に不老長寿の代表的な人物であるとする思想が生まれた。それがやがて老子崇拝と結合して後漢時代に黄老信仰として定着し、流行するようになった。頂角の信奉した黄老の道とはこのような信仰のことである。

太平道は病苦の原因をその病人の罪過に帰し、過去の罪過を懺悔告白させ符水を飲ませ、祈祷により病気を治した。このことにより長年洪水や旱魃など、自然災害による凶作で飢饉や疫病に苦しんだ民衆の信仰を集め十年余りの間に数十万の信徒を得たと記されている。太平道の信徒の多くは土地を失い流浪する農民であった。

三国志巻八・張魯伝の注には太平道について次のように記されている。

○角為太平道 太平道者 師持九節杖為符祝 教病人叩頭思過 因以符水飲之
得病或日浅而癒者 則云此人信道 其或不癒 則為不信道 加施静室 使病者處其中思過

・頂角は太平道を為す 太平道なるものは師は九節の杖を持ちて符祝を為し 教うるに病人を叩頭して過を思わしむ 因りて符水を以って之を飲ましむ 病を得て或いは日浅くして癒ゆる者 則ち此の人道を信ずと云い 其の或いは癒えざれば則ち道を信ぜずと為す
加うるに静室を施し病者をして其の中に處りて過を思わしむ

この太平道と同じ頃に現れたのが創始者張陵による五斗米道である。張陵は人々に黄老の教えを説き自らを天師と称して病気を治し、信徒に祈祷料として五斗の米を出させたことから、五斗米道と呼ばれた。帳陵、その子の張衡、その子の張魯の三代にわたって続き過去の罪を悔い懺悔することにより病気から解放されるとした。

祈祷の方法は三官手書と呼ばれ、病人の姓名と懺悔の文を書いた書面を三通作り、一通は天に奉納するために山頂に置き、一通は地中に埋めて地の神に捧げ、もう一通は水中に沈めて水の神に捧げるというものであった。

五斗米道は天師道とも呼ばれ、三国志巻八・張魯伝には次の記述がある。
○魯遂據漢中　以鬼道教民　自号師君
張魯は五斗米道を漢中に広げてこれを鬼道と称した。太平道も五斗米道も病気や災難は天・地・水、三鬼神の祟りとし符水を捧げ呪文を唱え祈祷により病気を治した。倭人伝に「名曰く卑彌呼、鬼道に事え能く衆を惑わす」と記された卑彌呼の鬼道とは2世紀末後漢で流行した天師道と類似したものであったと思われる。

中国黄巾の乱

黄巾の乱が起こったのは後漢桓帝の中平元年（西暦184年）である。

後漢書巻八桓帝紀には次のように記されている。
○中平元年春二月　鉅鹿人張角自稱黄天　其部帥有三十六方　皆著黄巾　同日反叛
又、後漢書皇甫嵩伝には次のように記されている。
○遂置三十六方　方猶将軍號也　大方萬餘人　小方六七千　各立渠帥
・遂に三十六方を置く　方は将軍の号の如き也　大方は万余人小方は六七千　各々渠帥を立つ
○訛言「蒼天已死　黄天當立　歳在甲子　天下大吉」
一行目の死と3行目の子、2行目の立と4行目の吉が押韻しており4行目の天下大吉は大きな意味はない。

従って、黄巾のスローガンは「蒼天已に死す　黄天當に立つべし　歳は甲子に在り」となる。黄天は「張角自稱黄天」とあることから頂角、即ち黄巾を指す。

中国には五行思想というものがあり、万物の根元である五つの要素により宇宙が生成循環するというものである。「木・土・水・火・金」の要素の相克説により前者は後者に打ち勝つ、即ち「木は土に勝ち、土は水に勝ち、水は火に勝ち、火は金に勝ち、金は木に勝つ」となる。又、「木・火・土・金・水」の要素の相生説により「木は火を生じ、火は土を生じ、土は金を生じ、金は水を生じ、水は木を生ずる」となる。更に、五行の各要素に対して色が割り当てられており「木は青、火は赤、土は黄、金は白、水は黒」となっている。

蒼天の蒼を青色とすると青色は木徳で、黄色は土徳であり、相克説により木は土に勝つであるから、青色は黄色に勝つとなって五行思想による解釈はスローガンとは全く逆のものとなる。

漢は前漢、後漢を通じ常に自他ともに赤色を配色とする火徳の王朝を標榜していた。従って、蒼天を後漢とすることは五行思想による解釈上、明らかな矛盾となる。

『古代中国の反乱』の著者福井重雅氏によると「蒼天」はこれと同音の「少典」であるとし、史記には「黄帝なる者は少典の子なり」とあり、中国の神話伝説上黄帝は中国を統治した五帝の最初の皇帝でありこの黄帝の父が少典である。従ってスローガンは「黄帝の父親の少典が死んでしまった。いよいよその子の黄帝が立って黄老信仰に基づいて理想的な世界を実現すべきときが来た」という意味に解釈されるとしている。

更に黄巾は「歳は甲子に在り」として干支の甲子の年、中元元年（西暦１８４年）の三月五日に決起した。甲は十干の冒頭、子は十二支の最初で、甲子はそれらの組み合わせであることから万物を一新する紀元であり、六十年に一回だけ巡ってくる数少ない紀元である。又、三月五日も甲子の日に当たったことからこの日を絶好の決起の日としたのである。

黄巾の乱には多数の民衆が参加した。その背景には大雨や旱魃などの自然災害により、飢饉が蔓延し、疫病が毎年のように流行したことが挙げられる。

後漢書には桓帝の元嘉元年（西暦１５１年）に京師疾疫、京師旱、永壽元年（西暦１５５年）翼州飢、南陽大水、延憙二年（西暦１５９年）京師雨水、延憙四年（西暦１６１年）大疫と記されている。霊帝の建寧元年（西暦１６８年）京師雨水、建寧四年大疫、憙平元年（西暦１７２年）京師雨水、憙平二年大疫、光和二年（西暦１７８年）大疫、光和五年（１８２年）大疫など洪水や疫病の発生が記録されている。

後漢書には飢餓による悲惨な状況が記されている。民衆は自力的な努力によってはもはやこの窮状を克服しがたく、宗教に救いを求めたものと推察される。

中元元年（西暦１８４年）皇甫嵩らが将軍に任じられ八月に張角討伐の詔勅が下された。皇甫嵩は黄巾軍を撃破し、途中で張角が病死したことにより、その年の内に黄巾の乱は収束した。

黄巾の乱は後漢崩壊の原因となったが、一方で黄巾の乱の前後で漢の時代の儒教を中心とした宗教観、道教の神仙思想、宇宙観から、黄老思想に基づく栄達や子孫繁栄など現世の利益を優先する宗教観への変化がみられる。

これは黄巾の乱の前後での中国鏡の銘文の変化にも現れているように思われる。前漢鏡である連弧紋精白鏡の銘文は楚辞から引用された王に対する忠誠心を表したものである。忠誠は儒教の思想によるものである。又、後漢鏡である方格規矩四神鏡の紋様や銘文は、道教の宇宙観や神仙思想を表したものである。これに対して、その後の中国鏡の銘文は位至三公鏡のように、現世の栄達や子孫繁栄、長寿のように現世の利益を表すものとなっている。
連弧紋精白鏡の銘文は次のようなものである。
○絜清白而事君　恐疎遠而日忘　願永思而不絶　清光哉宜佳人
・清白を潔く君に仕えしも　疎遠にして日に忘らるゝを恐る　永く思い絶えざらんを願う
方格規矩四神鏡の銘文は次のようなものである。
○尚方作竟真大巧　上有仙人不知老　渇飲玉泉飢食棗　壽如今石之國保　大吉
・尚方鏡を作ること真に大いに好し　上に仙人ありて老を知らず　渇しては玉泉を飲み　飢えては棗（なつめ）を食らう　寿命は金石の如く之国を保つ（保らぐ）
○陶氏作竟真大巧　上有仙人不知老　渇飲玉泉飢食棗　壽如今石之國保　大吉
・陶氏鏡を作るに真に大いに好し　上に仙人有りて老を知らず　渇しては玉泉を飲み　飢えては棗を食う　寿命は金石の如くして之国を保つ（保らぐ）
一方、その後の中国鏡の銘文は位至三公に代表される栄達や子孫繁栄、長寿のように、現世の利益を表すものとなっている。

島根県神原神社古墳から出土した景初三年銘三角縁神獣鏡の銘文は次のようなものである。
○景初三年陳是作竟　自有経述　本是京師杜地命出　吏人銘之位至三公　母人詺之保子宣孫　寿如金石兮
・この鏡を官吏が持つと位は三公に至り　母なる人が持つと子孫は繁栄する　寿命は金石の如く長生きする

京都府福知山市広峯15号墳出土景初四年銘三角縁神獣鏡の銘文は次のようなものである。
○景初四年五月丙午之日陳是作竟 吏人詺之位至三公 母人詺之保子宜孫 寿如金石兮
中国では古くから鏡には邪鬼を払い、災難を回避する呪術的な力があるとされ、死後の世界で被葬者を守るものとして人が死ぬと墓に呪具として副葬された。画文帯神獣鏡には神仙や霊獣の紋様が描かれており、霊獣が呪具を銜えているものがあることから呪術的な性格を持っていたと考えられる。張魯の天師道では鏡と剣の二種を神宝にしていたとされている。

五斗米道の創始者張陵の孫の張魯は五斗米道を「天師道」と称し、漢中に広げてこれを鬼道と称した。画紋帯神獣鏡は呉で作られた鏡であり位至三公銘があり、天師道の鬼道の鏡である。

紀元3世紀邪馬台国の時代

中国三国志の時代

西暦184年の黄巾の乱の後、西暦189年に後漢の霊帝が崩御した。後継争いが起こるが、皇太子の劉弁が即位した。これが少帝である。外戚と宦官の争いが激化する中、軍閥が台頭した。その一人が董卓である。董卓は軍事力を背景に朝廷の実権を握り、少帝を廃して、霊帝の次子の劉協を皇帝とした。これが献帝である。この年公孫度は遼東半島の遼東太守に任命された。

西暦190年、董卓の独断専行を不満として反董卓連合軍が結成された。曹操はこの連合軍に参加した。連合軍が都の洛陽に進撃すると董卓は洛陽に火をかけて洛陽を焼き払った後、献帝を連れて長安遷都を強行した。

西暦１９２年、董卓は部下の呂布により殺された。後立てを失った献帝は長安を脱出して西暦１９６年に荒廃した都の洛陽に帰還した。この時献帝を迎えたのが曹操配下の部隊であった。

曹操は黄巾の乱の鎮圧に参加していたが、黄巾の乱の後黄巾族の兵３０万人と非戦闘員１００万人を配下にして急激に勢力を拡大した。曹操は献帝を自身の根拠地の許昌に迎え献帝の後見人として朝廷で権勢を振るうことになった。

西暦２００年、曹操は官渡の戦いで袁紹に勝利し、覇権を握った。

西暦２０４年、公孫度の子の公孫康により楽浪郡の南に帯方郡が置かれた。

曹操はその後全国統一を目指して南下したが、蜀の劉備の軍師諸葛孔明と呉の孫権の軍師周瑜の戦術により、西暦２０８年赤壁の戦いで敗れた。その結果、呉、魏、蜀の天下三分の三国時代が始まった。

中国の南部揚子江の中・下流域の湖北省や浙江省から後漢の建安紀年銘の画文帯神獣鏡が多数出土している。建安は後漢の献帝の在位年間で、建安六年が西暦２０１年、建安十年が西暦２０５年である。湖北省や浙江省は呉の領域であるが、孫権が呉を建国したのは西暦２２２年でありそれまでは後漢の年号が使用された。

建安十年（西暦２０５年）紀年銘の湖北省と浙江省出土の画文帯神獣鏡の銘文はほゞ同じで、吾作明竟で始まる次のようなものである。

○吾作明竟　幽宮涑商　周羅容衆　五帝天皇　白牙単琴　黄帝除凶
　朱鳥玄武　白虎青龍　君宜高官　位至三公　子孫番昌　建安十年

画文帯神獣鏡は東王父や西王母を始めとする神仙や霊獣を紋様とし、張魯の天師道の流行と共に漢中の揚子江流域の湖北省、浙江省などで流行したものである。

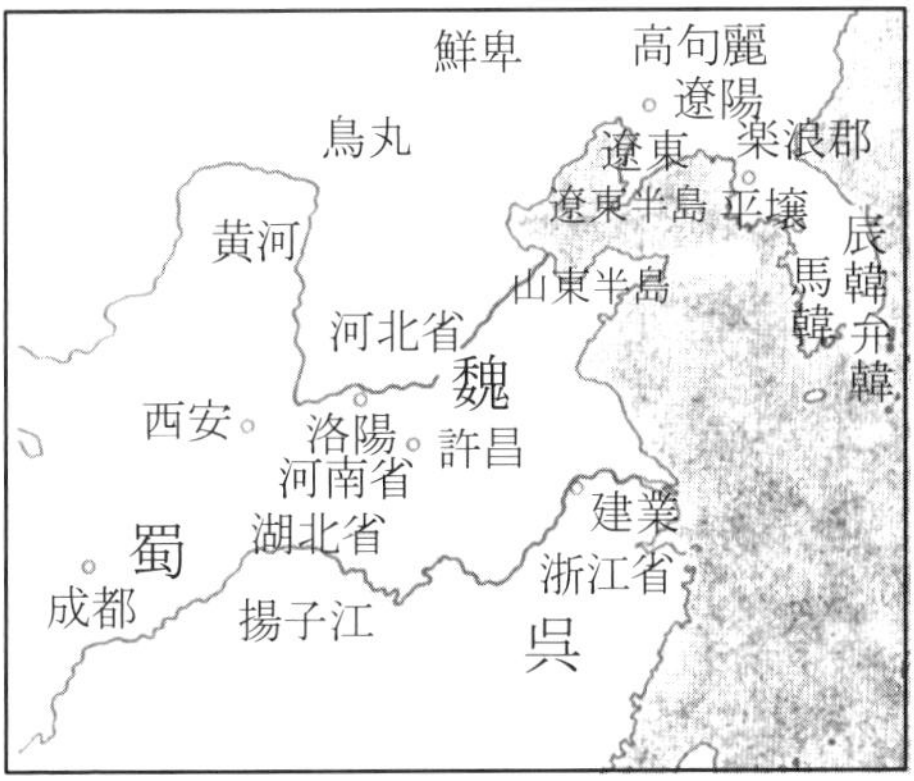

三国時代の中国

曹操は西暦208年に丞相に任ぜられ、西暦213年に献帝から魏公の称号を与えられた。更に、西暦216年には魏王に封じられた。

西暦220年に曹操が亡くなり、魏武王という諡を贈られた。その後、曹操の子の曹丕（ひ）が後を継ぎ西暦220年、曹丕が献帝より帝位を禅譲されて魏の初代の皇帝文帝となった。これにより魏が成立した。

西暦226年に文帝が崩御し、文帝の子の曹叡が即位して明帝となった。

公孫康の子の公孫淵は後漢末の混乱に乗じ、楽浪郡を勢力下に置いて遼東の独立を宣言した。

このため明帝は西暦238年1月、司馬懿（仲達）に公孫氏の討伐を命じた。

司馬懿は西暦238年、遼東の公孫氏を滅ぼした。

景初二年（西暦238年）六月、卑弥呼は大夫難升米等を帯方郡に派遣し魏の皇帝に拝謁して朝献することを求めた。そこで帯方太守の劉夏は役人に彼等を都の洛陽に送り届けさせた。

その年の12月、明帝は詔書を発して卑弥呼を親魏倭王に任じると共に、金印紫綬を下賜することにした。又、白絹五十匹、金八両、五尺刀二口、銅鏡百枚等を帯方太守に託して贈ることにした。しかし、魏の明帝は翌年の西暦239年正月一日急死した。皇帝が亡くなった年はそれまでの元号を使う決まりとなっておりこの年は景初三年である。喪が明けた翌年正始元年（西暦240年）帯方太守弓遵が建中校尉の梯儁等を倭国に派遣し倭王に拝謁して詔書印綬を下賜し、金帛、刀、鏡などを贈った。

司馬懿はその子の司馬師と共に西暦249年、対立していた曹爽を軟禁後処刑して権力を掌握した。司馬懿は西暦251年に亡くなり、権力はその子の司馬師に受け継がれた。司馬師も西暦255年に亡くなり、弟の司馬昭が権力を継承した。司馬昭は西暦262年に大軍で蜀を攻め、翌年の西暦263年に蜀を滅ぼした。

西暦265年に司馬昭が死去し、その子の司馬炎が後を継いだ。西暦265年、司馬炎に元帝が帝位を禅譲し、司馬炎は西晋の初代皇帝武帝となった。これにより西晋が成立した。

翌年の泰始二年（西暦266年）晋書に「倭人来りて方物を献ず」とあり、倭国が西晋に朝貢したことが記されている。日本書紀は注記にこの朝貢が倭女王によるとされていることから邪馬台国の台与によるものとしている。しかし、日本書紀は倭女王卑弥呼を神功皇后として記述しており、倭女王を卑弥呼と台与の二人に充てる日本書紀の記述は明らかに矛盾している。

西暦２７９年、司馬炎は呉に出兵し、翌年の西暦２８０年に呉を滅ぼした。これにより西晋による中国統一が達成され、三国時代は終結した。

良積遺跡と方格規矩鳥文鏡

朝倉市の平塚川添遺跡から西南に約３ｋｍ、筑後川の中流右岸の久留米市北野町に弥生時代の環濠集落跡である良積遺跡がある。良積遺跡からは約２００軒の竪穴式住居跡、２００基以上の井戸、約４０基の甕棺墓が発見されている。鎌や鋤などの鉄製の農具、斧、カンナ、ノミなどの鉄製の工具、管玉や勾玉などのほか、舶載の方格規矩鳥文鏡が出土している。

方格規矩鳥文鏡について史学研究会誌・史林に「河北省出土の魏晋鏡」と題する大阪大学教授福永伸哉氏らの論文がある。この論文の内容を示すと以下の通りである。

良積遺跡から出土した方格規矩鳥文鏡は直径１５・４センチで右回りで次の銘文がある。

○吾作明鏡甚独奇保子宜孫富無訾

この銘文は河北省易県燕下都から出土した直径１５・４センチの方格規矩鳥文鏡の銘文と同一である。良積遺跡出土の方格規矩鳥文鏡の銘文が中国河北省出土の方格規矩鳥文鏡の銘文と同一であることから良積遺跡出土の方格規矩鳥文鏡は河北省で作られたものと考えられる。

河北省は魏の曹操が初期の根拠地とした地域である。

福永伸哉氏らの論文によると鳥文鏡の鳥文は方格規矩四神鏡の朱雀像に由来し、魏の紀年鏡である青龍3年（西暦235年）銘方格規矩四神鏡や椿井大塚山古墳出土の方格規矩四神鏡の四神像の朱雀と共通するものである。

青龍3年銘の方格規矩四神鏡は京都府大田南5号墳、大阪府安満宮山古墳から出土している。いずれも直径17・4センチで、右回りに青龍三年に続く次の銘文がある。

○顔氏作鏡成文章　左龍右乕辟不詳　朱爵玄武順陰陽　八子九孫治中央　壽如金石宜侯王

椿井大塚山古墳からは方格規矩四神鏡一面と内行花文鏡二面、更に32面の船載の三角縁神獣鏡が出土している。これから方格規矩四神鏡や内行花文鏡の後に方格規矩四神鏡をモデルに三角縁神獣鏡が作られたと推定される。

方格規矩鳥文鏡は遼東半島の遼寧省遼陽市三道壕遺跡からも出土している。

遼寧省遼陽市三道壕遺跡出土の方格規矩鳥文鏡は直径16・8センチで次の銘文がある。

○吾作大竟真是好同出余州青宜明

遼寧省遼陽市三道壕遺跡出土の方格規矩鳥文鏡は2019年に開催された「三国志展」で展示された。方格規矩鳥文鏡が遼東半島の遼寧省から出土していることから、良積遺跡から出土した方格規矩鳥文鏡は河北省で作られ、三世紀の前半に公孫氏の支配する遼寧省、楽浪郡を経由して倭にもたらされたものと考えられる。

遼寧省遼陽三道壕から出土した方格規矩鳥文鏡の銘文「吾作大竟真是好　同出余州青且明」の「同出余州」は「銅出徐州」を略したものである。後漢の時代、銅の産出地は徐州（江蘇省）であった。

１５.４cmφ

良積遺跡出土
方格規矩鳥文鏡

（福永伸哉氏論文より転載）

１６.８cmφ

遼寧省遼陽出土
方格規矩鳥文鏡

（福永伸哉氏論文より転載）

方格規矩鳥文鏡は河北省易県燕下都（直径１５・４センチ）、撫寧県馬庄村（直径１５・８センチ）、撫寧県邴各庄（直径１３・４センチ）などからも出土している。（１３２頁図参照）

河北省からは魏の末期の紀年銘を持つ甘露四年（西暦２５９年）銘獣首鏡、甘露五年（西暦２６０年）銘獣首鏡が出土している。甘露四年、甘露五年銘鏡の銘文は次の通りである。

○甘露四年五月十日　右尚方師作竟青冝明位至三公□冝高官保子冝孫

○甘露五年二月四日　右尚方師作竟清冝明君冝高官位至三公保宜子孫

いずれも位至三公銘で、官営の工房で作られたことを意味する右尚方作である。

方格規矩鳥文鏡や魏の紀年鏡である青龍三年銘方格規矩四神鏡、甘露四年あるいは甘露五年銘獣首鏡は魏の領域である河北省で作られた魏鏡である。これらの鏡は長方形紐孔を有することに特徴があるとされている。

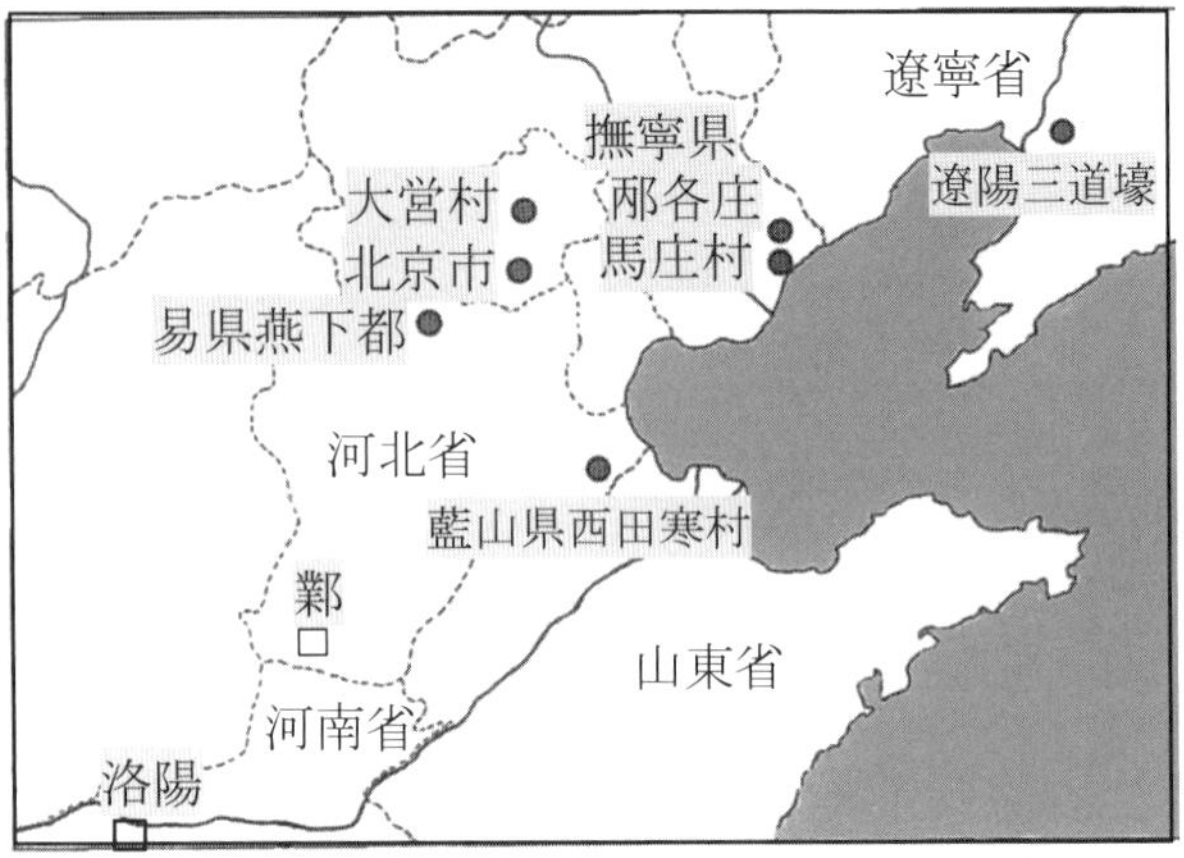

魏晋鏡出土地

（ 福永伸哉氏論文「河北省出土の魏晋鏡」から転載 ）

１５.４ｃｍϕ
易県燕下都出土
方格規矩鳥文鏡

１３.４ｃｍϕ
撫寧県酈各庄出土
方格規矩鳥文鏡

（ 福永伸哉氏論文「河北省出土の魏晋鏡」から転載 ）

河北省易県燕下都から出土した方格規矩鳥文鏡の銘文は静岡県磐田市の松林山古墳から出土した三角縁二神二獣鏡の銘文と同一であることが福永伸哉氏らにより指摘されている。

○吾作明竟甚獨奇　保子宜孫富無訾

三角縁神獣鏡は魏鏡の特徴である長方形の紐孔を有している。このことから、三角縁神獣鏡は方格規矩四神鏡をモデルに魏の領域で作られたものと推測される。

倭は2世紀末まで倭の大乱が続いた。又、中国では2世紀末の黄巾の乱や3世紀前半の後漢の混乱が続いた。更に3世紀前半公孫氏は魏の支配下にあったが、一方で呉の孫権と同盟を結んでいた。このため倭は河北省など魏で作られた方格規矩鳥文鏡や呉の領域で作られた画文帯神獣鏡を公孫氏の支配する楽浪郡を経由して入手したものと考えられる。

方格規矩鳥文鏡は小郡市津古の津古生掛古墳からも出土している。津古生掛古墳は全長約33m、後円部径約29mで、周濠があり、後円部径に対する全長の比が1・14の円形周溝墓で、3世紀初めの築造と考えられる。

方格規矩鳥文鏡は後漢の2世紀末から3世紀初めに作られたものと考えられ、これより久留米市北野町の良積遺跡は3世紀初めから3世紀中頃の遺跡と考えられる。

久留米市北野町の良積遺跡のすぐ近くに赤司八幡神社がある。延喜式神名帳の筑後国三井郡「豊比咩神社」に比定される神社である。赤司八幡神社は初め、筑紫中津宮と呼ばれていたが、その後「豊比咩神社」になったと伝えられている。

神代の昔天照大御神が比咩三女神を筑紫平野の中心地、筑後川中流域の簗中に降居されたのが始まりとされている。日本書紀上巻には、ある書に曰くとして次の説話が記載されている。

素戔嗚尊が根の国に行く前に姉の天照大御神に会いたいといって高天原にやって来た。天照大御神は素戔嗚尊が高天原を奪いにやって来たと疑って契約（うけい）をすることになった。

天照大御神は男のように身支度をして十握剣（トツカノツルギ）、九握剣（ココノツカノツルギ）、八握剣（ヤツカノツルギ）を身に着けて素戔嗚尊と対峙した。

天照大御神が腰の十握剣を噛んで生まれたのが瀛津嶋姫（オキツシマヒメ）、九握剣を噛んで生まれたのが端津姫（タギツヒメ）、八握剣を噛んで生まれたのが田心姫（タゴリヒメ）である。

天照大御神は生まれた三女神を筑紫に降臨させ、次のように言われた。
○「汝三神　宜降居道中　奉助天孫而為天孫所祭也」
・「汝三神は天より降臨して天孫を助けなさい　そして天孫によって祀られなさい」
赤司八幡宮は筑後川の中流域にあり筑紫の中央に位置する。三女神が筑中に降臨したとされることから赤司八幡宮は「筑紫中津宮」と呼ばれた。

日本書紀本文には、天照大御神が素戔嗚尊の十握剣（トツカノツルギ）を取って、三段に折り、噛んで生まれたのが田心姫（タゴリヒメ）、端津姫（タギツヒメ）、市杵嶋姫（イチキシマヒメ）の三女神で、十握剣は素戔嗚尊の物であるから三女神は素戔嗚尊の子で、これすなわち、筑紫の胸肩（宗像）の君らが祭れる神なりとされている。

西暦８８２年、筑後国司が暗殺される事件が起こり、調査のため藤原良積が派遣されたことが記録されている。良積遺跡の名はその藤原良積の名に由来している。又、日本書紀応神天皇紀に

「生於筑紫之蚊田」とあり、応神天皇が筑紫の蚊田で生まれたとされている。筑紫の蚊田は和名抄に記載された筑後国御井郡賀駄郷で、現在の久留米市北野町稲数に比定されている。これより古代には久留米市北野町付近が中心地であったと推測される。

福岡県筑前町（旧三輪町）に大己貴（おゝなむち）神社がある。古くは大神（おおみわ）神社と呼ばれ、我が国で最も古い神社の一つと伝えられる。祭神はおゝなむち命（大国主命）である。

神功皇后が新羅征伐にあたって兵を集めたがなかなか集まらないため大三輪社を建てゝ刀と矛を祀ったところ軍勢が整って船出したと伝えられる。

良積遺跡からは鉄製の鏃が出土している。又、久留米市の水分遺跡からは骨製の鏃が出土している。これは竹の矢に鉄の鏃或いは骨の鏃を用いると記された倭人伝の記述と一致する。

古代には吉野ケ里遺跡のすぐ近くまで海が迫っていたことが神崎の地名から窺がえる。和名抄には神崎は加無佐木とあり、神はカムで狗奴国は吉野ケ里遺跡のある神崎付近と推定される。

鳥栖市を流れる安良川が宝満川へ注ぎ、宝満川が筑後川に合流して有明海に注いでいる。従ってここが邪馬台国と狗奴国との境界であり、安良川及びその下流の筑後川の左岸が邪馬台国で、筑後川河口の右岸が狗奴国であったと思われる。

佐賀県神崎市に櫛田宮という神社があり神崎発祥の地とされている。社伝によれば景行天皇が巡幸された時、不幸が続き人々が苦しんでいると聞き櫛田宮を建てゝ神を祀り鎮めたのが始まりとされている。その後は災いがなくなったことからこの地を神幸（かむさき）と称し、これが神崎の地名の由来となっている。櫛田宮の祭神は素戔鳴尊である。

祇園山古墳と焼ノ峠古墳

福岡県久留米市御井町に標高３１２ｍの高良山がある。東には耳納連山が連なっており北側の筑後川流域が旧山本郡である。高良山は耳納連山の西の端にあり、その麓に祇園山古墳がある。

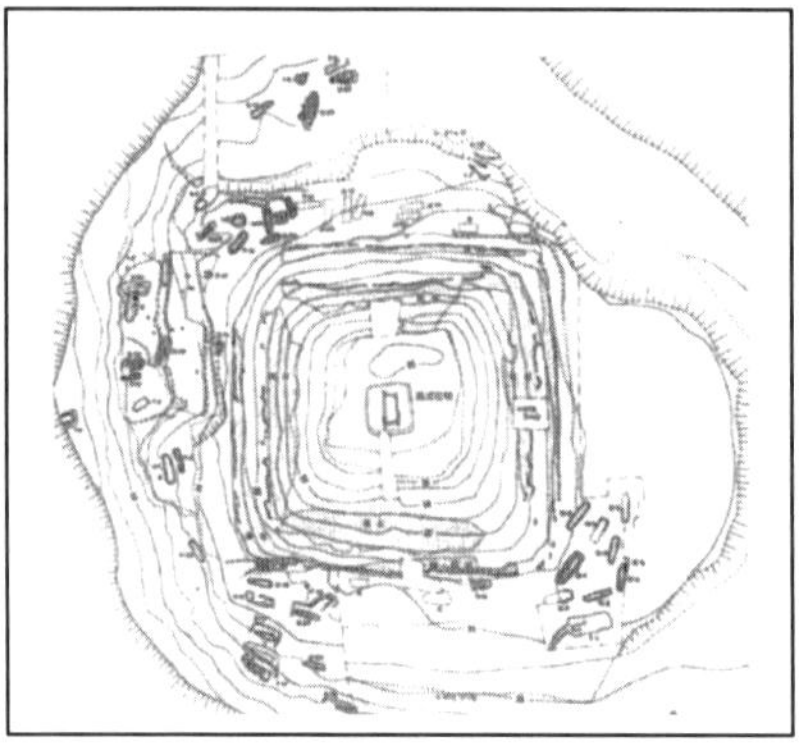

祇園山古墳墳丘図

発掘当時の祇園山古墳

高良大社は古くは高良玉垂宮と呼ばれ延喜式神名帳に筑後国一の宮とされている。祭神は高良玉垂命、八幡大神、住吉大神となっている。

祇園山古墳は一辺が約２４ｍ、高さが約６ｍの方形台状墳（方墳）である。墳頂部は平坦で、一辺が約１０ｍの正方形となっている。楽浪郡の平壌石厳里古墳は一辺が約３０ｍの方形台状墳で、墳丘形状が類似している。

祇園山古墳の墳頂部の平坦中央に、長さ約２ｍ、幅９０センチ、深さ９０センチの箱式石棺がある。すでに盗掘されており副葬品は発見されていないが、高良大社に祇園山古墳出土と伝えられる直径２２・１センチの「天王日月」銘の方格獣文帯鏡がある。

天王日月銘の方格獣文帯鏡は福岡県筑紫野市の原口古墳から出土している。原口古墳は全長約７３ｍ、後円部径約５６ｍ、後円部径に対する全長の比が１・３０の帆立貝式前方後円墳である。この古墳から直径２１・９センチの方格獣文帯鏡が出土している。

「天王日月」の銘文は浙江省出土の延憙二年（西暦１５９年）銘画文帯神獣鏡に見られるものである。延憙二年五月丙午日天大述の後に次の銘文がある。

○廣漢西蜀造作明竟　幽湅三商　天王日月　位至三公　長楽未英　吉且羊

銘文の「廣漢西蜀造作」はこの鏡が揚子江流域の廣漢西蜀で作られたことを意味している。

「天王日月」銘のある熹平紀年銘半円方形帯神獣鏡が湖北省鄂州市から出土している。

○熹平七年正月廿五日丙午　□氏作尚方明竟　幽湅三商　天王日月　上有□富且昌　長楽未央

尚、熹平七年は西暦１７８年である。

祇園山古墳の墳丘外周からは石蓋土壙墓32基、竪穴式石室13基、箱式石棺7基、甕棺墓3基、その他構造不明のもの7基など66人の埋葬が確認されている。

多くの墳墓が墳丘外周にあり、ほゞ同時期の埋葬と推定されることから祇園山古墳は殉葬墳と考えられている。外周の墓から鉄剣や鉄鏃など鉄製の武器や鎌や鍬などの鉄製の農具が出土している。

墳丘外周の甕棺墓からは成人女性の人骨や後漢鏡である半円方格獣帯鏡が出土している。

この鏡の銘文は次のようなものである。

○吾作明□　幽湅三商　周□無□　配彊□□　□□番昌

この鏡の銘文は次に示す福岡市姪浜の五島山古墳から出土した斜縁二神二獣鏡の銘文と類似している。

○吾作明竟　幽湅三商　曾年益寿　子孫番昌

湖北省と浙江省から出土した建安十年（西暦205年）銘画文帯神獣鏡の銘文もこれらと類似したものである。

○吾作明竟　幽宮湅商　周羅容衆　五帝天皇　白牙単琴　黄帝除凶
　朱鳥玄武　白虎青龍　君宜高官　位至三公　子孫番昌　建安十年

従って祇園山古墳は紀元2世紀末から紀元3世紀初めに築造されたものと考えられる。祇園山古墳が多数の殉葬者を伴ったものであることから被葬者が強大な権力を有する王であり、ここが王国であったことが推察される。

福岡県筑前町に焼ノ峠古墳がある。この古墳は全長約４０ｍで、後方部は一辺約２４ｍ、高さ約５ｍ、前方部長さは約１７ｍで、幅約１２ｍ、高さ２ｍの前方後方墳である。前方部は一段、後方部は二段になっている。

焼ノ峠古墳は標高５６ｍの周辺が見渡せる小高い丘の上にあり、後方部の周りに巡らされた周溝部から祭祀用の土器が出土していることから、祭祀が行われたのではないかと思われる。

焼ノ峠古墳は３世紀頃の築造と考えられる。

焼ノ峠古墳の後方墳は一辺が２４ｍ、高さ約５ｍの台状方形である。又、祇園山古墳は一辺約２４ｍ、高さ約６ｍの方形台状墳（方墳）である。従って祇園山古墳と焼ノ峠古墳の後方墳の形状は同一である。

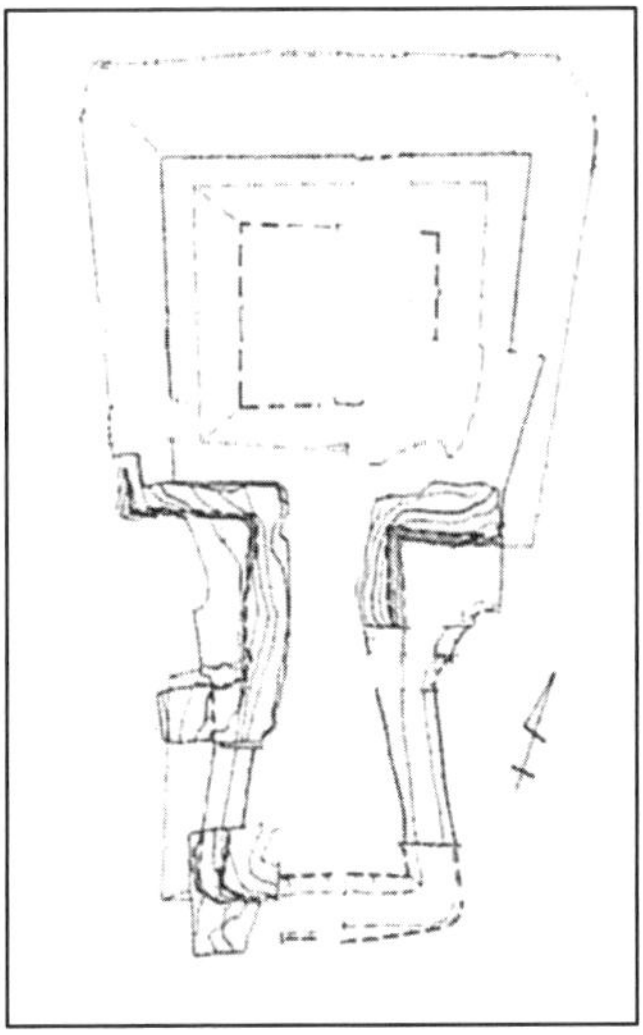

焼ノ峠古墳墳丘図
（ 筑前町教育委員会 ）

卑弥呼、台与の魏への遣使朝貢

魏志倭人伝には卑弥呼の魏への遣使朝貢について次のように記されている。

・景初二年六月、倭の女王、大夫難升米等を遣して郡に詣らしめ、天子に詣りて朝献せんことを求む。太守劉夏、吏を遣し将いて送りて京都に詣らしむ

其の年の十二月、詔書して倭の女王に報じて曰く、親魏倭王卑弥呼に制詔す帯方太守劉夏、使を遣して汝が大夫難升米・次使都市牛利を送り汝が献ずる所の男生口四人・女生口六人・班布二匹二丈を奉じて以って到らしむ

・汝が在る所踰かに遠きも、及ち使いを遣使して貢献す 是れ汝の忠孝、我甚だ汝を哀しむ今汝を以って親魏倭王と為し、金印紫綬を仮し装封して帯方太守に付して仮授せしむ

・又、特に汝に紺地句文錦三匹・白絹五十匹・金八両・五尺刀二口・銅鏡百枚・真珠・鉛丹各々五十斤を賜い、皆装封して難升米・牛利に付す 還り到りて録受し、悉く以って汝が国中の人に示し、国家の汝を哀しむを知らしむべし 故に鄭重に汝に好物を賜うなり

曹操は西暦216年に魏王となり、西暦220年に亡くなった。曹操の死後、西暦220年、その子の曹丕が後漢の献帝より帝位の禅譲を受けて魏の初代皇帝文帝となった。文帝は西暦226年に亡くなり、その子の曹叡が即位して明帝となった。景初二年は西暦238年である。明帝は西暦238年一月、司馬懿に遼東半島と楽浪郡を支配していた公孫氏の討伐を命じた。

司馬懿は西暦238年一月4万の大軍を率いて遼東に出発した。一方、別動隊を楽浪郡、帯方郡に送り、これを解放した。そのような状況下で六月に難升米等が帯方郡に到着した。帯方太守劉夏は吏を遣わして卑弥呼の使い大夫難升米等と男生口四人、女生口六人、班布二匹二丈を都の洛陽に送り到らしめた。公孫淵は遼東半島の襄平城に立てこもったが司馬懿は楽浪、帯方を平定したのを見届けて攻撃を開始し、八月に襄平城を落城させて公孫淵の首を都の洛陽に送り届けたと伝えられている。

使者難升米等は洛陽に到り、明帝（曹叡）は詔勅を発して「汝が住んでいる所は遠いのに使者を派遣し貢ぎ献じるのは汝の忠孝のあらわれである　今汝を以って親魏倭王と為し、金印紫綬を仮し装封して帯方太守に付して仮授せしむ」とし、卑弥呼は魏から親魏倭王の称号と金印を仮授した。又、使者の難升米を率善中郎将、牛利を率善校尉とし、銀印青授を与えた。

「今絳地交龍錦五匹、絳地縐粟罽十張、倩絳五十匹、紺青五十匹を以って汝が献じた貢に応え、特に汝に紺地句文錦三匹・白絹五十匹・金八両・五尺刀二口・銅鏡百枚・真珠・鉛丹各々五十斤を下賜し、皆装封して難升米・牛利に付す」とあり、難升米、牛利等に託し還り到りて卑弥呼に届けさせることにした。明帝は年末に病に伏し、景初三年（西暦239年）正月一日に急死した。明帝の後、明帝に跡継ぎがなかったので曹操の孫の曹芳が即位して第3代皇帝少帝となった。

翌年正始元年（西暦240年）帯方太守弓遵は建中校尉梯儁等を派遣し、詔書、印綬を持って倭国に詣で、これを倭王に授けた。又、金、帛、錦、罽、刀、鏡、采物などを下賜した。

正始四年（西暦243年）に卑弥呼は再び大夫伊聲耆、掖邪狗等八人を派遣し、生口、倭錦、絳青、縑緜衣、帛布、丹、木拊弓、矢を献じた。使者の掖邪狗等は率善中郎将に任ぜられ印綬を賜った。魏書少帝紀には「正始四年冬十二月、倭國女王俾彌呼遣使奉献」と記されている。

倭人伝には「其四年 倭王復遣使大夫伊聲者 掖邪狗等八人 上献生口 倭錦 絳青縑 緜衣 帛布 丹 木拊弓 矢 掖邪狗等壹拝卒善中郎将印綬」と記されている。

堀口清視氏の「正始四年における倭王の遣使と「壹拝」について」によると、古代の中国語の発音は漢字の旁（つくり）に基づいており、壹拝の壹の旁は豆で、壹の発音はこれと旁が同じ答で、「答拝」となるとされている。すなわち、壹はト又はトゥと発音されるということである。又、「答拝す」とは、少帝（曹芳）が朝堂を降りて直々に大夫伊聲耆、掖邪狗等に卒善中郎将の印綬を下賜し、彼らの労をねぎらったものと解釈される。

正始六年、魏は詔書を発し、倭の難升米に黄幢を与えることにし、これを帯方郡に託した。

正始八年（西暦２４７年）、帯方郡太守王頎が着任した。倭女王卑弥呼は載斯烏越等を帯方郡に派遣して狗奴国との戦いの状況を説明させた。帯方太守王頎は張政等を派遣して、先の詔書と黄幢を難升米に授けた。又、檄文を為しこれを告喩した。

この後卑弥呼が亡くなり、再び男王を立てるも国中服さず、卑弥呼の宗女壹與年十三なるを王と為し、遂に国中定まるという記事がみられる。これより台与共立の年は西暦２４９年頃と推定される。

倭人伝には「壹與遣使大夫卒善中郎将掖拘等二十人 送政等還 因賜臺献上・・」とあり、台与が使いを遣わして張政等の還るを送らしむと記されている。張政等が正始八年に倭に派遣され、張政等の倭での滞在期間を一年ないし二年と考えるとこの記述は西暦250年頃のことゝ推測される。この後、倭奴国と邪馬台国を中心とする勢力は卑弥呼の銅鏡百枚や八咫鏡などを持って畿内大和に東遷して前期ヤマト王権を築いたものと推定される。

日本書紀には吉備の高島宮に3年間滞在し、船舶や武器の準備、兵糧の備蓄などを行ったと記されている。高島宮は岡山市南区宮浦の高島神社に比定されている。ここから北に約12kmのところに備前車塚古墳がある。この古墳は前方後方墳で、全長約48m、後方部の長さ約26m、高さ約4m、前方部の長さ約22mである。竪穴式石室から三角縁神獣鏡9面、内行花文鏡、鉄斧、鉄剣、鉄刀、鉄鉾、鉄鏃などが出土している。出土した三角縁神獣鏡の内、数面は椿井大塚山古墳や佐味田宝塚古墳出土鏡と銘文が同一である。

司馬懿は蜀への出兵などをめぐって曹爽と対立し、西暦249年に曹爽を軟禁し、投獄した後処刑して権力を手中にした。西暦251年に司馬懿が亡くなり権力はその子の司馬師に受け継がれた。その司馬師も西暦255年に亡くなり司馬師の弟の司馬昭が権力を継承した。蜀は徐々に国力が衰え国が乱れた。司馬昭は西暦263年に蜀を滅ぼした。

晋書倭人の条には「宣帝の公孫氏を平らぐるやその女王遣使し、郡に至りて朝見せり 其の後朝貢の絶えることとなし、文帝の相に及ぶに又数至る 泰始の初め遣使し、訳を重ねて入貢せり」とある。ここで、宣帝は司馬懿の諡号で司馬懿のことである。又、文帝とは司馬懿の子の司馬昭である。司馬昭が丞相であったのは西暦258年から西暦265年までの7年間であり、この間に倭が魏に何度か遣使朝貢したことが記されている。

北史倭国伝、梁書倭国伝には「正始中卑弥呼死　更立男王国中不服　更相誅殺　復立卑弥呼宗女臺與為王　其後復立男王　竝受中國爵命」と記されている。すなわち卑弥呼の死後、卑弥呼の宗女台与を立てて王と為した。その後再び男王を立て、中国の爵位を受けたと記されている。

邪馬台国の台与共立の後、畿内の前期ヤマト王権で男王が立ち、中国の爵位を受けたとされていることから、魏への遣使朝貢をしたことが記されている。すなわち3世紀後半の魏への朝貢は畿内の前期ヤマト政権によるものと解釈される。

司馬昭が西暦265年に亡くなり、その子の司馬炎に魏の元帝が帝位を禅譲して司馬炎が西晋の初代皇帝武帝となった。司馬炎は泰始元年冬十二月、壇を南郊に設け、柴を焚き上帝に即位の報告を行った。又、晋書武帝紀に翌年の泰始二年（西暦266年）冬十一月「倭人来りて方物を献ず」とあり、倭が西晋に朝献したことが記されている。これは西晋の武帝の即位を祝うための遣使朝貢であったと思われる。

日本書紀神功紀66年の条に、晋起居注の「武帝泰初二年十月、倭女王遣重譯貢献」という記載を引用して、この泰始二年の西晋への朝貢は邪馬台国の台与によるものとされている。しかし、日本書紀は卑弥呼を神功皇后として描いており、神功紀66年に記載された倭女王を台与とすることは明らかな矛盾である。従って泰始二年の西晋への朝貢は台与によるものではなく、畿内の前期ヤマト政権によるものと思われる。

西暦250年頃、邪馬台国と倭奴国が畿内に東遷し、男王が立ち、その前期ヤマト政権の男王が泰始二年西晋への朝貢を行ったものと解釈される。

大善寺玉垂宮と御塚古墳

倭人伝には邪馬台国は戸数七万余戸とされている。一戸を４人とすると邪馬台国の人口は約２８万人となる。従って、邪馬台国は稲作によりこの人口に見合った食糧の確保が可能な大きな河川の流域の広い平野部にあったと推測される。

邪馬台国は宝満川や筑後川流域の筑紫・筑後平野に比定される。その領域は筑紫野市、筑前町、基山町、朝倉市、大刀洗町、小郡市、鳥栖市、久留米市、八女市など筑紫・筑後平野全域である。

久留米市の耳納連山の西の端に高良大社がありその西に大善寺玉垂宮がある。大善寺玉垂宮の主祭神は玉垂命で神功皇后の三韓征伐に大功があったとされている。

筑後国神名帳には玉垂媛神とあり女神とされている。大善寺玉垂宮の創建時、主祭神は豊比咩命であった。豊比咩命は最初久留米市北野町の赤司八幡神社に祭られていたが、その後は大善寺玉垂宮に祭られている。

大善寺玉垂宮の東北東に高良山があり西北西に天山がある。夏至の日には高良山から日が昇り天山に日が沈む、又、大善寺玉垂宮の東には明星山があり、春分、秋分の日には明星山から日が昇る。大善寺玉垂宮の東南東には釈迦岳があり、冬至の日には釈迦岳から日が昇る。

大善寺玉垂宮には一月七日の夜に大松明を燃やして邪鬼を払う鬼夜と呼ばれる火祭りの行事がある。これは御塚古墳の被葬者を祀る祭祀の名残りではないかと思われる。

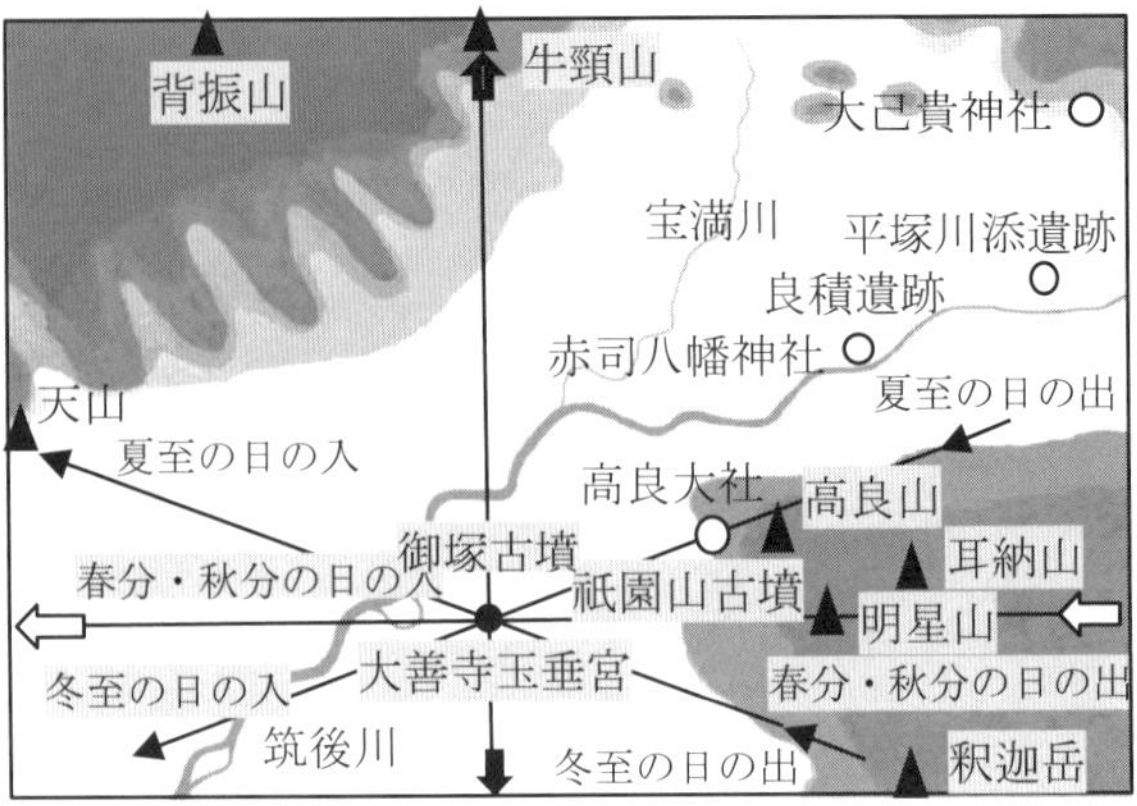

大善寺玉垂宮を中心とする邪馬台国

大善寺玉垂宮の北東に、平塚川添遺跡や久留米市北野町の良積遺跡がある。又、大善寺玉垂宮のすぐ近くに御塚古墳と権現塚古墳がある。

この位置には特別な意味があり、ここが御塚古墳の被葬者を埋葬するのに 相応しいところであったものと思われる。御塚古墳は全長７６ｍ、後円部径６７ｍで内壕の外に二重の空壕があり、外堤外径は１２３ｍにおよぶ巨大なものである。この古墳は円形周溝墓と呼ぶのが相応しいと思われる。

御塚古墳と権現塚古墳
(国土地理院空中写真)

正始八年（西暦２４７年）に卑弥呼が亡くなり、倭人伝には「大いに冢を作る径百余歩、殉葬する者奴婢百余人」と記されている。

御塚古墳は全長約７６ｍ、後円部径約６７ｍで、後円部径に対する全長の比が１・13の殆ど円墳に近い古墳である。外側に三重の濠が巡っており、古墳の外径は１２３ｍに達する。

円墳の外周に殉葬者を約３ｍの間隔で埋葬すると仮定すると、外周の長さは約３００ｍとなり円墳の直径は約１００ｍとなる。即ち倭人伝に記された「径百余歩」は殉葬する者奴婢百余人に対応するものである。

一尺は２３・１センチで一歩は6尺、一歩は１３８・6センチである。従って径百余歩は直径約１４０ｍとなる。御塚古墳は外径がこれに近く、卑弥呼の墓ではないかと考えられる。

小郡市の津古生掛古墳は全長３３ｍ、後円部径２９ｍ、後円部径に対する全長の比は１・１４で周濠があり、御塚古墳と津古生掛古墳とは類似した形状の円形周溝墓である。

津古生掛古墳には幅約６ｍの周濠があり、周辺に6基の方形周溝墓や3基の木棺墓などの存在が確認されている。津古生掛古墳からは直径１３・９センチの方格規矩鳥文鏡が出土しており、紀元３世紀初めの築造と判断される。

御塚古墳とこれに隣接する権現塚古墳は、筑後の豪族水沼（みぬま）の君の墓とされており、5世紀後半から6世紀前半の築造とされている。しかし、5世紀から6世紀にかけて築造される古墳は前方後円墳であり、円形周溝墓である御塚古墳や権現塚古墳はこれよりもっと早い時期に築造されたものと推定される。

御塚古墳は 大正時代に大規模な修復が行われており、築造当時の状態を知ることは現在では困難である。

御塚古墳に接して権現塚古墳がある。権現塚古墳は直径約５１ｍ、高さ９ｍの円墳で、直径は御塚古墳より小さいが、二重の外濠とその外側に空濠を伴い、外径は約１５２ｍの巨大な円墳である。権現塚古墳も円形周溝墓と呼ぶのが相応しいと思われる。

御塚古墳

大善寺玉垂宮

紀元４世紀前期ヤマト王権

畿内の弥生遺跡

奈良県の磯城郡田原本町に大規模環濠集落跡の唐古・鍵遺跡がある。面積約４０ヘクタールの多重環濠集落跡で内側に幅約８ｍの環濠があり外側に幅４～５ｍの環濠が４～５重に巡らされていた。このような多重環濠集落は朝倉市の平塚川添遺跡と類似している。唐古・鍵遺跡は楼閣の絵が描かれた土器の破片が出土したことで知られている。唐古・鍵遺跡からは弥生式土器や鍬や鋤などの木製農具が多数出土している。又、井戸や木棺墓、方形周溝墓などが確認されている。

倭人伝には正始八年（西暦２４７年）卑弥呼が使者を帯方郡に派遣して狗奴国との戦いの状況を報告させた。帯方太守王頎は張政等を派遣して詔書、黄幢を難升米に授けた。又、檄文を為しこれを告諭した。その後卑弥呼が死に大いに塚を作る 径百余歩、殉葬する者奴婢百余人、再び男王を立てるも国中服さず、相誅殺し千余人を殺す激しい戦いがあり、卑弥呼の宗女台与年十三なるを王と為し遂に国中定まるという記事がみられる。

又、台与が卒善中郎将掖邪拘等二十人を遣わし張政等を送らしむ 更に、臺に至りて男女生口三十人、白珠五千孔などを献じたことが記されている。使者の張政等が倭に滞在したのは一年～二年と推定されることから、この記事は西暦２５０年頃のことと推定される。

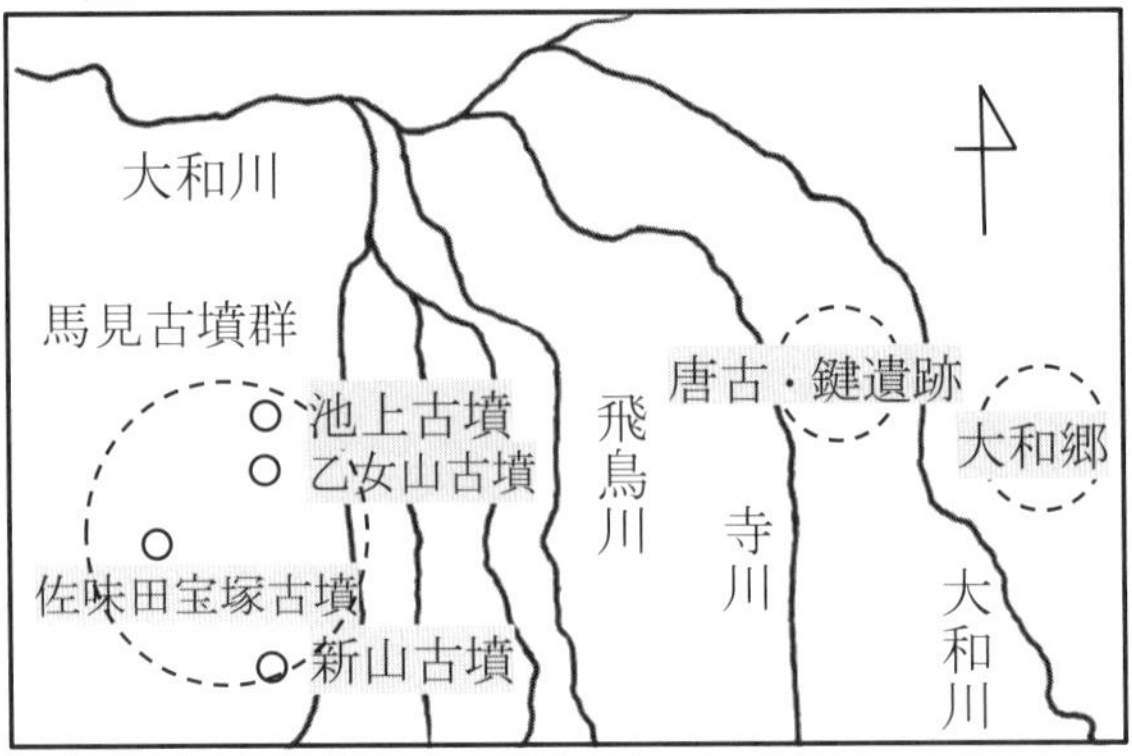

唐古・鍵遺跡と馬見古墳群

和名抄に 畿内に大和郷があったことが記されている。大和郷は唐古・鍵遺跡のすぐ東の大和川右岸、現在の奈良県天理市の海知町に比定されている。

3世紀の中頃、北部九州の倭奴国と邪馬台国を中心とする勢力は、大和川を遡った海知町付近に東遷したものと考えられる。

南から北に寺川や大和川が流れる地形は 糸島や北部九州に類似している。

この近くには 馬見古墳群や大和古墳群があり多くの前期古墳がある。

馬見古墳群の 新山古墳や佐味田宝塚古墳から多くの舶載の三角縁神獣鏡が出土している。

これらの舶載の三角縁神獣鏡が 景初二年の魏への遣使朝貢で卑弥呼へ贈られた 銅鏡百枚と推定される。

これらの銅鏡は 畿内に東遷した倭奴国や邪馬台国によりもたらされたものと考えられる。

畿内の前期古墳

唐古・鍵遺跡の西、約５ｋｍの所に馬見古墳群がある。又、唐古・鍵遺跡の東には大和古墳群や柳本古墳群がある。畿内に東遷した倭奴国や邪馬台国の有力者はこれらの古墳に埋葬されたと推定される。馬見古墳群の乙女山古墳や池上古墳は円墳に近い帆立貝式前方後円墳である。又、新山古墳は全長約１３７ｍ、後方部幅６７ｍ、前方部幅６６ｍ、高さ１０ｍの前方後方墳である。これらの古墳は４世紀初めの築造と考えられている。

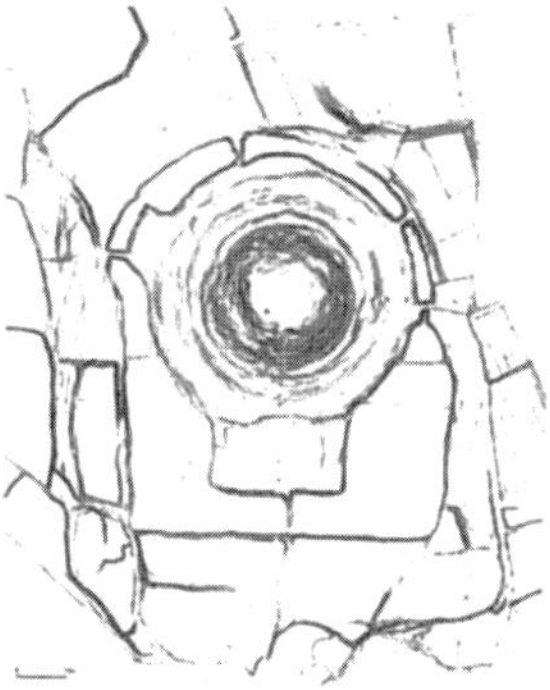

乙女山古墳
（全長１３０ｍ）

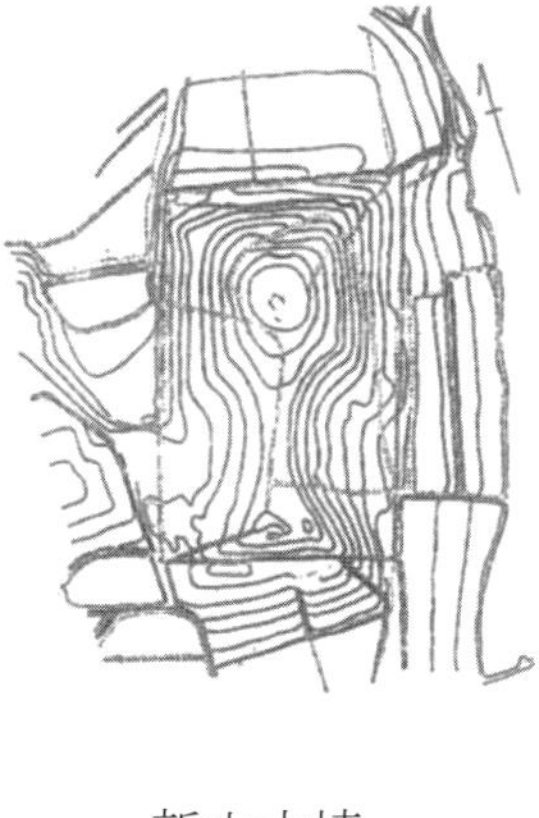

新山古墳
（全長１３７ｍ）
広陵町教育委員会

畿内の前期古墳

馬見古墳群の新山古墳からは直径16・2センチの内行花文鏡、直径24・9センチの流雲紋縁方格規矩鏡、直径20・5センチの獣文縁方格規矩鏡、直径22・1センチの天王日月獣文帯鏡など34面の銅鏡が出土している。この内9面が舶載の三角縁神獣鏡である。

新山古墳出土の三角縁神獣鏡の種類と銘文は次の通りである。

○尚方作二神二獣鏡
尚方作甚佳且好　明而日月世少有
刻治分守悉皆右　長保二親宜孫氏
富至三公利古市　告后世
○吾作三神五獣鏡
吾作明竟甚大好　上有神守及龍虎　身有文章
□銜巨　古有聖人東王父西王母
渴飲玉泆　五男二女　長相保吉昌
○獣文帯三神三獣鏡
○天王日月獣文帯四神四獣鏡

畿内の前期古墳

（全長 L　後円部径 D　前方部長さ L_d　単位 m）

古墳群	古 墳	全長	後円部径	前方部長さ	L/D	築 造
纏向	ホケノ山	80	60	帆立貝式	1.33	3世紀後半
馬見	佐味田宝塚	112	60	52	1.87	3世紀末
京都府	椿井大塚山	190	110	80	1.73	〃
柳本	大和天神山	103	56	47	1.84	4世紀初め
〃	柳本大塚	94	54	40	1.74	〃
大和	下池山	120	60	前方後方墳	2.00	〃
馬見	新山	137	67	〃	2.04	4世紀後半
〃	乙女山	130	104	帆立貝式	1.25	〃
〃	池上	92	80	〃	1.15	〃
奈良県	椿井茶臼山	207	110	柄鏡式	1.88	〃
大和	黒塚	130	72	58	1.80	〃

馬見古墳群の佐味田宝塚古墳は全長約１１２ｍ、後円部径約６０ｍの前方後円墳で３世紀末の築造とされている。この古墳からは流雲文縁方格規矩鏡、１０面以上の船載の三角縁神獣鏡など３６面の銅鏡が出土している。この内、注目されるのは三角縁神獣車馬画像鏡と呼ばれるもので神仙や神獣のほかに神仙の乗り物と思われる二輪馬車が描かれている。直径は２２・９センチで尚方作の次の銘文がある。

○尚方作鏡真大好　上有仙人不知老

馬見古墳群の新山古墳や佐味田宝塚古墳から出土した三角縁神獣鏡の銘文には官営の工房で作られたことを意味する尚方作が含まれており、すべて船載の三角縁神獣鏡である。

京都府の木津川市に椿井大塚山古墳がある。唐古・鍵遺跡から北に約２０ｋｍの淀川上流の木津川の右岸にあり、丹波丹後を経て日本海へ抜けるルート上にあり、木津川を下って瀬戸内海に至るルート上にもある。

椿井大塚山古墳は前方部がかなり削られ、後円部に鉄道が敷設されたことなどにより、墳丘の原形を復元することが困難な状況にあった。

京都府山城町教育委員会による発掘調査が実施され、椿井大塚山古墳は全長約１９０ｍ、後円部径約１１０ｍ、前方部の長さ約８０ｍの前方後円墳であることが確認された。

後円部径に対する全長の比は１・７３であり、箸墓古墳と類似した形状である。

この古墳からは多数の鉄剣や鉄刀、鉄矛、鉄鏃などのほか、方格規矩四神鏡１面、内行花文鏡２面、画文帯神獣鏡１面、船載三角縁神獣鏡３２面が出土した。

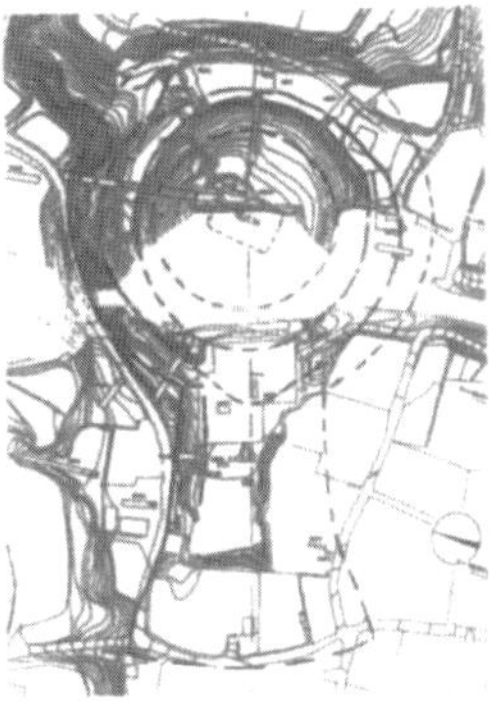

椿井大塚山古墳墳丘復元図
（京都府教育委員会）
（全長１９０ｍ）

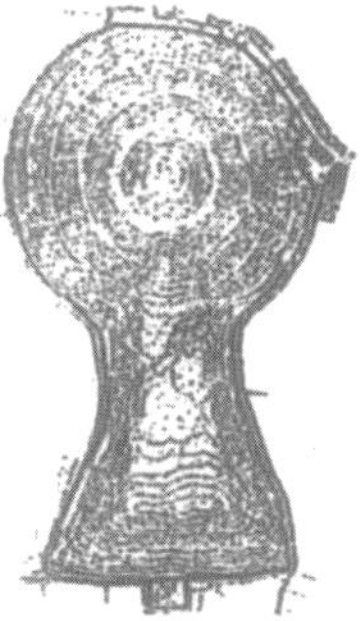

箸墓古墳
（全長２７８ｍ）

椿井大塚山古墳から出土した３２面の舶載の三角縁神獣鏡の種類と銘文は次の通りである。

○吾作四神四獣鏡
吾作明竟甚大好　上有神守及龍虎　身有文章□銜巨　古有聖人東王父西王母　渇飲玉泉

○吾作徐州銘四神四獣鏡
吾作明竟　幽律三剛　銅出徐州　彫鏤文章　配徳君子　清而且明　左龍右虎　傳世右名
取者大吉　保子宜孫

○陳氏作四神二獣鏡
陳氏作竟甚大好、上有王父母、左有倉龍右白虎、宜遠道相保

○陳氏作神獣車馬鏡
陳氏作竟大好　上有仙人不知老　君宜高官　保子宜孫　壽如金石

馬見古墳群の佐味田宝塚古墳や京都府木津川市の椿井大塚山古墳は3世紀後半の築造と推定され、畿内で最初に築造された前方後円墳と考えられる。

大和古墳群の黒塚古墳は画文帯神獣鏡1面と33面の三角縁神獣鏡が出土したことで知られている。全長約130m、後円部径約72mの前方後円墳で、未盗掘で埋葬当時のままの状態で多数の三角縁神獣鏡が出土した。後円部に長さ約8mの竪穴式石室があり、木棺の中の被葬者の頭側に画文帯神獣鏡1面、両側に刀剣が副葬されていた。更に棺外の木棺のまわりに鏡を内側に向けて被葬者を取り囲むようにして33面の三角縁神獣鏡が並べられていた。これは鏡を死後の世界で被葬者を守るための呪具として剣と一緒に副葬する道教の思想によるものである。

黒塚古墳出土三角縁神獣鏡は椿井大塚山古墳出土の三角縁神獣鏡と類似したもので吾作四神四獣鏡や天王日月獣文帯四神四獣鏡などである。

新山古墳、佐味田宝塚古墳、椿井大塚山古墳、黒塚古墳出土三角縁神獣鏡の合計は約80面となる。奈良県橿原考古学研究所の「黒塚古墳の発掘調査」と題する報告書には、黒塚古墳で出土した33面の三角縁神獣鏡はすべて舶載鏡とされている。

連弧紋精白鏡や方格規矩四神鏡が王権の象徴であったのに対して三角縁神獣鏡は死後の世界で被葬者を守る呪具としての性格が強まり、多くの古墳で副葬された。

卑弥呼が景初二年（西暦238年）に遣使朝貢して魏から贈られた銅鏡百枚は、魏で作られた舶載三角縁神獣鏡であり、畿内に東遷して前期ヤマト王権を築いた有力者の墓に副葬されたものと推定される。

前期古墳出土舶載三角縁神獣鏡

三角縁神獣鏡の種類	佐味田宝塚古墳	新山古墳	椿井大塚山古墳	黒塚古墳
尚方作神獣車馬画像鏡	○			
尚方作二神二獣鏡		○		
吾作三神五獣鏡		○		
吾作四神四獣鏡		○	○○	○○○
陳氏作神獣車馬鏡			○	
陳氏作四神二獣鏡			○	
陳是作四神四獣鏡			○	○
吾作徐州銘四神四獣鏡	○		○	○
新作徐州銘四神四獣鏡	○		○	○
張氏作三神五獣鏡			○	○○
張氏作四神四獣鏡			○	○
櫛歯文帯四神四獣鏡			○○	
獣文帯五神四獣鏡			○	
天王日月　獣文帯鏡			○	
天日日月獣文帯二神二獣鏡			○	
天日日月唐草文帯四神四獣鏡	○		○	
天日日月唐草文帯二神二獣鏡	○		○	
天日日月獣文帯四神四獣鏡		○	○○○○○○○	○○○○○○○
天日日月獣文帯三神三獣鏡			○	
天日日月鋸歯文帯四神四獣鏡			○	
獣文帯三神三獣鏡	○			
波文帯竜虎鏡			○	○

唐古・鍵遺跡の東にある柳本古墳群の大和天神山古墳は全長約１０３ｍ、後円部径約５６ｍ、高さ９ｍの前方後円墳で３世紀末から４世紀初めの築造とされている。この古墳からは内行花文鏡４面、尚方作方格規矩四神鏡４面、画文帯神獣鏡４面など２０面の鏡が出土している。内行花文鏡の直径は２３・７センチで、木製容器に大量の水銀朱が入れられており、鉄剣が副葬されていた。

柳本古墳群の柳本大塚古墳は全長約９４ｍ、後円部径約５４ｍの前方後円墳で、４世紀初めの築造とされている。後円部中央に長さ約４ｍの竪穴式石室が設けられ木棺が納められていた。石室内に小石室が設けられており直径３９・７センチの内行花文鏡が副葬されていた。

大和古墳群の下池山古墳は全長約１２０ｍ、後方部の長さ約６０ｍの前方後方墳で４世紀初めの築造とされている。後方部に長さ約７ｍの竪穴式石室があり、石室内に設けられた小石室に直径３７・６センチの内行花文鏡が副葬されていた。このほか鉄製の槍、刀なども副葬されていた。

以上のように、３世紀末から４世紀初めに築造された畿内の前期古墳にはいずれも内行花文鏡や舶載の三角縁神獣鏡が副葬されていた。

『王権の争奪』の著者、直木孝次郎氏はこれらの前期古墳を初期ヤマト政権の盟主の墓と位置づけている。

魏から卑弥呼に贈られた銅鏡百枚はこれらの舶載三角縁神獣鏡と推定される。これらの銅鏡は３世紀の中頃、倭奴国と邪馬台国が東遷し、その際に畿内にもたらされて畿内の前期古墳に副葬されたものと推定される。

舶載三角縁神獣鏡の製作年代

後漢時代には陰陽五行説が流行し、吉祥性から偶数よりも奇数が好まれた。これは銅鏡の銘文にもあらわれている。前漢鏡では「絜清白而事君……恐疎遠而日忘……」のように6言句であるのに対して後漢鏡では「尚方作鏡真大好　上有仙人不知老」のように7言句になっている。又、方格規矩鏡に「桼言之紀従鏡」で始まる銘文のものがある。桼は七で紀は紀律である。

○桼言之紀従竟始　長保二親和孫子　……　寿如金石西王母……従今而往楽乃始

・七言の紀律は鏡より始まる 二親を長く保ち孫子和し……寿命は金石の如し……

七を意味する桼という文字は中国の王莽の時代に使用が開始され、後漢の光武帝の建武年間（西暦25～57年）まで使用された。

井原鑓溝遺跡から出土した方格規矩四神鏡の中に「漢有善銅□新□武順陰陽□桼言之」という桼の文字が入った銘文のものがある。これより、井原鑓溝遺跡が紀元1世紀前半のものであり、井原鑓溝遺跡は建武中元2年（西暦57年）、後漢の光武帝から金印を下賜された（倭）奴国の王墓であると結論される。

奈良県桜井市の纏向古墳群の箸墓古墳のすぐ近くにホケノ山古墳がある。ホケノ山古墳は全長約80m、後円部径約60m、後円部径に対する全長の比が1・3の帆立貝式前方後円墳である。後円部中央に石囲いの木槨墓があり画文帯神獣鏡一面、素環頭太刀一口、鉄剣等が出土した。

尚、ホケノ山古墳からは三角縁神獣鏡は出土していない。
ホケノ山古墳から出土した画文帯神獣鏡の銘文は次の通りである。

○吾作明竟　幽湅三剛　配像世京　統徳序道　敬奉臣良　彫刻無祉　百身挙楽
　衆事主陽　世徳光明　富吉安楽　子孫番昌　士至高升　生如金石　其師命長

この銘文は楽浪郡から出土した画文帯神獣鏡の銘文と類似している。

○吾作明竟　幽湅三剛　周刻無疵　配像萬彊　天萬四守　衛持維口　天吉興師
　命長服者　敬奉賢良　曾年延壽　富貴昇始　壽如東王　父西王母　子孫番昌（右回り）

公孫度は西暦１８９年に遼東郡太守に任命された。公孫度は高句麗や鳥丸を討伐し、楽浪郡を支配下に置いて勢力を拡大した。西暦２０４年に公孫度が亡くなると、その子の康が遼東太守となった。更に公孫康が亡くなった後は康の弟の公孫恭が遼東太守となった。

魏書明帝紀に「太和二年　遼東太守公孫恭兄子淵　劫奪恭位　遂以淵領遼東太守」とあり、西暦２２８年に公孫康の子の公孫淵が叔父の公孫恭から遼東太守の座を奪った。

公孫淵は魏の明帝から揚列将軍の称号を与えられたが一方で呉の孫権と同盟を結び、西暦２３３年に呉から燕王に封じられた。更に、景初元年（西暦２３７年）に公孫淵は魏からの独立を宣言した。このため、景初二年（西暦２３８年）１月、魏の明帝は司馬懿に公孫氏の討伐を命じた。司馬懿は大軍を率いて遼東に向かい、その年の８月に公孫氏を滅ぼした。従って、楽浪郡は２世紀末から公孫氏が滅亡する西暦２３８年までの約５０年間、公孫氏の支配下にあった。

画文帯神獣鏡はホケノ山古墳から１面、大和天神山古墳から４面、椿井大塚山古墳と黒塚古墳から各1面が出土している。これらの画文帯神獣鏡は呉の領域で作られ、公孫氏の支配した楽浪郡を経由して2世紀末から3世紀前半に倭にもたらされたものと考えられる。ホケノ山古墳は3世紀後半に築造されたと推定される。

畿内の前期古墳からは多数の舶載の三角縁神獣鏡が出土している。

これらの三角縁神獣鏡の多くは三角縁四神四獣鏡と呼ばれるもので、次の銘文がある。

椿井大塚山古墳出土三角縁四神四獣鏡

○吾作明竟甚大好　上有神守及龍虎　身有文章□銜巨　古有聖人東王父西王母

佐味田宝塚古墳出土三角縁四神四獣鏡

○王氏作竟甚大明　銅出徐州刻鏤成　師子辟邪嬈其嬰　仙人執節坐中庭　取者大吉楽未央

黒塚古墳出土三角縁四神四獣鏡

○新作明竟幽湅三剛　配徳君子清而且明　銅出徐州師出洛陽　彫文刻鏤皆作文章

銘文にある徐州とは山東省南部から江蘇省北部を指し、山東省南部に銅の精錬遺跡がある。

大阪府柏原市向井山の茶臼山古墳出土の三角縁四神二獣鏡の銘文は次のようなものである。

○吾作明鏡□真大好　浮由□天下□四海　□用青同至海東□

・吾明鏡を作る　真に良いものである　天下を浮遊し四海に遊ぶ　青銅を用い海東に至る

このように舶載の三角縁神獣鏡の銘文は道教の不老不死の神仙世界を表わしたものである。

島根県神原神社古墳出土の景初三年銘三角縁神獣鏡の銘文は次の通りである。この鏡は舶載鏡ではなく仿製鏡である。

○景初三年　陳是作鏡自有経述　本是京師杜地命出
　吏人銘之位至三公　母人詺之保子宣孫　寿如金石兮
・景初三年 陳是が鏡を作った 自ら私に有る経歴を述べる 元は洛陽の鏡師であったが地を閉ざされ出ることを命ぜられた この鏡を官吏が持つと位は三公に至り 母なる人が持つと子孫は繁栄する 寿命は金石の如く間違いなく長生きする
仿製の三角縁神獣鏡の銘文は道教の神仙世界を表した銘文とは異なり位至三公のように現世での高位高官への栄達や子孫繁栄、長寿などを表したものである。

京都府椿井大塚山古墳からは３２面の舶載の三角縁神獣鏡が出土している。又、中国大営村8号墳から出土した鏡と類似した方格規矩四神鏡一面が出土している。

これらの舶載の三角縁神獣鏡について、大阪大学教授福永伸哉氏の「舶載三角縁神獣鏡の製作年代」と題する論文があり、製作年代が3世紀中頃であることが示されている。

中国北京市の大営村8号墓から泰始七年夏四月作銘の磚と方格規矩四神鏡一面が出土した。

これよりこの墓が西晋の泰始七年（西暦２７１年）に築造されたこと、又この墓から出土した方格規矩四神鏡が墓が築造された泰始七年より前に製作されたものであることが明らかである。

椿井大塚山古墳出土の方格規矩鏡は北京市大営村8号墓出土方格規矩鏡と神像の紋様や配置が一致し、長方形の紐孔を持つなどの特徴から3世紀中頃に作られたものと考えられる。

長方形紐孔は舶載三角縁神獣鏡に特徴的なものであり、魏の紀年鏡である青龍三年（西暦２３５年）や甘露四年（西暦２５９年）、甘露五年（西暦２６０年）、景元四年（西暦２６３年）銘鏡以外、中国鏡では見られないものである。青龍三年銘鏡の特異的な四神像の配置や長方形紐孔、紐孔方向などは椿井大塚山古墳出土三角縁神獣鏡と共通するものである。

青龍３年銘方格規矩鏡

椿井大塚山古墳出土
方格規矩鏡

椿井大塚山古墳出土
三角縁神獣鏡

（福永伸哉氏論文より転載）

これから福永伸哉氏は「椿井大塚山古墳出土鏡の年代は青龍三年に近い時期を考えて大過ないものである」としている。すなわち舶載三角縁神獣鏡の製作年代は紀元3世紀中頃と結論されている。従って、景初二年（西暦２３８年）魏への遣使朝貢で卑弥呼に贈られた銅鏡百枚は魏鏡で舶載の三角縁神獣鏡であると結論される。

氻言之紀で始まる氻言鏡や尚方作方格規矩四神鏡、青龍三年銘方格規矩四神鏡、三角縁四神四獣鏡などの舶載鏡はいずれも漢詩の韻律に従い銘文の句末に押韻がなされている。

〇氻言之紀従鏡始◎　長保二親和孫子◎　辟去不羊宜買市◎　寿如金石西王母〇　従今而往楽乃始◎

〇尚方作竟真大巧◎　上有仙人不知老◎　渇飲玉泉飢食棗◎　浮由天下敖四海〇　寿如金石為国保〇

・尚方鏡を作る真に大いに好し　上に仙人ありて老を知らず　渇しては玉泉を飲み飢えては棗を食らう　天下に浮遊して四海に敖す　寿は金石の如く　これ国を保らぐ

大阪府高槻市の安満宮山古墳、京都府大田南5号墳から出土した青龍三年（西暦２３５年）銘方格規矩四神鏡の銘文は青龍三年に続く次の銘文である。

〇顔氏作竟成文章◎　左龍右虎辟不詳◎　朱爵玄武順陰陽◎　八子九孫治中央◎　寿如金石宜侯王◎

椿井大塚山古墳出土の吾作銘三角縁四神四獣鏡の銘文は次の通りである。

〇吾作明竟甚大好◎　上有神守及龍虎◎　身有文章□銜巨〇　古有聖人東王父西王母〇

これらの舶載鏡の銘文はいずれも道教の不老不死の神仙世界を表現したものである。

馬見古墳群の新山古墳から出土した尚方作三角縁二神二獣鏡の銘文は次の通りである。

〇尚方作甚佳且好　明而日月世少有　刻治分守悉皆右　長保二親宜孫氏　富至三公利古市　◎　◎　◎　〇　〇

佐味田宝塚古墳から出土した吾作銘三角縁四神四獣鏡の銘文は次の通りである。

〇吾作明竟幽律三剛　銅出徐州彫鏤文章　配徳君子清而且明　左龍右虎傳世右名　◎　◎　〇　〇

卑弥呼が遣使朝貢した魏の時代は「七歩の才」の故事があるように詩文隆盛の時代であった。曹丕の弟の曹植は詩文の才に優れると評判であった。七歩の才の故事とは曹操の死後魏の初代皇帝となる曹丕が詩文の評判の高い弟の曹植に向かって七歩歩む間に詩を作れと命じたところ忽ちにして次のような詩（七歩詩）を作ったとされるものである。

〇煮豆持作羹　漉豉以為汁　萁在釜下燃　豆在釜中泣　本自同根生　相煎何太急　◎　◎　◎

・豆を煮て以って羹（あつもの）となし　豉を漉（こ）して汁と為す　萁（豆がら）は釜の下に在りて燃え　豆は釜の中に在りて泣く　もとは根を同じくして生じたるに　煎ること何んぞ甚だしく急なる（ここで豆は曹植を、萁（豆がら）は曹丕を暗示している）

魏の時代は詩文が隆盛を極めた時代であり、景初二年（西暦２３８年）の朝貢で魏から卑弥呼に贈られた銅鏡の銘文は韻律に従って押韻がなされたものであったと思われる。

魏志倭人伝には卑弥呼の魏への遣使朝貢について次のように記されている。

景初二年六月、難升米らを帯方郡に派遣した。帯方郡太守劉夏は役人をつけて彼らを魏の都、洛陽に送り届けた。その年の十二月、魏の皇帝は詔書をもって卑弥呼を親魏倭王とし金印紫綬を与えた。又、白絹五十匹、金八両、五尺刀二口、銅鏡百枚等を皆封をして難升米らが帰国したら受け取り汝の国中の人々に披露しなさい。

しかし、翌年正月一日明帝が急死した。明帝には跡継ぎがなく、曹操の孫にあたる幼年の曹芳が即位した。即位の年は先帝の年号を続けて用いる決まりによりこの年は景初三年である。

島根県神原神社古墳から出土した三角縁獣鏡には景初三年銘の銘文がある。

○景初三年　陳是作鏡自有経述　本是京師杜地命出　吏人詺之位至三公　母人詺之保子宜孫

京都府福知山市広峯１５号墳からは景初四年銘の斜縁盤龍鏡が出土しており、銘文は景初三年銘鏡と同じである。

群馬県高崎市の蟹沢古墳からは正始元年銘の三角縁神獣鏡が出土しており、その銘文は次の通りである。

○正始元年　陳是作鏡自有経述　本自州師杜地命出　寿如金石兮保子□

景初三年や景初四年、正始元年銘三角縁神獣鏡はいずれも陳是作銘で、押韻がなされていない。又、景初四年は実在しない年号である。更に、中国鏡には工人の経歴を銘文に記した例はないとされている。従って、これらの三角縁神獣鏡は舶載鏡ではなく仿製鏡であると結論される。

これらの鏡が魏から卑弥呼に贈られた銅鏡百枚でないことは明らかである。

舶載鏡か仿製鏡かを判別する方法として国立文化財機構・東京文化財研究所名誉研究員の馬淵久夫氏により、日本文化財科学会誌に「鉛同位体法による漢式鏡の化学的研究」と題する論文が発表されている。

鉛には質量が２０４、２０６、２０７、２０８の４種類の同位体があり２０４は変化しないが２０６はウラン２３８、２０７はウラン２３５、２０８はトリウム２３２の放射壊変によりその量が増加する。

地殻中の鉛は地殻変動や火山活動で生じた熱水中に熔解し地表で硫化鉛を主成分とする方鉛鉱として濃縮して鉱床を形成する。一旦鉱床が形成されると、ウランやトリウムが除かれているため、それ以降は鉛同位体比は変化しない。従って鉛の同位体比は鉱床が形成された時期により異なるものとなり、鉱山特有の値となる。尚、鉛同位体比の平均的な値は２０４が１・４％で、２０６が２４・１％、２０７が２２・１％、２０８が５２・４％である。

馬淵氏の論文「考古学と自然科学　第６２号（２０１０）漢式鏡の化学的研究（２）」には前漢鏡である須玖岡本遺跡出土の草葉文鏡や星雲文鏡、連弧紋精白鏡、連弧紋昭明鏡、後漢鏡である奈良天神山古墳や椿井大塚山古墳出土の方格規矩四神鏡、更に、大田南５号墳出土の青龍３年銘方格規矩四神鏡、津古生掛古墳出土の方格規矩鳥文鏡、平原遺跡や奈良天神山古墳出土の長宜子孫銘内行花文鏡などの鉛同位体比が示されている。

図に示すように、前漢鏡と後漢鏡とで鉛同位体比に大きな違いがあり、鋳造に使用された鉛の産地が前漢鏡と後漢鏡とで異なることが結論されている。

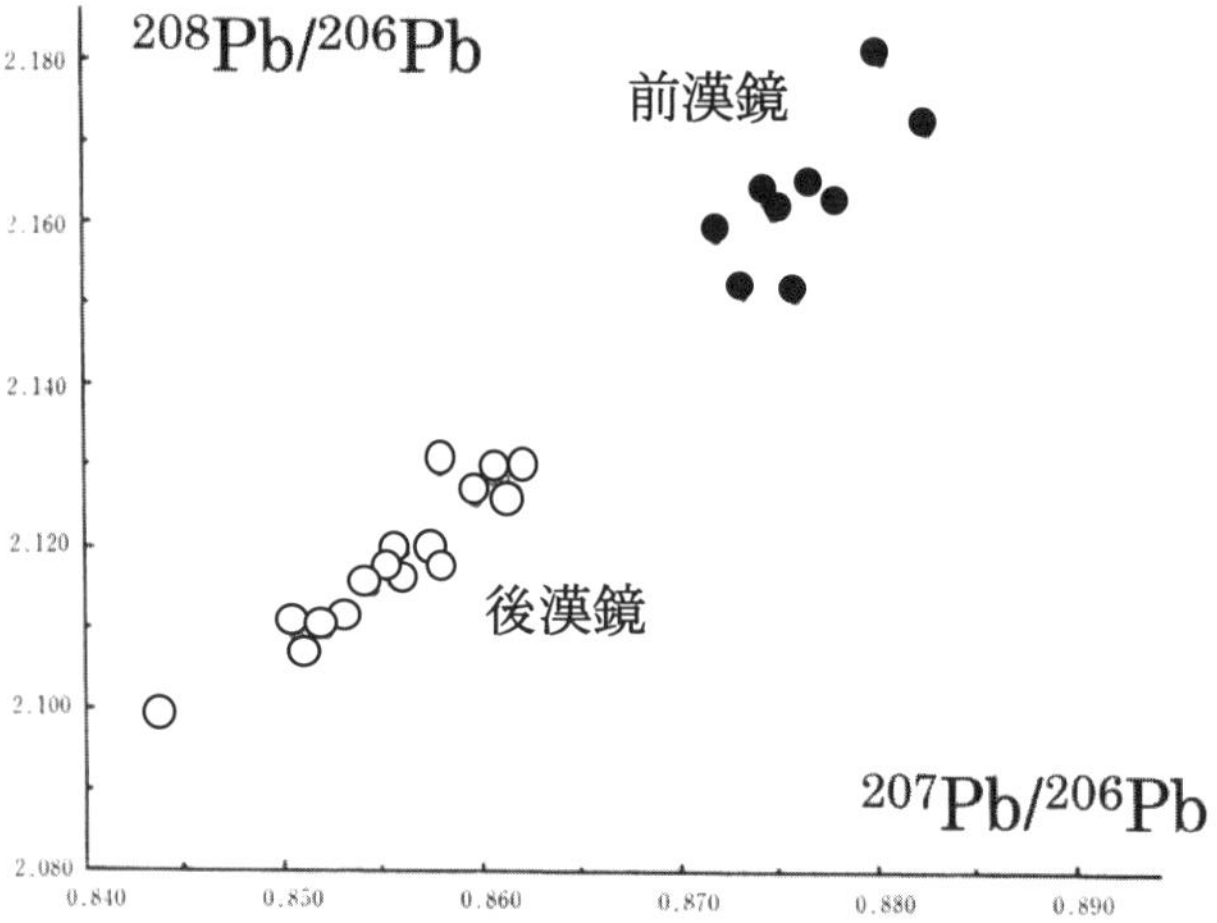

前漢鏡と後漢鏡の鉛同位体比分布
（ 馬淵氏論文データから作成 ）

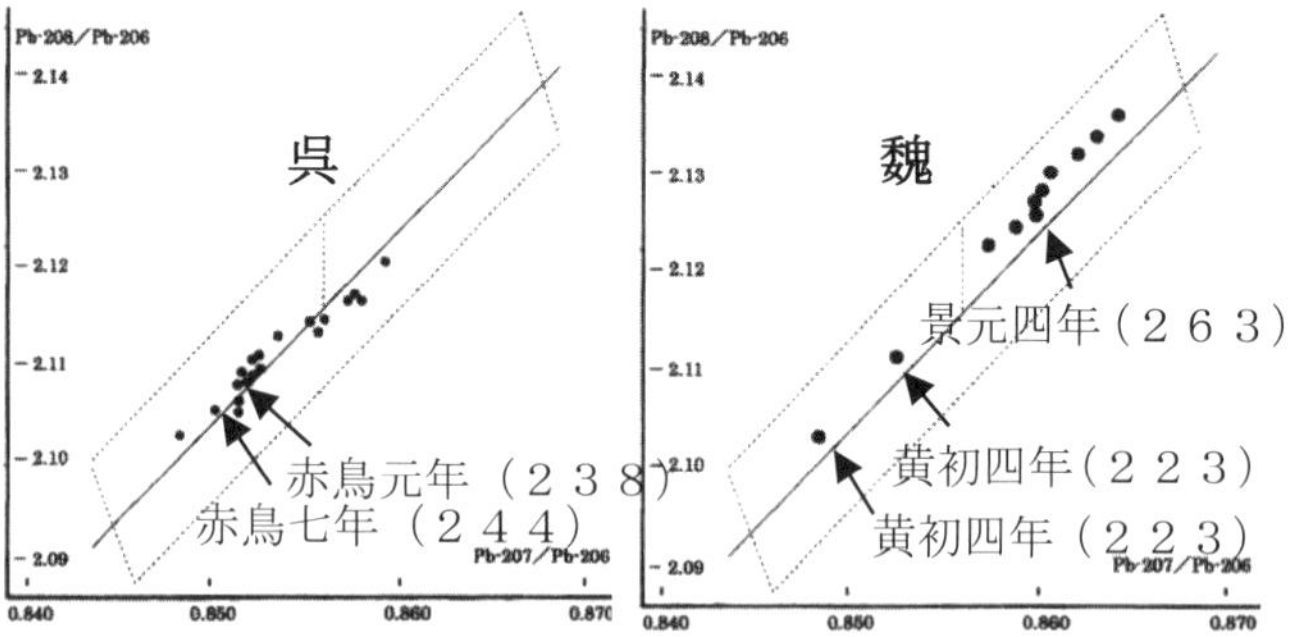

紀年鏡の鉛同位体比分布
（ 馬淵氏論文より転載 ）

馬淵氏の論文「考古学と自然科学第６６号（２０１２）漢式鏡の化学的研究（４）」には魏の紀年鏡である黄初四年（西暦２２３年）、景元四年（西暦２６３年）鏡、呉の紀年鏡である赤烏元年（西暦２３８年）、赤烏七年（西暦２４４年）鏡の鉛同位体比が示されている。

魏の紀年鏡と呉の紀年鏡の鉛同位体比分布はいずれも後漢鏡タイプである。

魏の紀年鏡である黄初四年（西暦２２３年）銘鏡の鉛同位体比は魏の紀年鏡グループではなく呉の紀年鏡グループに入る。これは孫権が呉の皇帝に即位したのは西暦２２９年で、それまでは魏の支配下にあり魏の年号が使用されたためである。

更に中国鉱山鉛鉱石の鉛同位体比が示されており、魏の紀年鏡の鉛同位体比分布は湖南省桃林鉱山の鉛同位体比分布と一致した。呉の紀年鏡の鉛同位体比分布は浙江省黄岩鉱山の鉛同位体比分布とほゞ一致した。これより、魏鏡には湖南省桃林鉱山の鉛が使用され、呉鏡には浙江省黄岩鉱山の鉛が使用されたと推定される。（１７１頁および１７４頁図参照）

馬淵氏の論文「考古学と自然科学　第７０号（２０１６）漢式鏡の化学的研究（５）」には平原遺跡出土鏡の化学組成分析値と鉛同位体比が示されている。

平原遺跡からは方格規矩四神鏡が３２面、内行花文鏡７面が出土している。この内、方格規矩四神鏡はすべて尚方作であり、内行花文鏡７面の内、５面が大口径の内行花文八葉鏡である。

平原遺跡出土鏡の鉛同位体比はすべてが前漢鏡タイプである。又、前漢鏡タイプにＷＬとＷＨの二つのタイプがあり平原遺跡から出土した内行花文鏡７面全てがＷＬタイプである。又、方格規矩四神鏡３２面の内、１５面がＷＬで１７面がＷＨタイプである。

これはWLタイプの鉱床がつきて供給が困難となり、WHタイプに鉱床が移行したためと推定されている。又、WHタイプの鉛の鉱床は河南省東南部から安徽省西南部にかけての鉱床と推定されている。

中国の安徽省で出土した蟻鼻銭は紀元前4世紀頃の中国戦国時代の楚の国で流通した青銅製貨銭である。楚は当時、湖北省、湖南省のほか、江西省、安徽省、河南省の一部を含む広い領域を領有支配していた。安徽省には銅官山という銅鉱山があり近くの安慶で鉛も産出する。従って蟻鼻銭は安徽省の銅と鉛を使って作られたと推定される。

安徽省は後漢末に曹操と孫権が領有を争った所である。孫権が大軍で安徽省の合肥を攻撃したが曹操がこれを撃退した。又、西暦234年には呉の孫権の攻撃を魏の明帝（曹叡）が撃退している。従って3世紀中頃、安徽省は魏の支配下にあった。

馬淵氏の論文「考古学と自然科学　第61号（2010）漢式鏡の化学的研究（1）」には京都府木津川市の椿井大塚山古墳出土鏡の化学組成と鉛同位体比が示されている。

漢式鏡の化学組成の平均値は銅67・4%、錫24・0%、鉛5・0%である。錫の重量%は24・0%で、ばらつきが小さくほゞ一定である。

椿井大塚山古墳出土三角縁神獣鏡18面の化学組成の平均値は銅69・4%、錫22・7%、鉛3・8%であり、銅や錫の含有率は漢式鏡の銅や錫の含有率とほゞ等しい。

又、平原遺跡出土方格規矩四神鏡の化学組成は、銅67・8%、錫23・3%、鉛6・0%で平原遺跡出土鏡は銅や錫の含有率が漢式鏡の銅や錫の含有率とほゞ等しい。

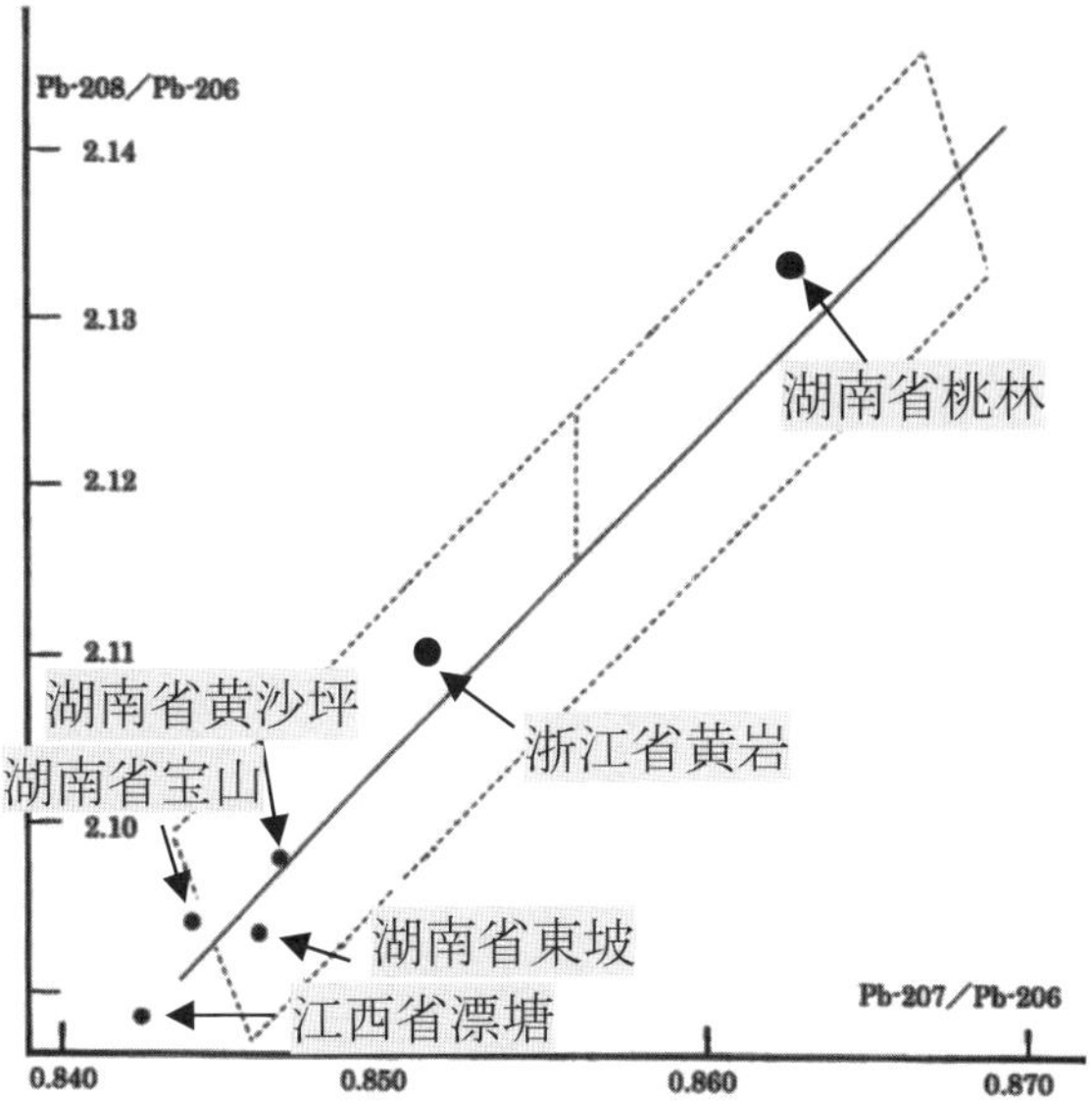

中国鉛鉱山鉱石の鉛同位体比分布

古代中国の銅、鉛鉱山
（ 馬淵氏論文より転載 ）

馬淵氏の論文「考古学と自然科学 第75号(2017)漢式鏡の化学的研究(7)」には椿井大塚山古墳出土三角縁神獣鏡と仿製鏡である岡山県備前市鶴山丸山古墳出土の三角縁神獣鏡の化学組成と鉛同位体比が示されている。

岡山県の鶴山丸山古墳は直径約50mの円墳で築造は4世紀後半と推定されている。この古墳からは方格規矩鏡、内行花文鏡、三角縁神獣鏡など30面あまりの鏡が出土している。

鶴山丸山古墳出土鏡は銅含有率が高く錫含有率が低い。錫含有率は10~20%で、ばらつきが大きい。鶴山丸山古墳出土の三角縁三神三獣鏡の化学組成は銅86%、錫11%、鉛3・1%である。銅含有率が高く錫含有率が低くかつ鉛の含有率も低い。鉛の含有率が低いと鋳造に高温が必要で、湯流れが悪く鋳上りが良くないとされている。

椿井大塚山古墳出土鏡と鶴山丸山古墳出土鏡の鉛同位体比分布は図に示すように大きな違いが見られる。(173頁図参照)鶴山丸山古墳出土鏡は銅の含有率が高く錫の含有率が低いことから、舶載鏡のスクラップに新たに銅を添加して作られたと推定されている。

舶載鏡は錫含有率が24・0%でほゞ一定である。これより、錫の含有率により舶載鏡と仿製鏡とのおよその判別が可能である。

古代の銅製品の銅中には鉛が数%含有されていることが明らかにされている。すなわち、添加された銅に含まれる鉛の同位体比と舶載鏡のスクラップ中の鉛の同位体比とが異なるため、仿製鏡の鉛同位体比は舶載鏡の鉛同位体比とは異なったものとなる。このことから馬淵久夫氏は仿製鏡が舶載鏡のスクラップに新たに銅を添加して作られたと結論されている。

漢式鏡の化学組成分析値

鏡　群	面 数	Cu wt%	Sn wt%	Pb wt%	合 計 %
前漢鏡	9	66.8	24.2	5.2	96.2
後漢鏡	10	68.0	24.4	5.4	97.7
三国・晋鏡	10	68.4	23.8	5.2	97.4
平原遺跡方格規矩四神鏡	5	67.8	23.3	6.0	97.3
椿井大塚山方格規矩四神鏡	1	71.0	22.7	4.6	99.3
椿井大塚山三角縁神獣鏡	18	69.4	22.7	3.8	97.2

長宜子孫内行花文鏡の化学組成と鉛同位体比

鏡　群	Cu wt%	Sn wt%	Pb wt%	Pb^{207}/Pb^{206}	Pb^{208}/Pb^{206}
平原遺跡出土鏡	67.6	23.2	5.7	0.8723	2.1557
椿井大塚山古墳出土鏡	64.0	26.6	4.9	0.8738	2.1580

椿井大塚山古墳出土鏡の鉛同位体比

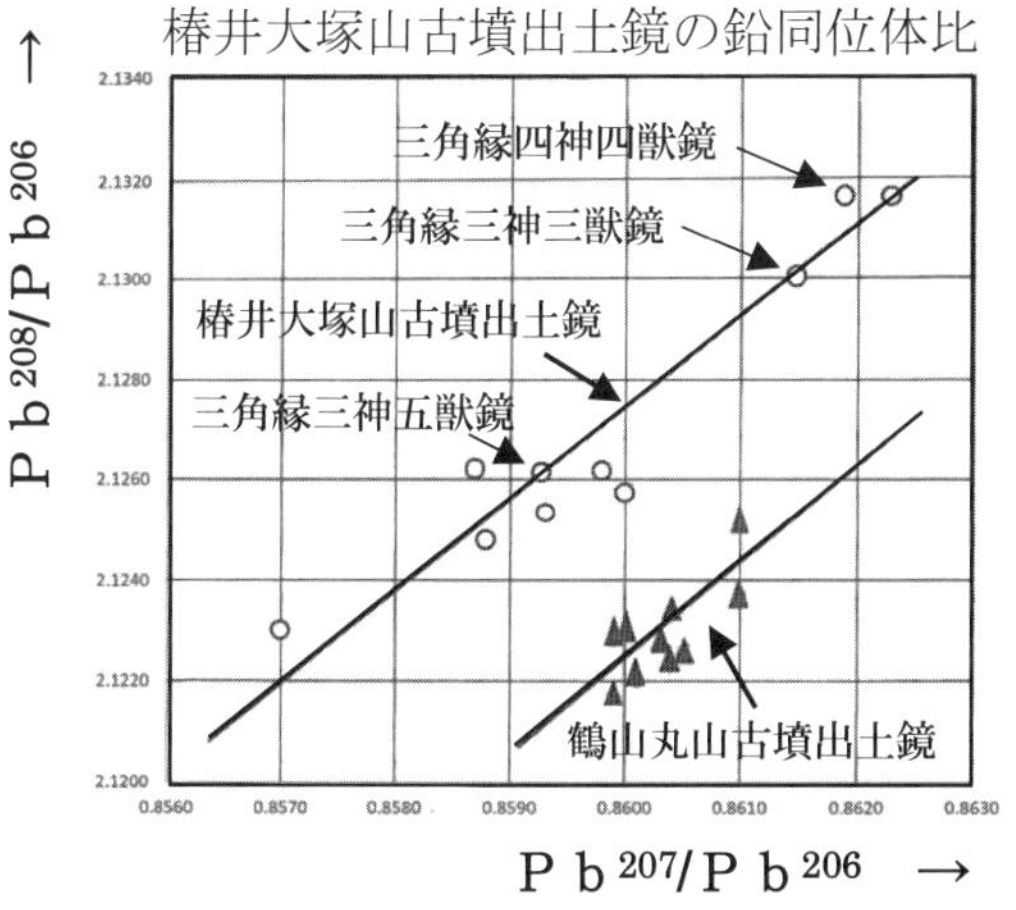

椿井大塚山古墳出土三角縁神獣鏡の鉛同位体比

試　料	Pb^{207}/Pb^{206}	Pb^{208}/Pb^{206}	Pb^{206}/Pb^{204}
湖南省桃林鉛鉱山方鉛鉱	0.8626	2.1327	18.139
那珂八幡三角縁五神四獣鏡	0.8627	2.1333	18.135
椿井大塚山三角縁四神四獣鏡	0.8620	2.1324	18.137
〃　三角縁五神四獣鏡	0.8574	2.1214	18.293

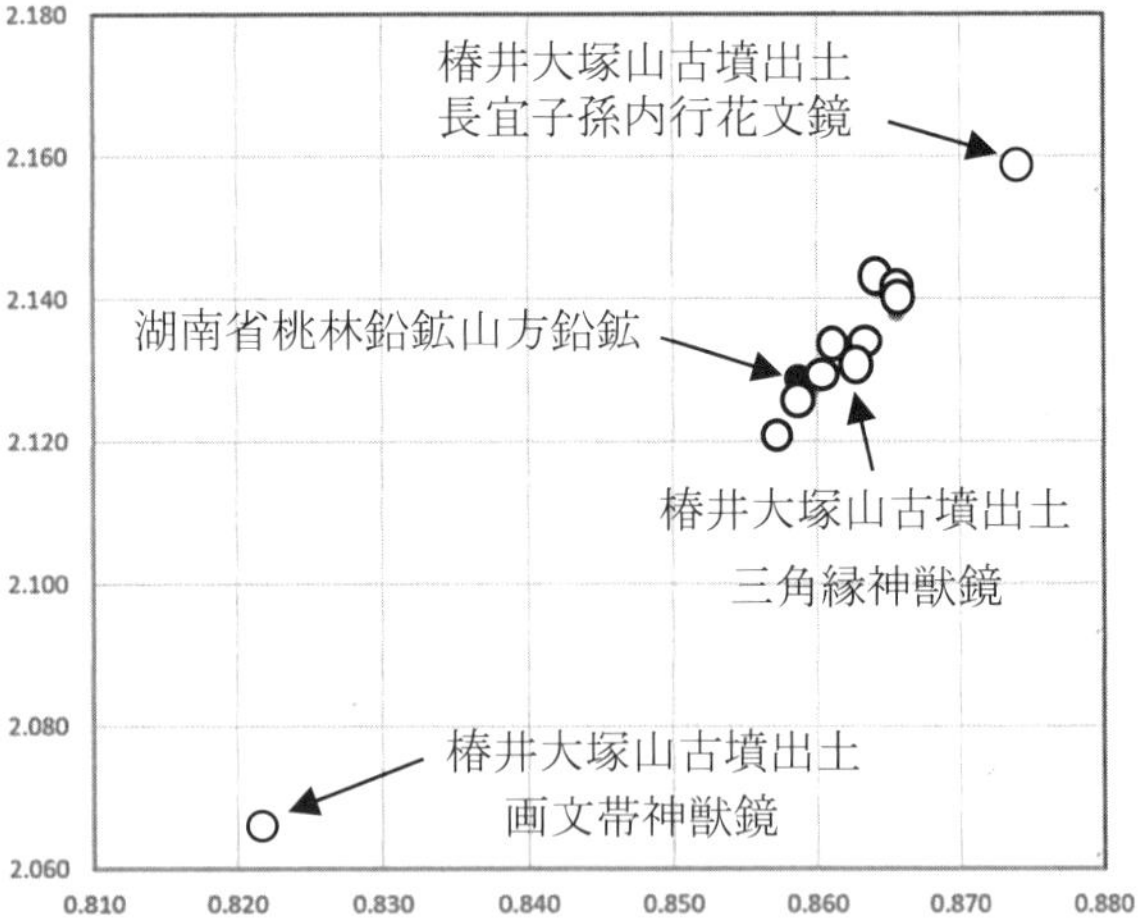

中国鉱山鉛鉱石と三角縁神獣鏡の鉛同位体比

（馬淵氏論文データから作成）

平原遺跡から出土した□宜子孫内行花文鏡と京都府の椿井大塚山古墳から出土した長宜子孫内行花文鏡の化学組成と鉛同位体比はほゞ一致している。これより、椿井大塚山古墳出土の長宜子孫内行花文鏡は中国製の舶載鏡と判断される。内行花文鏡は前漢鏡タイプであり、三角縁神獣鏡は後漢鏡タイプである。三角縁神獣鏡は、揚子江下流域の銅緑山鉱山の銅と湖南省桃林の鉛を使って作られたと推定される。錫は中国の南部であるが鉱山の特定はなされていない。

仿製鏡が舶載鏡のスクラップを再利用して作られたのは、当時鉛や錫が朝鮮半島や中国に頼らざるを得なかったことにある。

一方、鉛の含有率が1％以下の高純度の銅が添加された場合には鉛同位体比に変化が生じないため、鉛同位体比により舶載鏡か仿製鏡かを判別することは困難である。

従って、舶載鏡か否かは化学組成、鏡の銘文、鉛同位体比、出土した古墳の年代等により判断すべきものと考えられる。椿井大塚山古墳出土の三角縁神獣鏡はこれらの条件から判断して中国製の舶載鏡であり、前期古墳から出土した三角縁神獣鏡は舶載鏡であると結論される。

魏から贈られた銅鏡百枚

魏が卑弥呼に親魏倭王の称号を与え、金印を下賜したことから考えると、魏から贈られた銅鏡百枚は王の権威を示すに相応しいものであったはずである。漢は孔子の教えである儒教を学問や国家統治の基本とし魏は漢を継承した。魏は張魯の天師道を鬼道と呼び、邪教として排斥した。

従って、魏から卑弥呼に贈られた銅鏡は道教の神仙思想を表わす方格規矩四神鏡に類するものであったと推定される。後漢の官営の工房で作られた中国河南省洛陽出土の尚方作方格規矩四神鏡の銘文は次に示すようなもので道教の神仙世界を表すものである。
○尚方作竟真大巧　上有仙人不知老　渇飲玉泉飢食棗　浮由天下敖四海　宜子孫（右回り）
鏡の銘文が方格規矩四神鏡と類似した中国鏡には、浙江省紹興市出土の神人車馬画像鏡（直径21・2センチ）があり、銘文は方格規矩四神鏡と同じく道教の神仙世界を表したものである。
○尚方作竟真大巧　上有仙人不知老　渇飲玉泉飢食棗　長保二親宜國保　大吉兮（右回り）
奈良県馬見古墳群の佐味田宝塚古墳からは尚方作三角縁神獣車馬画像鏡（直径21・0センチ）が出土している。この鏡の銘文は次の通りである。
○尚方作竟佳且好　明而日月世少有　刻治禽守悉皆右　長保二親宜孫子　富至三公利古市
楽浪郡から出土した神獣画像鏡の銘文も道教の神仙世界を表したものである。
○尚方作竟真大巧　上有仙人不知老　渇飲玉泉飢食棗　東王父西王母（右回り）
奈良県馬見古墳群の佐味田宝塚古墳は全長約112m、後円部径約60mの前方後円墳で三角縁神獣車馬画像鏡や斜縁二神二獣鏡などが出土している。

岡山県の備前車塚古墳は全長48m、後方部の長さ23m、前方部長さ22mの前方後方墳である。又、前方後方墳である福岡県筑前町の焼ノ峠古墳は全長40m、後方部の長さ23m、前方部の長さが17mで形状が類似している。備前車塚古墳の後方部中央に設けられた竪穴式石室から三角縁神獣車馬画像鏡や三角縁四神二獣鏡などの三角縁神獣鏡が13面、内行花文鏡1面、鉄剣、鉄刀、鉄斧、鉄鏃などが出土している。三角縁神獣車馬画像鏡の銘文は次の通りで佐味田宝塚古墳出土鏡と同一である。

○陳氏作竟甚大好　上有仙人不知老　君宜高官　保子宜孫長壽（右回り）（直径22・2センチ）

大阪府柏原市の茶臼山古墳出土の三角縁四神二獣鏡の銘文は次に示すようなものである。

○吾作明竟真大好　浮遊天下敖四海　用青銅□至海東

大阪府の茶臼山古墳、奈良県の佐味田宝塚古墳、新山古墳、黒塚古墳出土の三角縁四神四獣鏡の銘文は次に示すようなものである。

○□作明竟幽湅三剛　銅出徐州師出洛陽　彫文刻鏤皆作文章　配徳君子清而且明　左龍右乕転生有名　師子辟邪集会並　王父王母游□聞□　□□子孫（右回り）

・□が明鏡を作った　三種の金属を溶かして練り上げた　銅は徐州に出で師は洛陽に出ずる　模様を彫り刻んで散りばめ皆文章を作る　徳を君子に配り清く明るい　左に龍　右に虎転生して獅子　辟邪の名がある　集まって会し並ぶ　王父王母は□に遊び□を聞く　子孫に□□

滋賀県の琵琶湖の東岸の野洲川下流に古冨波（ことば）山古墳がある。この古墳は直径が約30mの円墳で、3世紀後半の築造と考えられている。この古墳から出土した三角縁四神二獣鏡の銘文は次の通りである。

○陳氏作竟甚大好　上有越守□□虎　身有文章口銜巨　古有聖人王父母　飲玉泉飢食棗

・陳氏が鏡を作った　甚だ良い品である　上に越守　龍虎があり　身に紋様があり口には巨を銜（くわ）える　古には聖人の東王父西王母あり　渇しては玉泉を飲み飢えては棗を食らう

京都府木津川市の椿井大塚山古墳は全長約１９０ｍ、後円部径約１１０ｍ、前方部長さ約８０ｍの前方後円墳である。この古墳からは舶載の三角縁四神四獣鏡の外、鉄剣、鉄矛、鉄鏃、鉄鎌、鉄斧など多数の鉄器が出土している。椿井大塚山古墳は3世紀末の築造と考えられている。

以上、卑弥呼に贈られた銅鏡百枚は三角縁神獣車馬鏡、三角縁二神二獣鏡、三角縁四神四獣鏡、三角縁四神二獣鏡など道教の神仙世界を表す紋様、銘文を持つ舶載の三角縁神獣鏡である。

卑弥呼は景初二年（西暦２３８年）の後正始四年（西暦２４３年）にも魏へ遣使朝貢しており入手した銅鏡は百枚以上であったと思われる。

三角縁神獣鏡は日本国内で５００枚以上が出土しているが、その殆どが仿製鏡である。三角縁神獣鏡は直径が約２３センチで、割れがなく殆どが完形で出土している。肉厚はわずか数ミリである。従って、三角縁神獣鏡は鏡の縁を厚くして割れるのを防いだのではないかと思われる。

魏志倭人伝には正始八年（西暦２４７年）卑弥呼は載斯鳥越らを帯方郡に派遣して狗奴国との戦いの状況を説明させた。新たに着任した帯方郡太守の王頎は塞曹掾史の張政等を派遣し詔書や黄幢を難升米に託して授けたと記されている。倭人伝には次のように記されている。

・卑弥呼が亡くなったので大きな冢を作った　径百余歩　殉葬する者奴婢百余人
更に男王を立てるも国中服さず　更に相誅殺し千余人を殺す
再び卑弥呼の宗女年十三なるを立てゝ王と為し　国中遂に定まる
卑弥呼の墓は「殉葬する者奴婢百余人」と記されており、多数の殉葬者を伴う殉葬墳であった。
このため鏡は副葬されなかったのではないかと思われる。

魏志倭人伝に書かれた「邪馬壹国」をどう読むのか、一般には壹が壱であるから、邪馬壹国はヤマイッ国又はヤマイ国であるとされている。しかし、ヤマイッ国又はヤマイ国に対応する古代地名は見当たらない。

後漢書倭伝には安帝の永初元年（西暦１０７年）倭国王師升が朝献したと記されている。

一方、八世紀に纏められた中国の歴史書である「通典」には倭面土国王師升とされている。

韓国の言語学者で『倭の正体』の著者、姜吉云氏によると、面土はナトで倭面土国はヤマナト国であるとされている。

古代の日本語にはアイウエオのオの段の音に、甲と乙の２種類があり、使用される漢字が区別されていた。

小林昭美氏書『古代日本語の来た道』によると、トの甲は、斗、渡、刀、徒などが充てられ、トの乙には等、苔、登、藤などが充てられている。トの甲は「ト」でトの乙は「トゥ」という発音であったと推定されている。

日本書紀には次に示すようにやまとは夜麻苔（苔はトの乙）と表記されている。

〇夜麻苔波　區珥能摩保羅摩　多多儺豆久　阿鳥伽枳　夜摩許莽例屢　夜麻苔之　于漏破試

・やまとは　くにのまほろば　たゝなづく　あおがき　やまこもれる　やまとし　うるわし

魏志倭人伝には正始四年（西暦２４３年）の卑弥呼の魏への遣使朝貢について「正始四年　倭王復遣使大夫伊聲耆　掖邪狗等八人　上献生口　倭錦　絳青縑　緜衣　帛布　丹　木拊弓　矢　掖邪狗等壹拝卒善中郎将印綬」と記されている。

ここで、邪馬壹国の壹と同じ文字が壹拝の壹に使用されている。

堀口清視氏著『東アジアの古代文化』の「正始四年における倭王の遣使と「壹拝」について」と題する論文の中で、3世紀の中国語の発音は漢字の旁（つくり）に基づいており、壹の旁は豆であるから、壹の発音は登と同じで、壹拝は答拝と解釈されるとしている。

これより、魏の皇帝少帝（曹芳）が大夫伊聲耆、掖邪狗等に卒善中郎将の印綬を下賜し、朝堂を降りて直々に彼らの労をねぎらったのではないかと思われる。

ここで重要なのは壹拝の壹の旁が豆で壹の発音は旁が同じ答と同じであるということである。これより邪馬壹国はヤマト又はヤマトゥ国に近い発音であったと考えられる。

卑弥呼の死後、台与は卒善中郎将掖邪拘等二十人を遣わして張政の還るを送らしむ、又、臺に詣りて男女生口三十人、白珠、異文雑錦などを献上したと倭人伝に記されている。

張政等が帯方郡太守王頎に命じられて倭に派遣されたのは正治八年（西暦247年）である。張政の還るを送らしむとあり、張政等の倭での滞在期間を一年～二年とするとこの記述は西暦250年頃のことと解釈される。

この後、倭奴国と邪馬台国は畿内に東遷したのではないかと思われる。

和名抄に畿内に大和郷という郷があったことが記されている。大和郷は現在の奈良県天理市の海知町に比定されている。大和川を遡り、奈良県田原本町の唐古・鍵遺跡のすぐ近くに位置しており、倭奴国と邪馬台国とが畿内に東遷して新たな土地をそれまでの邪馬壹（ヤマト）と呼び、それが大和になったのではないかと思われる。

続日本紀の和銅五年（西暦７１２年）に、畿内の諸国の郡の名は好字をつけよとあり、延喜式には「およそ畿内の郡などの名はみな好字二字を用いよ」というのがある。

このため、これまでの倭（ワ）を和（ワ）として「やまと」と呼び、更に、好字の大をつけて二字とし、大和を「やまと」と呼んだものと考えられる。

又、投馬国の投馬は和名抄には「當麻」となっている。古代中国語音は當麻はタマに近い発音であった。従って、投馬国の投馬は「トマ」に近い発音であったと思われる。

魏は西暦２６５年で終わり、西晋となった。次に倭に関する記述が現れるのは晋書武帝紀で、泰始二年（西暦２６６年）のことである。

倭の西晋への朝貢

晋書少帝紀には「斎王諱芳字蘭卿　明帝無子青龍三年立為斎王　景初三年正月丁亥朔　帝甚病乃立為皇太子　是日即皇帝位　大将軍曹爽太尉司馬宣王輔政」と記されている。

景初三年（西暦２３９年）一月、明帝（曹叡）が急死し、年少の少帝（曹芳）が即位した。又、大将軍の曹爽と太尉司馬宣王（司馬懿）がこれを補佐した。曹爽は西暦２４４年、手柄を挙げるべく蜀に出兵したが失敗した。西暦２４６年には呉の孫権の軍の攻撃を受けこれを迎え撃ったがこの戦いにも大敗を喫した。

司馬懿は曹爽と対立し、西暦２４９年に長子の司馬師と共にクーデターを起こして曹爽一族を皆殺しの刑に処した。司馬懿は2年後に亡くなり、権力はその子の司馬師に引き継がれた。

司馬師も西暦255年に亡くなり、権力は弟の司馬昭に引き継がれた。

西暦265年に司馬昭が亡くなった。司馬昭の子の司馬炎が西暦265年、魏の元帝から禅譲を受けて西晋の初代の皇帝武帝となった。

司馬炎は泰始元年（西暦265年）冬十二月、南郊に壇を設け、柴を焚き上帝に即位の報告を行った。

晋書武帝紀に「泰始二年冬十一月倭人来りて方物を献ず」とある。泰始二年は西暦266年である。この西晋への朝貢は台与の魏への遣使からかなりの年数が経過しており、北部九州から西晋由来の遺物が出土していないことから邪馬台国の台与によるものではなく畿内の前期ヤマト王権の男王によるものと考えられる。

3世紀の中頃、倭奴国と邪馬台国を中心とする勢力が畿内大和に東遷し、その後成立した前期ヤマト王権により西晋への朝貢がなされたものと推測される。

使いが洛陽に至ったのは泰始二年十一月であった。晋書に「十一月己卯　倭人来献方物　并圜丘方丘於南北郊　二至之祀合二郊」という記述がある。後漢の時代から南の郊外に円丘、北の郊外に方丘を設け、冬至の日に南郊で天を祀り、夏至の日に北郊で地を祀る郊祀が行われた。又、南北の郊祀を合わせた祭祀が正月に南郊で行われた。

倭の使者はこの皇帝祭祀を目の当たりにし、これが日本に伝えられて祭祀が行われた可能性が考えられる。晋書武帝紀には東夷諸国がこれ以降何度も西晋に朝貢したことが記されている。

・泰始九年（西暦２７３年）秋七月、鮮卑が侵攻し、五千人を殺害し略奪した
・咸寧元年（西暦２７５年）六月、鮮卑が反乱を起こし西域戊己校尉がこれを討伐した
・咸寧二年（西暦２７６年）秋七月、東夷十七ヶ国が帰順した
鮮卑が辺境に侵攻し、西域戊己校尉が侵攻した鮮卑を討伐した
四千人あまりを斬首し、九千人あまりを生け捕った
・咸寧四年（西暦２７８年）冬十月、揚州刺史が呉を討伐した。五千人を斬首した
・太康元年（西暦２８０年）秋七月、東夷二十ヶ国が朝貢した
・太康三年（西暦２８２年）秋九月、東夷二十九ヶ国が帰順し方物を献上した
・太康七年（西暦２８６年）冬十二月、馬韓等十一ヶ国が遣使来献した
・太康十年（西暦２８９年）冬十二月、東夷遠絶三十余国、西南夷二十余国が来献した
これより泰始二年（西暦２６６年）の後、咸寧二年（西暦２７６年）、太康元年（西暦２８０年）、太康三年（西暦２８２年）、太康十年（西暦２８９年）にも倭が西晋に朝貢したものと解釈される。

西晋への朝貢は魏への朝貢とは異なり中国王朝への帰順、服属を意味するものであった。これらの西晋への朝貢を通じ、武力で周辺諸国を服属させる中国の支配に対して脅威を感じた倭国は軍事力を強化して倭国を統一支配する必要に迫られたのではないかと思われる。

倭の西晋への朝貢

奈良県葛城郡広陵町の新山古墳は全長約１３７ｍ、後方部の幅約６７ｍ、前方部の幅約６６ｍの前方後方墳である。これは同じ前方後方墳である全長約４０ｍの福岡県筑前町の焼ノ峠古墳や

岡山県の備前車塚古墳の3倍以上の大きさである。

この新山古墳の後方部中央の竪穴式石棺からは勾玉、菅玉、王権の象徴とされる西晋式金銅製龍文帯金具が出土している。又、画文帯神獣鏡3面、方格規矩四神鏡4面、内行花文鏡14面、三角縁神獣鏡9面など34面の鏡が出土している。

これまでの研究により、新山古墳は馬見古墳群で最初に築造された古墳と考えられている。

新山古墳から出土した金銅製帯金具は湖南省から出土した3世紀後半の西晋の透彫龍文帯金具と酷似しており、新山古墳の被葬者は西晋への朝貢を果たした前期ヤマト王権の王ではないかと考えられる。

前方後円墳の設計思想

前方後円墳は3世紀の後半から畿内を中心に築造が開始された。

2世紀末にそれまでの方形周溝墓から円形周溝墓に変化し、帆立て貝式前方後円墳を経て前方後円墳になったと推測される。前方後円墳が何故、円墳と方墳を繋いだような形をしているのかこれまで謎とされていた。

土木学会誌土木史研究第17号（1997）に「前方後円墳の設計理念と使用尺度」と題する須股孝信氏らの論文がある。

須股孝信氏らの論文には前方後円墳の設計思想が次のように示されている。

後円部の直径をD、前方部の一辺の長さをL_d　前方後円墳の全長をLとする。

前方部の正方形の4辺の長さが後円部の円周と等しいとすると、後円部の直径に対する全長の比は1・8となる。これは箸墓古墳や景行天皇陵の値と一致する。

前方後円墳は陰陽思想により、陰に相当する正方形の周長と陽に相当する円の周長とが等しくなるように設計されていることが結論される。

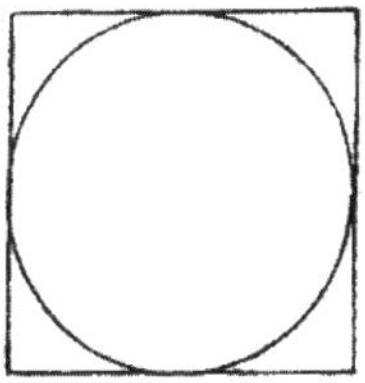

円方図

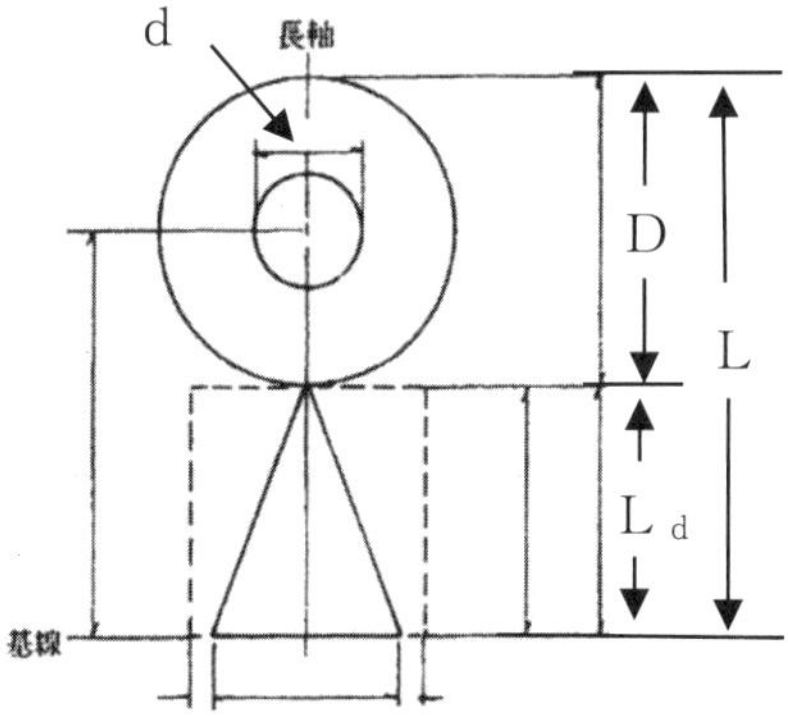

$L = L_d + D$　(1)

両辺をDで割ると

$L/D = L_d/D + 1$　(2)

前方部の周長が後円部の円周と等しいとすると

$4L_d = \pi D$　(3)

$L_d/D = \pi/4$　(4)

(4) を (2) に代入すると

$L/D = \pi/4 + 1$

$\fallingdotseq 1.8$

須股孝信氏らの論文には後漢書に木主（位牌）の形状について次の記述があることから、前方後円墳はこの木主の形状をもとにしたのではないかということも示されている。

○高祖崩三日　小斂室中牌下　作栗木主長八寸　前方後圓圍一尺（圓圍は円の周を意味する）

・高祖（高祖は後漢の光武帝）が崩じたとき、栗の木で木主（位牌）を作って斂めた

　位牌は長さ八寸　円の周長が一尺である

位牌の全長8寸を円の直径3・2寸で割った値は2・5である。

全長が8寸であり、円周が一尺（10寸）の円の直径は約3・2寸であるから、前方後円墳の前方部に当たる部分の長さは差し引き4・8寸となる。

円と方の比3・2寸対4・8寸はほゞ3対4であり、天を表す円は陽で3、地を表す方は陰で4となり、天円地方と陰陽思想の両方の考えを満足するものである。

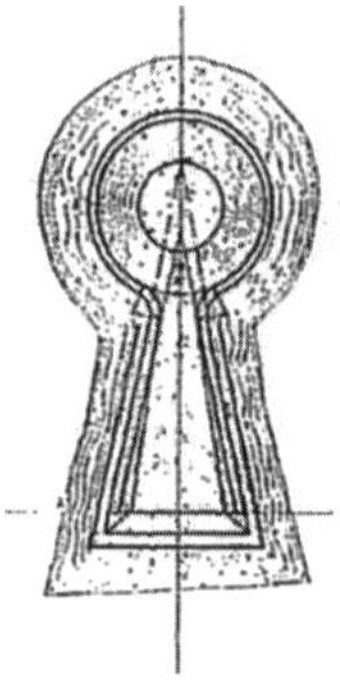

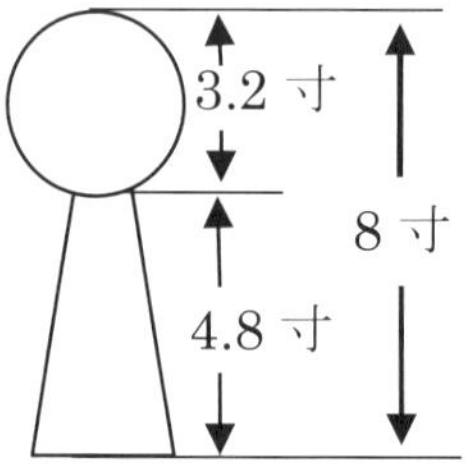

木主（位牌）図

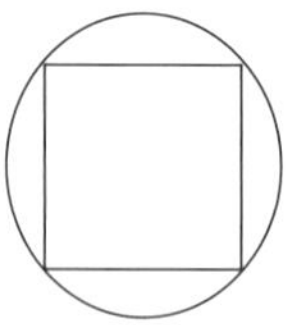
方円図

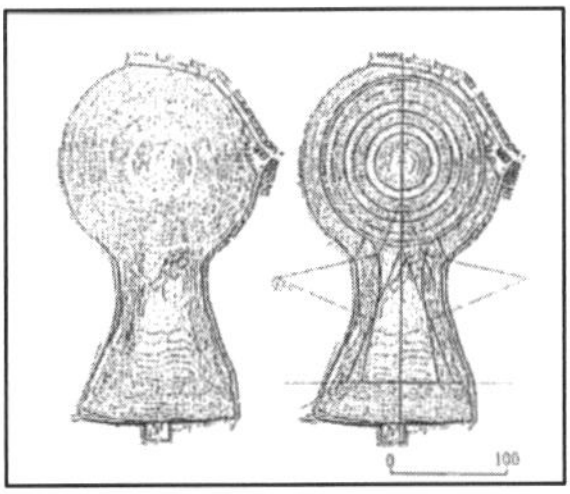

箸墓古墳と原設計形状図
（ 須股氏論文より転載 ）

天皇陵の形状（ L／D ）

天皇陵	全長	後円部径	前方部長さ	L／D
崇神天皇陵	242	158	84	1.53
箸墓古墳	278	150	128	1.85
景行天皇陵	300	168	132	1.78
成務天皇陵	219	132	87	1.66
仲哀天皇陵	245	150	95	1.63
応神天皇陵	425	250	175	1.70
仁徳天皇陵	486	249	237	1.95
履中天皇陵	365	205	160	1.78
反正天皇陵	148	76	72	1.95
允恭天皇陵	230	140	90	1.64

箸墓古墳のすぐ近くにホケノ山古墳がある。箸墓古墳より古い古墳とされており、築造は3世紀後半と考えられている。ホケノ山古墳は全長約８０ｍ、後円部径約６０ｍ、後円部径に対する全長の比が1・3の帆立貝式前方後円墳である。又、馬見古墳群の乙女山古墳も全長約１３０ｍ、後円部径約１０４ｍ、後円部径に対する全長の比が約１・３の帆立貝式前方後円墳である。

２世紀末から3世紀初めに方形周溝墓から円形周溝墓になり、帆立貝式前方後円墳に変化したと考えられる。須股孝信氏らの論文を参考に、この帆立貝式前方後円墳の設計思想について考察すると次の通りである。

後円部径をD、後円部の平坦な天端円形の直径をd、前方部の長さをL_d 前方後円墳の全長をLとする。天に相当する後円部の平坦な天端円形が極めて重要であり、盛土の勾配を無視すれば天端円形の円の直径は後円部の直径と等しくなる。

ここで、前方部の正方形の４辺の長さが後円部の天端円形の円周と等しいとする。これは陰陽思想により陰に相当する正方形の四辺の長さと陽に相当する円の周長を等しくすることにより陰と陽が均衡したものが得られるという思想による。

推算の結果、後円部径に対する全長の比は約１・３となる。ホケノ山古墳や乙女山古墳の後円部径に対する全長の比は１・３であり、推算の結果と一致する。

このように、帆立貝式前方後円墳は天円地方と陰陽思想に基づいて陽である円と陰である方が均衡するように設計されている。陰陽思想において天と地、円と方、3と4、奇数と偶数を陽と陰に対応させる考え方は古代中国の思想の中心をなすものであった。

方格規矩四神鏡や方格規矩鳥文鏡などの方格規矩鏡は、内区の方格（方形）が地で外区の円が天を表し、天が地を覆っているという古代中国の天円地方の宇宙観を象ったものである。

次の表に示すように方格規矩鏡の直径に対する内区の方格の一辺の長さの比は鏡の径の大小にかゝわらず一定で、その値は０・３である。

方格規矩鏡の直径に対する方格（方形）の一辺の長さの比０・３を保ったまゝで、前方後円墳を築造したとすると、後円部径に対する全長の比は１・３となる。

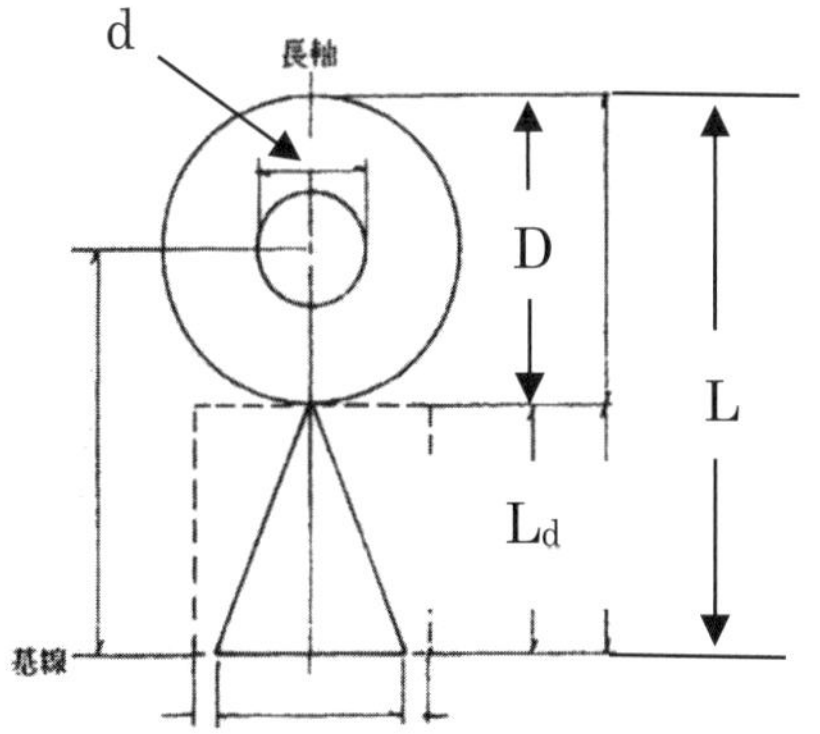

帆立貝式前方後円墳の設計思想

$L = L_d + D$ (1)

両辺をＤで割ると

$L/D = L_d/D + 1$ (a)

前方部の長さが天端円形の円周と等しいとすると

$4L_d = \pi d$ (2)

天端円形の円周が後円部径と等しいとすると

$\pi d = D$ (3)

(2) と (3) から

$4L_d = D$ (4)

$L_d/D = 1/4$ (b)

これを (a) に代入すると

$L/D = 1/4 + 1$

$\fallingdotseq 1.3$

方格規矩鏡の直径に対する内区の長さの比
（ 長さの単位：cm ）

出土古墳	方格規矩鏡	直径 D	内区の長さ L_d	L_d/D
桜馬場遺跡	尚方作方格規矩四神鏡	23.2	7.0	0.30
平原遺跡	〃	23.0	7.0	0.30
〃	陶氏作方格規矩四神鏡	18.6	5.8	0.31
椿井大塚山	方格規矩四神鏡	18.2	5.8	0.32
大和天神山	尚方作方格規矩四神鏡	16.1	4.6	0.29
〃	〃	20.3	6.3	0.31
金海良洞里	方格規矩四神鏡	20.5	6.3	0.31
大田南古墳	青龍3年銘方格規矩四神鏡	17.4	5.1	0.29
良積遺跡	方格規矩鳥文鏡	15.4	4.6	0.30
河北省	〃	15.4	4.4	0.29
遼寧省	〃	16.8	4.8	0.29

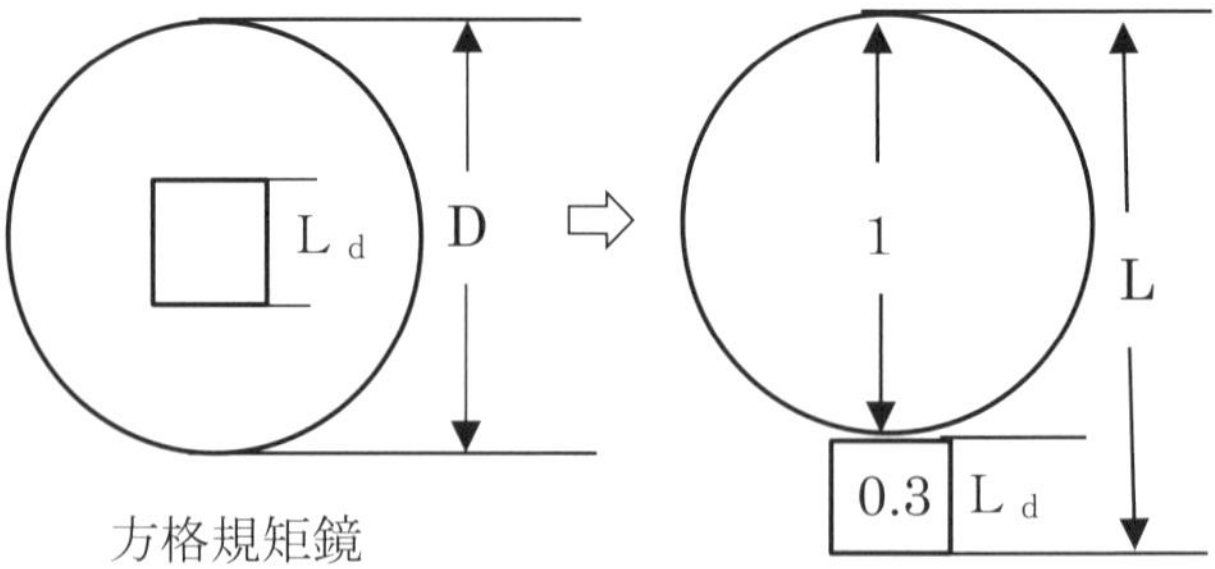

方格規矩鏡
直径D　内区方形辺長L_d

帆立貝式前方後円墳

奈良県馬見古墳群の新山古墳や大和古墳群の下池山古墳のような前方後方墳は前方後円墳が現れるまでの前期古墳に特徴的なものである。前方後方墳が何故方墳を二つ繋いだような形状をしているのかを須股孝信氏らの論文を参考に考察すると次の通りである。後方部に外接する円の直径をDとする。外接する円の周長が前方部の周長と等しいとすると、後方部の長さに対する全長の比は２・１となる。この値は前方後方墳の値とよく一致する。これは前方後方墳が方円図に基づいた設計となっていることを示唆するものである。

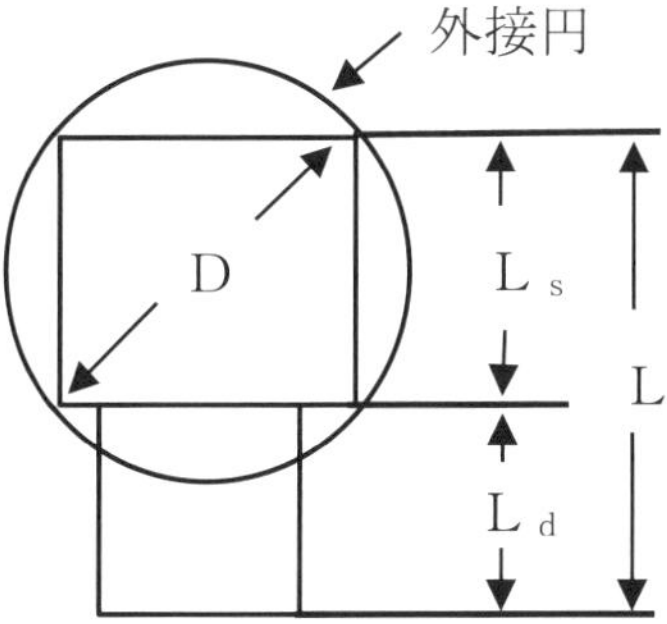

$L = L_s + L_d$　(1)

後方部に外接する直径Dの円の円周長が前方部の周長と等しいとする

$\pi D = 4 \times L_d$　(2)

$D = \sqrt{2} \times L_s$　(3)

(2) と (3) から

$L_d = \frac{\pi \times \sqrt{2}}{4} L_s$　(4)

(1) の両辺を L_s で割って

(4) を代入すると

$$L / L_s = 1 + \frac{\pi \times \sqrt{2}}{4}$$

$$= 2.1$$

前方後方墳の形状

（ 墳丘長　m ）

R ：後方部の長さに対する全長の比

場所	古墳名	全長	後方部長さ	前方部長さ	R
福岡県	焼ノ峠古墳	40	23	17	1.7
岡山県	備前車塚古墳	48	23	22	2.1
〃	美濃高塚古墳	65	33	32	2.0
〃	美濃中塚古墳	51	26	25	2.0
奈良県	新山古墳	137	67	59	2.1
〃	下池山古墳	120	60	57	2.0
〃	西山古墳	180	90	90	2.0
〃	波多子塚古墳	140	65	90	2.1
〃	フサギ古墳	110	60	50	1.8
京都府	元稲荷古墳	94	52	42	1.8
〃	大住車塚古墳	66	30	25	2.2
滋賀県	皇子山古墳	60	35	25	1.7

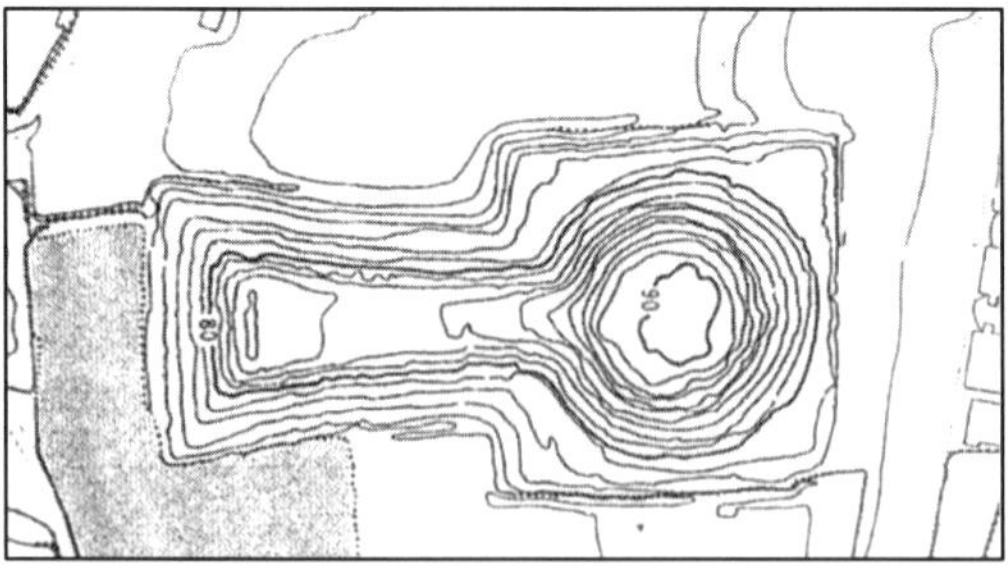

奈良県西山古墳（全長１８０m）

（ 天理大学教授置田雅昭氏による測量図 ）

後方部に外接する円を描きその周長が前方部の周長と等しいとすると前方後方墳の後方部の長さに対する全長の比は2・1となる。又、後方部に内接する円の周長が前方部の周長と等しいとすると、前方後円墳の後円部径に対する全長の比は1・8となる。

前方後方墳の後方部に内接する円を後円部としたものが前方後円墳である。これより方円図の後方部に外接する円から、円方図の後方部に内接する円への移行が考えられる。奈良県天理市の西山古墳は全長約180mの国内最大の前方後方墳である。この古墳は二段築造となっており、一段目が前方後方形で、二段目が前方後円形となっている。すなわち、西山古墳の形状は前方後方墳から前方後円墳への移行を窺わせるものである。(192頁図参照)

元伊勢籠神社と異体字銘帯鏡

日本書紀には崇神天皇3年、天皇は都を磯城(シキ)の端籬宮(ミズカキノミヤ)に遷したとされている。古事記には崇神天皇5年この天皇の御代に疫病多く起こり人民死して盡きなむとすとあり、民は流浪し背くものあり国が荒れてその勢いは治めることが難しい程であった。疫病が流行したのは宮殿に祀っている天照大神と倭大国魂神(やまとのおおくにたまのかみ)の二神の神力が強く二神が互いの神力を張り合ったためだとして、崇神天皇6年二神を宮中から外に出した。天照大神は崇神天皇の娘の豊鍬入姫を付けて倭の笠縫邑に祀った。

京都府宮津市の天の橋立の近くに丹後一の宮の元伊勢籠(この)神社がある。神社の由緒書によると、この神社は神代より豊受大神を祀ってきたが天照大御神が倭の笠縫邑から遷られて来てその後は天照大神と豊受大神とを一緒に祀って来た。その後、天照大御神は垂仁天皇の時に豊受大神は雄略天皇の時にそれぞれ伊勢に遷された。

伊勢神宮外宮の社伝によると豊受大神は雄略天皇の時に天照大御神に呼び寄せられて伊勢神宮の外宮に祀られたとされている。その故事により、この神社は元伊勢と呼ばれている。この元伊勢籠神社には神宝として邊津鏡と息津鏡の二つの鏡が伝えられている。いずれも内行花文鏡で、邊津鏡（へつかがみ）は直径が9・5センチの異体字銘帯鏡である。

銘文はゴチック体で次のようなものである。

○**内而清質以而昭而明而光而夫而日而月**（而は意味がなくこれを除くと**内清質以昭明光夫日月**）

・この鏡の質は清純にして 明るく照り光り輝く様は日月のようである

異体字銘帯鏡は紀元前一世紀から紀元前後頃の前漢鏡である。この鏡と同じ異体字銘帯鏡は、糸島の三雲南小路遺跡から出土している。

息津鏡（おきつかがみ）は直径17・5センチの長宜子孫銘内行花文鏡である。「長宜子孫」（長く子孫に宜し）の銘文がある。この鏡と同じものが糸島の平原遺跡から出土している。更に、糸島の平原遺跡からは伊勢神宮の神宝として祀られている直径2尺（46・5センチ）の八咫の鏡と同じ直径の大口径の内行花文鏡が出土している。

これらの鏡がいずれも糸島の遺跡から出土していることから、これらの鏡は倭奴国の畿内への東遷によりもたらされて祀られたものと考えられる。

内行花文鏡は中国の後漢時代のものである。中国では鏡は権力を象徴する神器、神を象徴する祭器、邪をはらう明器とする道教思想があり、古くから人が死ぬと墓に剣と一緒に鏡を副葬する葬送儀礼があった。神である皇帝は神聖性の象徴として鏡と剣の二つの神器を持つとされた。

古事記の天孫降臨の三種の神器の項に、次のような記述がある。

〇此之鏡者専為我御而　如拜吾前伊都岐奉

・此の鏡は専ら我が御魂として吾が前を拝むが如くいつき奉れ（お祀りしなさい）

〇伊斯許理度賣命天降也　伊斯許理度賣命者鏡作連等之祖

・伊斯許理度賣（いしこりどめ）の命を天降りさせ給いき　伊斯許理度賣の命は鏡作連等が祖

天孫降臨の際に天照大御神が「この鏡を私と思ってお祀りしなさい」と言って邇邇藝命（ににぎのみこと）に鏡を授けられた

天照大御神は太陽神であり、内行花文鏡は太陽を表す神器である。天照大御神から邇邇藝命に授けられた八咫鏡は内行花文鏡である。伊勢神宮に神宝として祀られている八咫鏡や京都の元伊勢籠神社に伝えられている2面の内行花文鏡は糸島に比定される倭奴国からもたらされたものと推定される。

天孫降臨の際に邇邇藝命が天照大御神から八咫の鏡を授けられたことが日本書紀に記されている。このことから八咫鏡は神聖性を有しており、八咫鏡と同じ鏡が副葬された平原遺跡の被葬者は倭の大王であったと思われる。古事記や日本書紀に記され、伊勢神宮に神宝として祀られた八咫鏡は糸島に比定される倭奴国の東遷により畿内にもたらされたと推測される。

一方、内行花文鏡は奈良県大和古墳群の下池山古墳や柳本古墳群の大和天神山古墳、柳本大塚古墳などの前期古墳からも出土している。

福岡市の那珂八幡古墳や筑紫野市の原口古墳は３世紀後半から４世紀初めの築造と推定されている。那珂八幡古墳は全長８６ｍ、後円部径約５２ｍの前方後円墳で、舶載の三角縁五神四獣鏡が出土している。又、原口古墳は全長８０ｍ、後円部径約５６ｍの前方後円墳で、舶載の三角縁天王日月獣文帯三神三獣鏡が出土している。

しかしその後北部九州では大規模な前方後円墳の築造は見られず、舶載鏡も出土していない。このことからその後邪馬台国は衰退したのではないかと思われる。

３世紀後半から４世紀初めに畿内に前期古墳が築造され、舶載の三角縁神獣鏡や内行花文鏡が副葬されている。これは３世紀の中頃、倭奴国と邪馬台国とが畿内に東遷して前期ヤマト王権を築いたことを示すものと考えられる。

箸墓古墳の被葬者

唐古・鍵遺跡の東南約５ｋｍのところに纏向遺跡があり、その向うには三輪山がある。日本書紀には崇神天皇、垂仁天皇、景行天皇が纏向に都を置いたことが記されている。

纏向遺跡には大和川の上流の初瀬川に繋がる巨大な水路網が巡らされ、大溝で区切られた区画から掘立柱の柱列が発見され、宮殿や祭殿などの大型の建物があったことが推定されている。

纏向のホケノ山古墳から出土した画文帯神獣鏡には一つの四角形の中に4文字が記された銘文があり、この四角形が14箇所、文字数は合計56文字で右回りに次に示すものである。

〇吾作明竟　幽湅三剛　配像世京　統徳序道　敬奉臣良　彫刻無祉　百身挙楽
　衆事主陽　世徳光明　富吉安楽　子孫番昌　士至高升　生如金石　其師命長

ホケノ山古墳は箸墓古墳より古い古墳であり、箸墓古墳はホケノ山古墳より後に築造されたと推定される。三輪山の麓には大神（おおみわ）神社がある。大神神社は三輪山を御神体とし大物主大神を主祭神とする。

古事記、日本書紀の崇神天皇紀には、崇神天皇の御代に疫病多く起こりて人民死して盡きなむとすとある。天皇がこれを憂いて神に祈ると夢に大物主大神が現れ、是我が御心ぞ、我を祀れば疫病おさまりなむとのりたまいき。そこで天皇が大物主大神を大神神社に祀ると疫病が鎮まったと記されている。古事記にはこれが三輪山を祀る由来であるとされている。

日本書紀に天皇の大叔母の倭迹迹日百襲姫命は聡明で未来を予知する能力があり、その後大物主大神の妻となった。大物主大神が昼は姿が見えず、夜しか現れなかったので倭迹迹日百襲姫命が大神の姿を見たいと訴えた。その翌朝櫛笥を見ると蛇がおり、大物主大神の正体は蛇であった。大神は恥じて三輪山に戻り倭迹迹日百襲姫命はその姿に驚いて亡くなったとされている。人々はその墓を箸墓と名付け、昼は人が作り、夜は神が作ったと日本書紀に記されている。

日本書紀の記述から、これまで奈良県桜井市の箸墓古墳は倭迹迹日百襲姫の墓とされて来たがこれには大きな疑問がある。何故なら全長280mあまりの巨大な前方後円墳が空想上の人物である大物主大神の妻の倭迹迹日百襲姫のために造営されるか、ということである。

この説話は古代より行われた三輪山を御神体とする大神神社の自然崇拝を利用して、倭人伝に「年已に長大なるも夫壻なし」と記された卑弥呼を倭迹迹日百襲姫になぞらえる事により、箸墓古墳を卑弥呼の墓と思わせるように仕組まれた説話であり記紀作成時の創作である。このように日本書紀は卑弥呼の邪馬台国が畿内にあったと思わせる記述となっている。

箸墓古墳は墳丘の形状が景行天皇陵と類似しており、景行天皇陵とほゞ同じ時期に築造された前方後円墳と推定される。

崇神天皇、垂仁天皇、景行天皇、いずれも纏向を都としたが、崇神天皇陵と景行天皇陵が纏向にあるのに対して垂仁天皇陵が纏向にないことから、不自然さが指摘されていた。

古事記には、崇神天皇と垂仁天皇は師木水垣宮（磯城の瑞籬宮、現在の奈良県桜井市）、景行天皇は纏向之日代宮に坐しまして天下治しめしきと記されている。

又、崇神天皇陵は「山邉道勾之岡上に在り」、景行天皇陵は「山邉之道上に在り」と記されている。これに対して垂仁天皇陵は「菅原之御立野の中にあり」とされている。

古事記に安康天皇は「石上之穴穂宮に坐しまして天下治しめしき 御陵は菅原之伏見岡に在り」とされている。安康天皇は西暦453年に即位し「即位3年眉輪王によって殺された。3年後に菅原伏見陵に葬られた」とされている。

現在垂仁天皇陵に比定されている菅原伏見陵は全長約168m、後円部径約74mで、後円部径に対する全長の比は2・27である。

一方、箸墓古墳は全長が２７８ｍ、後円部径１５０ｍで、後円部径に対する全長の比は１・８５である。又、景行天皇陵は全長３００ｍ、後円部径１６８ｍで、後円部径に対する全長の比は１・７８である。天皇陵は時代を経るにつれて前方部の長さが長くなり、後円部径に対する全長の比が大きくなる。従って、後円部径に対する全長の比が２・２７の菅原伏見陵は垂仁天皇より後の時代の古墳と考えられる。

紀記は大神神社にまつわる大物主大神の説話を創作して、箸墓古墳の被葬者を倭迹迹日百襲姫とした。その結果垂仁天皇陵を菅原伏見陵としたが、菅原伏見陵は安康天皇陵であり箸墓古墳の被葬者は垂仁天皇である。

日本書紀には垂仁天皇は河内に多くの池を作り、水路を掘って農業の用に供することにより、民が豊かになったとして天皇の業績が讃えられている。又、日本書紀垂仁天皇紀には弟の倭彦命が亡くなりこれを身狭桃花鳥坂に葬る際に行われた殉葬の状況が生々しく記されている。人を生きたまゝ埋めるその悲惨な状況から以後殉葬を禁じたことが記されている。皇后が亡くなった時従者が主人に従って殉死するのを止め代わりに埴輪を陵墓に立てることにしたことが記されている。この記述から、垂仁天皇より後の古墳では殉葬を止め墳墓に埴輪を立てるようになったと解釈される。

次に述べる日本書紀の編年で実在の初代の天皇と考えられる崇神天皇の即位年が西暦３００年と推定される。これから、次の天皇の垂仁天皇は４世紀初めの在位であり、垂仁天皇陵と推定される箸墓古墳は紀元４世紀中頃の築造と考えられる。

紀元5世紀畿内大和王権の成立

日本書紀の編年

日本書紀の神武天皇の即位年は古代中国の讖緯（しんい）説の辛酉（しんゆう）革命説により推古9年（西暦601年）から一蔀（ほう）1260年遡った紀元前660年に設定されている。その結果、歴代天皇の在位年数が異常に長いものとなっている。

日本書紀では邪馬台国の卑弥呼が神功皇后として描かれており神功元年は西暦200年に設定されている。日本書紀では百済肖古王の崩年は神功55年とされており西暦255年となるが歴史年代の肖古王の崩年は西暦375年である。すなわち、神功の年代は歴史年代より120年繰り上げられている。これは那珂通世博士の学説によるもので日本書紀編年解釈の定説となっている。

推古天皇9年（西暦601年）は辛酉の年で、聖徳太子が斑鳩の宮を造営した年である。尚、後漢の光武帝から金印を拝受した西暦57年も辛酉年で革命的な出来事であるためこれを神武天皇の即位年とする説もある。又、邪馬台国の卑弥呼による西暦238年の魏への遣使朝貢も辛酉年の革命的な出来事として捉えられていた。

日本書紀の解釈では初代の神武天皇から第9代の開化天皇までの天皇は実在せず、第10代の崇神天皇が初代の実在の天皇と考えられている。崇神天皇は初代の神武天皇にあたり畿内に東遷して大和で即位する天皇である。近年、実在天皇の在位年代を復元する試みがなされている。

神功６９年に神功皇后が崩じ、翌年、応神天皇が即位する。神功６９年は西暦２６９年となるが、１２０年繰り上げられているので実年代は西暦３８９年となる。『日本書紀の謎』の著者、竹田昌暉氏はこの日本書紀の記述から応神天皇の即位年を西暦３９０年としている。

日本書紀には神功紀に次の記述がある。（）は実年代

・神功４９年（西暦３６９年）朝鮮出兵、卓淳国を拠点に新羅侵攻

・神功５２年（西暦３７２年）百済より朝貢、七枝刀一口、七子鏡ほか種々の宝物を献じた

・神功５５年（西暦３７５年）百済肖古王が薨去、翌年、百済貴須王が即位

竹田昌暉氏は神功４９年（西暦３６９年）の新羅出兵は崇神天皇によるもので、七枝刀は百済より崇神天皇に献上されたものであるとしている。しかし古事記には応神天皇紀に百済の肖古王が牡馬壹疋、牝馬壹疋、大刀、大鏡を応神天皇に献上したという記述がある。

〇百済国主照古王、以牡馬壹疋、牝馬壹疋、亦貢上横刀及大鏡

応神天皇の即位年を西暦３９０年とすると、百済の肖古王の崩年は西暦３７５年で、百済肖古王が応神天皇に大刀、大鏡を献上したという古事記の記述と矛盾する。

従って、応神天皇の即位年は百済肖古王の崩年の西暦３７５年より前と考えられる。

日本書紀では西暦６００年から一蔀、１２６０年前の紀元前６６０年に神武天皇の即位が設定されている。初代の神武天皇から第９代の開化天皇までは実在しない天皇であり、神武天皇から

開化天皇までの実在しない天皇の在位年数は５６０年間である。

倭奴国の後漢光武帝より金印拝受の年の概数西暦６０年を起点とし斑鳩の宮造営の年の概数西暦６００年までの歴史年代の実在天皇の在位年数は５４０年間である。すなわち、この５４０年間が日本書紀年代１２６０年間に引き伸ばされている。（２０３頁図参照）

１２６０年間の内、神武天皇から開化天皇までの５６０年間は実在しない天皇の在位である。この５６０年間が歴史年代の西暦６０年を起点として歴史年代の５４０年間の何年に当たるかを計算すると２４０年となる。起点が西暦６０年であるから西暦３００年となり、この年が歴史年代の崇神天皇の即位年となる。

歴史年代の２４０年は卑弥呼の魏への遣使朝貢の年西暦２３８年に当たり、崇神天皇は卑弥呼に位置づけられる。神功皇后は卑弥呼に位置づけられるが実在せず、歴史年代で卑弥呼に当たる崇神天皇である。神功皇后は応神天皇の誕生後応神天皇の摂政となり、神功６９年に亡くなっている。日本書紀では崇神天皇の在位年数は神功皇后の在位年数と同じ６９年である。推算による崇神天皇の即位年は西暦３００年であるから、西暦３７０年が応神天皇元年となる。

すなわち、西暦３００年の崇神天皇の即位から垂仁、景行、成務、仲哀天皇までの在位年数が６９年で、西暦３７０年が応神天皇の即位年となる。古事記では仲哀天皇の崩御後、応神天皇が誕生し、この年を応神天皇の即位年としたのである。

応神天皇は１９歳で皇太子となっている。これは神功６９年（西暦３８９年）で日本書紀では神功皇后が亡くなった翌年の西暦３９０年を応神天皇の即位年としたのである。

日本書紀の編年

非実在天皇在位年代

	1	2	3	4	5	6	7	8	9	
天皇	神武	綏靖	安寧	懿徳	孝昭	孝安	孝霊	孝元	開化	合計
年数	76	33	38	34	83	102	76	58	60	560

実在天皇在位年代

	10	11	12	13	14	–	15	16	17
天皇	崇神	垂仁	景行	成務	仲哀	神功	応神	仁徳	履中
年数	69	99	60	61	9	69	41	87	6

18	19	20	21	22	23	24	25
反正	允恭	安康	雄略	清寧	顕宗	仁賢	武烈
5	42	4	24	5	3	12	8

26	27	28	29	30	31	32	33	
継体	安閑	宣化	欽明	敏達	用明	崇峻	推古	合計
25	3	4	32	15	3	5	9	700

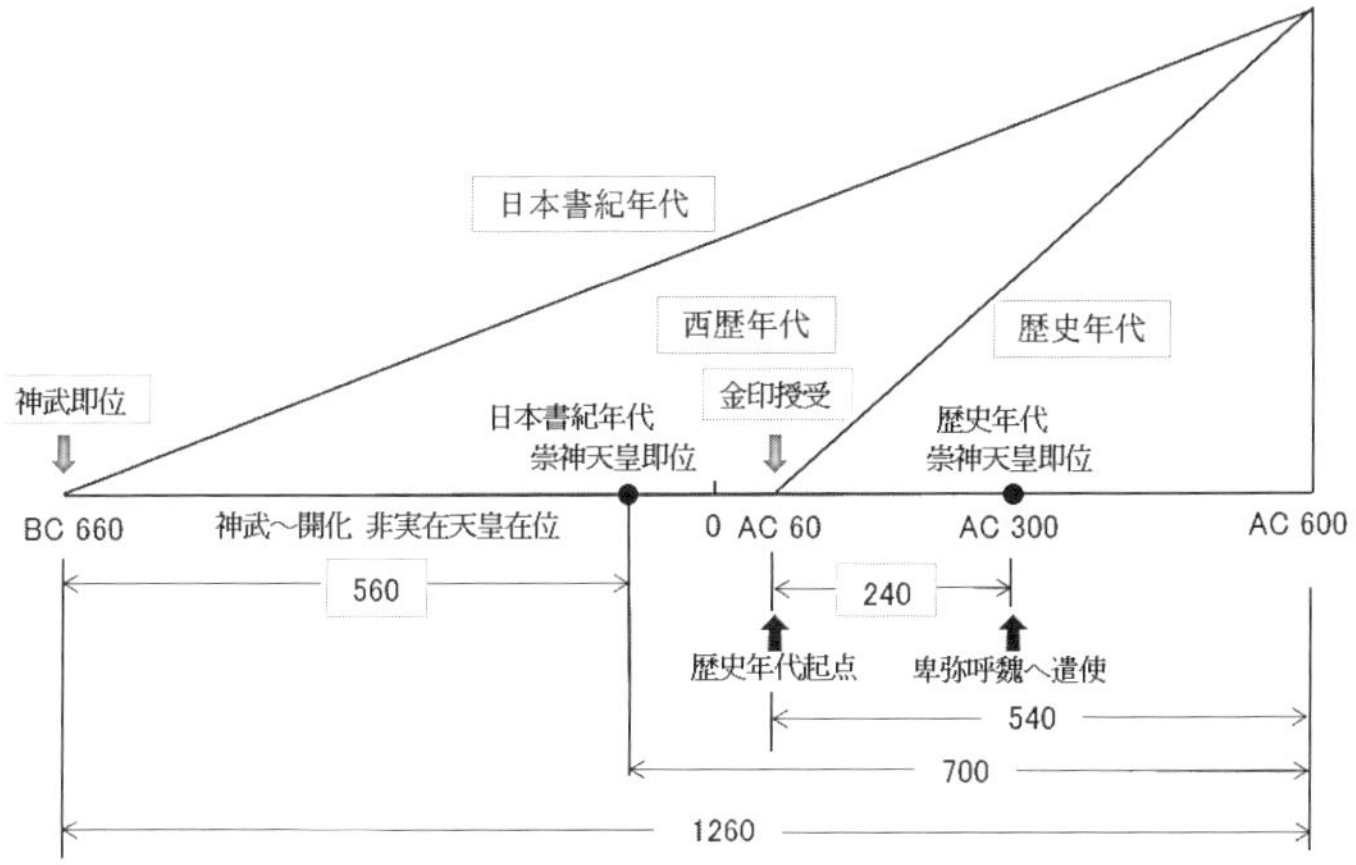

○日本書紀初代神武～第９代開化（ 非実在天皇 ）在位年数　５６０年

○日本書紀年代起点　初代神武天皇即位　ＢＣ６６０年

○歴史年代起点　紀元５７年後漢光武帝より金印授受 ⇒ ＡＣ６０年

○第１０代崇神天皇即位年（ 西暦 ）

$$540 \times \frac{560}{1260} + 60 = 240 + 60 = 300$$ ⬅ 崇神天皇即位年（ 西歴 ）

（240 ⬆）卑弥呼魏へ遣使朝貢

日本書紀では応神天皇の即位年は西暦３９０年で、この年から推古天皇９年西暦６００年までの年数は２１０年間である。一方、日本書紀の天皇在位年数は応神天皇の即位年から推古天皇９年まで３３０年間であり、この間の日本書紀の天皇在位年数は１２０年間長くなっている。

『日本書紀の謎』の著者竹田昌暉氏は応神天皇１６年から允恭天皇崩年の西暦４５３年までの４８年間が日本書紀では１６８年間となっており１２０年間長くなっていることを見出した。

更にその比率が３・５倍であり、日本書紀応神天皇１６年を基準として天皇即位年、又は崩年までの年数を３・５分の１にすることにより、歴史年代への日本書紀の復元が可能であることを明らかにした。

仁徳天皇の即位年は３１３年で２８５年からの年数が２８年である。これを３・５分の１すると８年となり応神１６年(西暦４０５年)から８年後の西暦４１３年が仁徳天皇の即位年となる。

仁徳天皇は崩年が３９８年で２８５年からの年数が１１３年である。これを３・５分の１すると３２年となり、応神１６年（西暦４０５年）から３２年後の西暦４３７年が仁徳天皇の崩年となる。

次の履中天皇は即位年が４００年で２８５年からの年数が１１５年である。これを３・５分の１すると３３年となり、応神１６年（西暦４０５年）から３３年後の西暦４３８年が履中天皇の即位年となる。このようにして竹田昌暉氏は日本書紀年代の応神１６年から允恭天皇崩年の４５３年までの１６８年間が歴史年代の４８年間に復元されることを明らかにした。

日本書紀では応神天皇の即位年は西暦３９０年である。一方、古事記では応神天皇の即位年は西暦３７０年である。これは古事記では応神天皇の誕生した年を応神天皇の即位年としたためである。すなわち、応神天皇が西暦３７０年に誕生し、この年を応神元年としたのである。

日本書紀では摂政であった神功皇后が神功６９年（西暦３８９年）に没し、翌年の西暦３９０年に応神天皇が２０歳で即位した。古事記と日本書紀との２０年の違いはこのためである。

応神天皇の崩年は応神天皇１６年(西暦３９０年)から８年後の西暦４１３年である。従って、応神天皇の在位年数は２４年となる。

百済肖古王から贈られた七支刀は長さ７５センチの鉄剣で刀身の両側に交互に３本ずつ枝刃がついた特異な形状をした七枝の剣である。刀身に金象嵌で次のような銘文が刻まれていた。

○泰□四年□□月十六日丙午正陽造百錬□七支刀□辟百兵宜倶供候王□□□□

・泰□四年□□月十六日丙午正陽の時に百たび鍛錬してこの七支刀を造った この刀は百兵を退けることができる よって宜しく候王に倶に供すべし

泰□四年は東晋の太和四年、西暦３６９年とするのが定説となっている。

○先世以来未有此刀百済王世□奇生聖音故為倭王旨造伝示後世

・先世以来未だこのような刀は無かった 百済王世子奇聖恩に生く 故に倭王旨のために

この刀を造った これを後世に伝示せよ

この銘文から、七支刀が百済で倭王旨のために西暦３６９年に造られたと解釈される。

西暦３１３年、鴨緑江流域にあった高句麗が南下して平壌付近にあった楽浪郡を滅ぼした。

この頃、馬韓の諸国が統一されて百済国となり、辰韓十二国が統一されて新羅国となった。

日本書紀天皇紀

天皇	天皇名	出自	都宮
崇神	御間城入彦五十瓊殖天皇《ミマキイリヒコイニエノスメラミコト》	稚日本根子彦大日々天皇（開化天皇）第二子	磯城瑞籬宮
垂仁	活目入彦五十峡茅天皇《イクメイリビコイサチノスメラミコト》	御間城入彦五十瓊殖天皇（崇神天皇）第三子	纏向珠城宮
景行	大足彦忍代別天皇《オオタラシヒコオシロワケノスメラミコト》	活目入彦五十峡茅天皇（垂仁天皇）第三子	纏向日代宮
成務	稚足彦天皇《ワカタラシヒコノスメラミコト》	大足彦忍代別天皇（景行天皇）第四子	
仲哀	足仲彦天皇《タラシナカツヒコノスメラミコト》	日本武尊（ヤマトタケルノミコト）第二子 母：活目入彦五十峡茅天皇（垂仁天皇）娘	筑紫之訶志比宮
神功皇后	気長足姫尊《オキナガタラシヒメノミコト》	稚日本根子彦大日々天皇（開化天皇）曾孫	筑紫之訶志比宮
応神	誉田天皇《ホムタノスメラミコト》	足仲彦天皇（仲哀天皇）第四子 母：気長足姫尊（神功皇后）	
仁徳	大鷦鷯天皇《オオサザキノスメラミコト》	誉田天皇（応神天皇）第四子	難波之高津宮

百済記に西暦366年、日本の使者が卓淳国に至り、卓淳国王は日本の使者を百済の都に送り届けた。又、百済の肖古王が日本の使者に絹や鉄艇などを贈ったことが記されている。

百済との同盟により、大和朝廷は西暦367年に軍を送って新羅と戦った。これが神功皇后の新羅討伐として古事記、日本書紀に描かれているものと推測される。

西暦369年に高句麗の故国原王が2万の大軍で百済を攻撃したが、百済肖古王はこれを撃退した。西暦371年には3万の大軍を率いて高句麗の都平壌を攻め、故国原王を戦死させた。

このようにこの頃百済は新羅や高句麗と戦っており、日本との同盟を強化するために七支刀と七子鏡を贈ったものと考えられる。日本書紀に神功52年（西暦372年）に百済の肖古王から七支刀が贈られたとあり、応神天皇に七支刀が献上されたものと考えられる。

七支刀は奈良県天理市の石上神宮に神宝として伝えられている。又、七支刀と同時に七子鏡が贈られている。この鏡には七つの丸い突起がついており、内区には九つの丸い突起がみられる。七や九は奇数で吉祥数であり、鏡は長寿や子孫繁栄をもたらすものとされた。

この鏡は仁徳天皇陵から出土したと伝えられている。日本書紀の編年の復元により仁徳天皇は応神天皇の崩御後の西暦413年に即位し、西暦437年に崩じたと考えられる。

百済肖古王の在位年は西暦346年から西暦375年である。従って七子鏡は西暦372年に百済の肖古王から七支刀と共に応神天皇に贈られ、応神天皇の子である仁徳天皇に引き継がれて仁徳天皇陵に副葬されたものと考えられる。崇神天皇陵は奈良県天理市の柳本古墳群にあり、4世紀前半の築造とされている。応神天皇陵は大阪府羽曳野市の古市古墳群にあり、5世紀前半の

築造とされている。又、仁徳天皇陵は大阪府堺市の百舌鳥古墳群にあり日本最大の前方後円墳で
5世紀中頃の築造とされている。

3世紀中頃に、倭奴国と邪馬台国を中心とする勢力が北部九州から畿内大和へ東遷し、4世紀には畿内大和に巨大な前方後円墳が築造され、5世紀には大和王権が確立したと考えられる。

何故北部九州から畿内大和に遷都が行われたかを考えると、第一に、統一国家としての体制を整え軍事力を強化する必要があったこと、第二に、このため西に偏した北部九州から日本の中央に位置する畿内大和に首都を置く必要があったこと、第三に、朝鮮半島の加耶国を支配することなどにより畿内での鉄の入手が可能になったことが挙げられる。

東夷の西晋、東晋、宋への朝貢は卑弥呼や台与の魏への遣使朝貢と異なり、中国王朝への帰順、服属を意味するものであった。従属国の王は即位するとすぐに朝貢して帰順の意を表し、王位を承認されることが必要であった。

『日本書紀の謎』の著者竹田昌暉氏は日本書紀応神天皇16年（西暦405年）から允恭天皇崩年の西暦453年までの48年間の歴史年代の復元を行っている。

復元された歴史年代は宋書倭国伝の記述とよく一致する。

神功皇后が神功69年（西暦389年）に没し、翌年の西暦390年に応神天皇が即位した。神功皇后の没年を神功69年としたのは、崇神天皇の在位年数の69年と一致させ、崇神天皇の即位年が西暦300年と推定されることから、西暦370年に応神天皇が誕生し、この年を応神天皇の即位年とすることにあったと思われる。

応神天皇は西暦４１３年に崩じ、仁徳天皇が即位した。宋書倭国伝には西暦４２１年に倭国王讃が朝貢したことが記されている。倭国王讃は仁徳天皇である。

西暦４３８年に仁徳天皇が没し弟の履中天皇が即位した。西暦４３８年に倭国王珍が宋に朝貢して安東将軍倭国王に任じられたことが宋書倭国伝に記されている。履中天皇は即位後すぐに宋に朝貢を行っている。

履中天皇が西暦４４０年に崩じ、弟の反正天皇が即位した。反正天皇はその翌年に崩じ、西暦４４２年に允恭天皇が即位した。宋書倭国伝には西暦４４３年に倭国王済が宋に朝貢したことが記されている。倭国王済は允恭天皇である。允恭天皇も即位の翌年に朝貢し、宋から冊封されて安東将軍倭国王に任じられている。

允恭天皇は西暦４５３年に崩じ世子興が即位した。世子興は安康天皇である。安康天皇は西暦４５６年に没し雄略天皇が即位した。雄略天皇は西暦４６０年と４６２年に宋に朝貢を行った。

この頃、中国では北魏が南下して宋に侵攻して山東半島を占領した。又、朝鮮半島では高句麗が南下して新羅、百済を攻撃した。百済は宋に使いを送って窮状を訴えた。

百済は西暦４７２年に高句麗と国境を接する北魏に救援を要請した。しかし、西暦４７５年、高句麗の長寿王が２万の大軍で百済を攻撃し、百済の都漢城が陥落した。百済の文周王は急遽、漢城から南の公州（コンジュ）に遷都した。

西暦４７８年に倭国王武が朝貢して安東大将軍倭国王に任ぜられたことが宋書倭国伝に記されている。西暦４７８年に朝貢して安東大将軍倭国王に任ぜられた倭国王武は雄略天皇である。

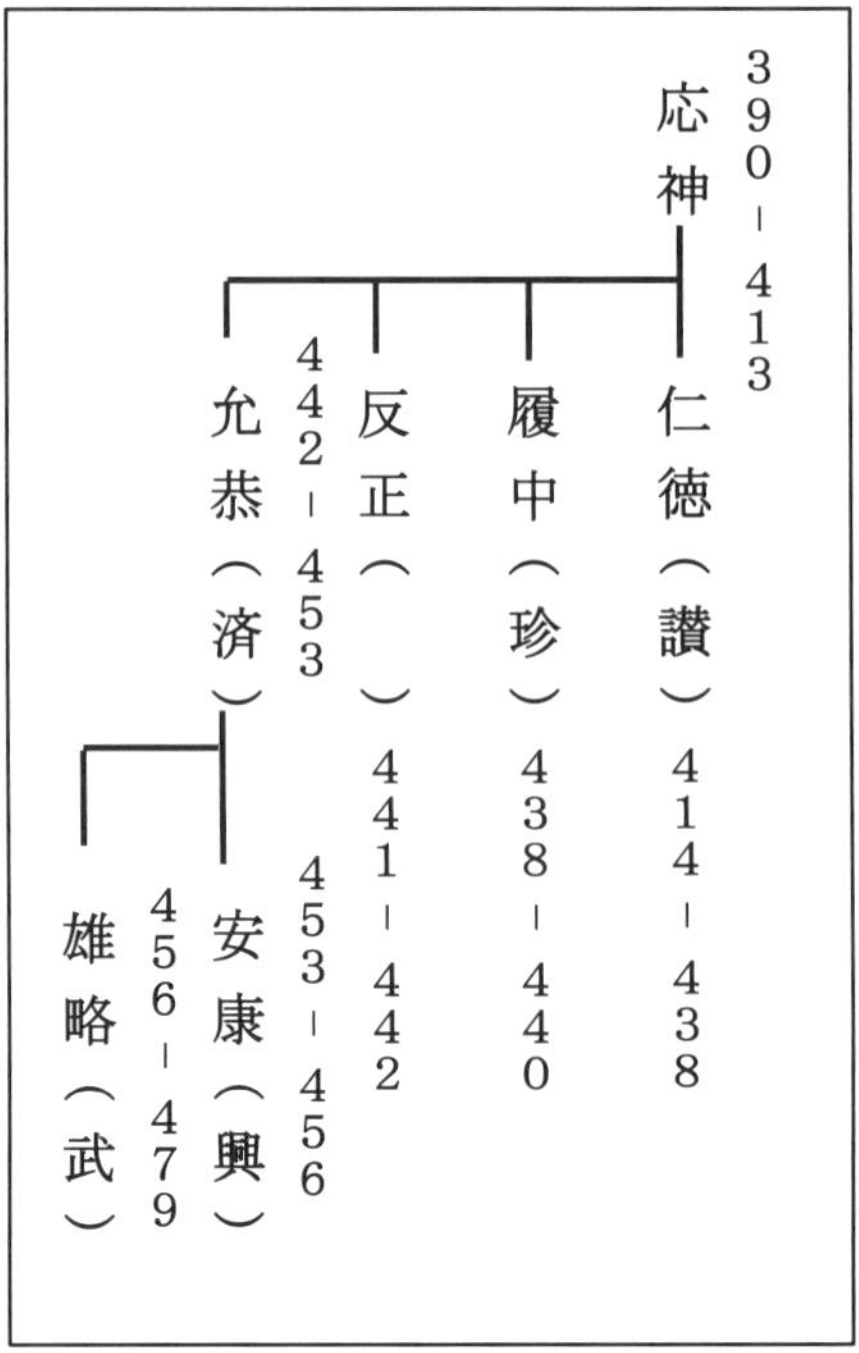

倭王	讃	珍	済	興	武
天皇	仁徳	履中	允恭	安康	雄略
朝貢年	421年	438年	443年		478年

雄略天皇は宋への遣使に当たり上表文を送っている。
宋書東夷倭国伝に次のように記されている。昇明二年は西暦478年である。
○順帝昇明二年遣使上表曰　封国偏遠作藩于外　自昔祖禰躬擐甲冑　跋渉山川不遑寧処……
・封国は偏遠にして藩を外に作す　昔より祖禰躬ら甲冑を擐き山川を跋渉し寧処に遑あらず……而るに句驪無道にして図りて見呑せんと欲し、辺隷を掠抄し虔劉すること已まず……（ここで句驪とは高句麗のことである）

この上表文について河内春人氏著『倭の五王』に次のような解説がなされている。

この上表文中の「躬擐甲冑山川跋渉」は五経の一つである春秋左氏伝にほぼ同じ文言があり、「不遑寧処」は五経の一つである「詩経」に全く同じ一文があるなど、古典に出典を持つ出色の文書である。

文章は駢儷体と呼ばれるもので、四文字と六文字の語を並べ対句表現の中に美しさを表現している。この上表文は倭国を取り巻く状況を表しており高句麗に対して宋が軍事行動を起こすべきことを主張したものである。

しかし、宋は雄略天皇が朝貢した西暦478年の翌年の西暦479年、順帝が将軍の蕭道成に帝位を禅譲し、蕭道成が即位して南斉（西暦479－502年）を建国した。

埼玉県行田市の稲荷山古墳から出土した鉄剣から次に示す辛亥年七月中記で始まる金象嵌の銘文が発見された。辛亥年は西暦471年である。

○辛亥年七月中記乎獲居臣上祖名意富比垝其児多加利足尼其児名弖已加利獲居……

○其児名加差披余其児乎獲居臣世々為杖刀人首奉事来今**獲加多支鹵大王寺在斯鬼宮時**……

この銘文は辛亥の年（西暦471年）、ワカタケル大王の寺、磯城の宮に在りし時と解釈されている。

雄略天皇は安康天皇が亡くなった後、西暦456年に即位した。古事記には雄略天皇は大長谷若建命（オオハツセワカタケルノミコト）とされており、磯城の長谷朝倉宮（ハツセノアサクラノミヤ）で治世を行った。

倭の五王の宋への朝貢

西暦２９０年に西晋の始祖の司馬炎が亡くなると西晋は内乱状態となり西暦３１６年に滅亡した。司馬懿のひ孫の司馬睿が晋を再興し、建業を都として東晋の初代皇帝元帝となった。義熙９年（西暦４１３年）応神天皇は東晋に朝貢を行った。沖ノ島の祭祀遺跡の奉献品の中に金銅製の機織機の雛形がある。日本書紀には天皇が東晋に使いを遣わし機織りの工女を求めた。使いが工女を伴って筑紫に帰国すると宗像大神の要請がありこれを奉献したと記されている。

応神天皇は西暦４１４年に崩じ、その子の仁徳天皇（在位４１４〜４３８年）が即位した。東晋は内部抗争により西暦４２０年、東晋の恭帝が帝位を禅譲して宋が成立した。宋書倭国伝には永初二年（西暦４２１年）倭国王讃が宋に朝献したことが記されている。倭国王讃は仁徳天皇である。倭国王讃は宋の武帝より安東将軍倭国王に任ぜられた。

五世紀、中国では北部の黄河流域に北魏（西暦３８６〜５３４年）、南部の揚子江流域に宋（西暦４２０〜４７９年）があり、中国の南北朝時代と呼ばれた。北魏の都は洛陽で、宋の都は建業であった。

宋書に元嘉七年（西暦４３０年）と元嘉十年（西暦４３３年）に「倭国王遣使献方物」の記述がある。この時の倭国王は仁徳天皇である。仁徳天皇が西暦４３８年に崩御し、弟の履中天皇が即位した。

西暦438年に倭国王珍が朝献し、安東将軍倭国王に任ぜられたことが宋書倭国伝に記されている。倭国王珍は履中天皇である。西暦440年に履中天皇が崩じ、弟の反正天皇が即位した。反正天皇は翌年に崩じ、後継ぎがなかったために弟の允恭天皇が即位した。

宋書元嘉二十八年（西暦451年）安東将軍倭王済進號安東大将軍の記載がある。倭国王済は允恭天皇である。允恭天皇は西暦453年に崩じ、その子の安康天皇が即位した。

安康天皇は西暦456年に崩じ、弟の雄略天皇（在位西暦456〜481年）が即位した。

宋書に大明四年（西暦460年）と大明六年（西暦462年）に「倭国王遣使献方物」の記述がある。この時宋に朝献した天皇は雄略天皇である。又、昇明二年（西暦478年）倭国王武が朝献して安東大将軍倭国王に任ぜられたことが記載されている。倭国王武は雄略天皇である。

雄略天皇は現在の奈良県桜井市初瀬で治世を行った。熊本県の江田船山古墳から治天下獲□□□歯大王で始まる銀象嵌銘の鉄刀が出土した。

○治天下獲□□□歯大王世奉事典曹人名无□弖………

江田船山古墳は全長約62m、後円部径約41mで周溝があり、後円部径に対する全長の比が1・5の前方後円墳である。築造は5世紀後半とされている。

獲□□□歯大王が誰なのか判読が困難であったが、埼玉県の稲荷山古墳から出土した金象嵌の鉄剣の銘文に「獲加多支歯大王」（ワカタケル大王）とあり、雄略天皇であることが判明した。

このことから5世紀の中頃から後半の雄略天皇の時代、すでに日本の東西に大和王権の支配が及んでいたことが推測される。

雄略天皇と百済武寧王

西暦453年、允恭天皇の崩御後その子の安康天皇が即位した。安康天皇は石上穴穂宮で治世を行った。3年後の西暦456年8月、安康天皇は眉輪王により殺害された。古事記と日本書紀に次のように記されている。安康天皇は大草香皇子の妹を弟の大泊瀬皇子（雄略天皇）の妻にするよう命じたが、大草香皇子がこれを拒否したため、安康天皇は大草香皇子を殺害した。その上、大草香皇子の妻の中蒂姫命を皇后とした。中蒂姫命と大草香皇子との間には子供があり、それが眉輪王である。眉輪王は父が安康天皇により殺されたことを知り、安康天皇を殺害した。安康天皇3年8月のことである。

雄略天皇は眉輪王や安康天皇の後継者と目されていた皇子らを殺害し、泊瀬の朝倉に壇を設けて天皇位についた。雄略天皇は、古事記には大長谷若建命（オオハツセワカタケルノミコト）とされており、長谷朝倉宮（ハツセノアサクラノミヤ）現在の奈良県桜井市初瀬で治世を行った。

雄略天皇5年（西暦461年）百済王加須利君（蓋鹵王）が昆支君に、自分の子を宿した愛人を与えて日本に送るが、来日途中加唐島で出産したのでその子を百済に送り返したと日本書紀に記されている。その子が百済斯麻王、後の武寧王である。

日本書紀の雄略天皇5年に「六月丙戌朔　孕婦果如加須利君言　於筑紫各羅嶋産兒　仍名此兒曰嶋君　於是軍君　即以一船送嶋君於国　是為武寧王」と記されている。

古事記に「大長谷若建命、長谷朝倉宮に坐しまして天下治しめしき」とあり、雄略天皇は泊瀬(はつせ)朝倉宮を宮とした。泊瀬は奈良県磯城郡初瀬町と考えられている。『萬葉集注釋』の著者澤瀉久孝氏によると、ハツセは泊つる瀬の意味で、大阪湾から大和川を遡り、その上流の初瀬川に至ったのでその舟つき場という意味で名付けられた。又、長谷と書くのはこの地が渓谷をなしており、その地形によりナガタニといひ長谷の初瀬となり枕詞のように用いられたのが長谷をハツセともハセとも読むに至ったものと思われるとされている。

日本書紀に雄略天皇は宋に貢ぎ物を献上したことが記されている。これは宋書の大明四年(西暦460年)と大明六年(西暦462年)の「倭国王遣使献方物」という記述と一致する。

雄略天皇20年(西暦475年)に高句麗が百済を攻め漢城が陥落した。文周王は新羅に救援を求め、新羅の兵を率いて都に戻ったがその時すでに蓋鹵王は殺されていた。文周王は急遽都を漢城から熊津、現在の公州(コンジュ)に遷した。文周王が崩御した後西暦477年に三斤王が即位したが、西暦479年に亡くなった。雄略天皇は昆支君の五人の子の中から第2子に当たる末多王が聡明であったので武器を与え筑紫国の兵士500人を付けて百済に送った。これが三斤王の後に即位した東城王である。東城王も家臣に暗殺され、西暦502年に武寧王が即位した。

韓国公州市にある宋山里古墳から1971年、武寧王陵が発見された。発掘調査の結果、この墓が武寧王とその王妃とを合葬した陵であることが明らかになった。

〇寧東大将軍百済斯麻王年六十二歳癸卯年五月丙戌朔七日壬辰崩到
乙巳年八月癸酉十二日甲申安厝登冠大墓立志如左

○百済国王大妃寿終居喪在西地己酉年二月癸未朔十二日甲午改墓還大墓立志如左
記載された内容は寧東大将軍百済斯麻王が六十二歳の癸卯年五月丙戌朔七日壬辰に崩御したというものである。癸卯年、西暦５２３年に武寧王が六十二歳で亡くなったと記されていることから、武寧王の誕生年は西暦４６１年となり、日本書紀雄略天皇５年の記述と一致する。

日本書紀には継体天皇１７年に百済の武寧王が崩じたことが記されている。雄略天皇１７年は西暦５２３年である。従って、武寧王の崩年は日本書紀の記述と一致する。

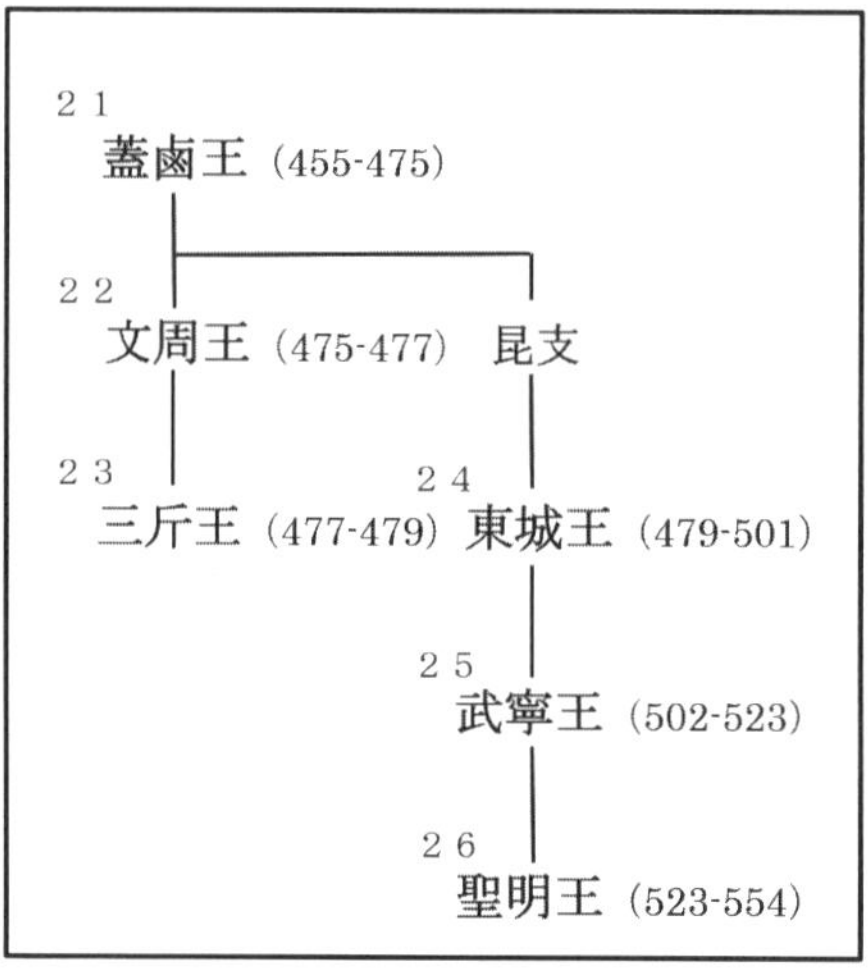

百済王系譜

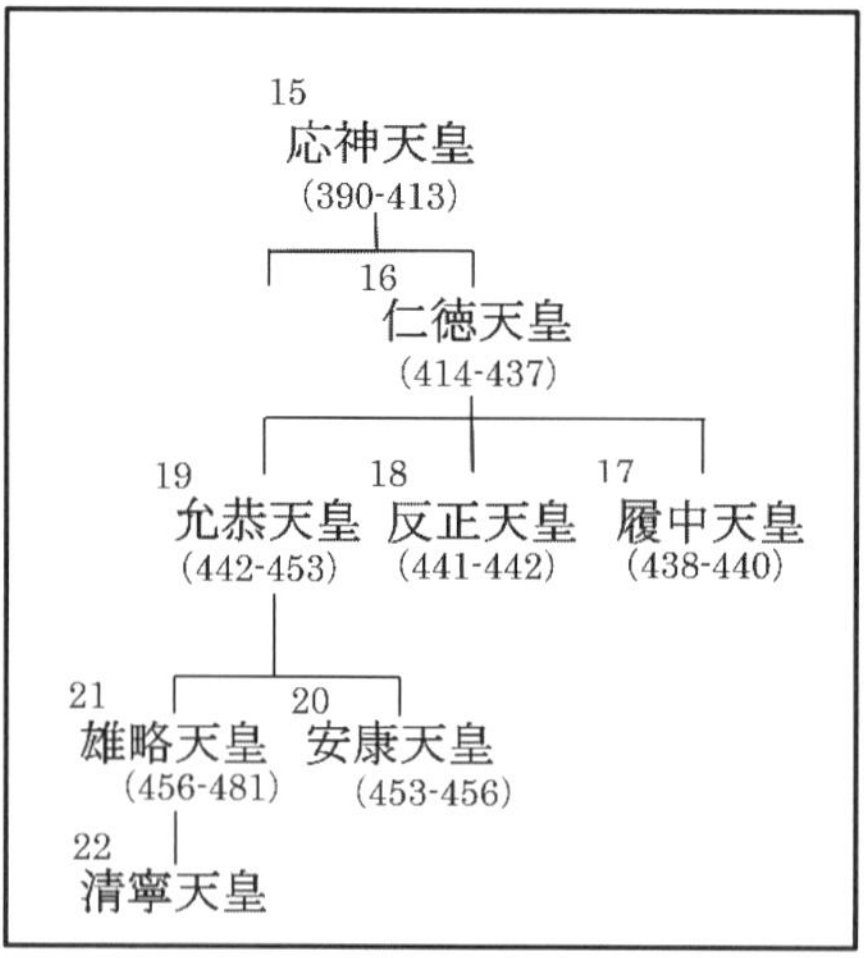

雄略天皇系譜

京都大学名誉教授、樋口隆康氏の「武寧王陵出土鏡と七子鏡」と題する論文がある。武寧王陵から出土した浮彫人物獣文四神鏡には次の銘文がある。

○尚方作竟真大好　上有仙人不知老　渇飲玉泉飢食棗　寿如金石兮

この古墳は直径約２０ｍの円墳で墓室は塼（レンガ）築である。数多くの副葬品があり、木棺の材質が日本でしか自生しない高野槇（コウヤマキ）であることが判明して話題となった。

武寧王陵墓碑
（武寧王陵博物館）

武寧王金製冠飾り
（武寧王陵博物館）

武寧王陵出土鏡
（武寧王陵博物館）

熊本県の江田船山古墳からは武寧王の金製垂飾付耳飾りや飾履と類似した副葬品が出土している。これより、江田船山古墳の被葬者と百済とが密接な関係にあったことが窺える。江田船山古墳は後円部の石棺から次に示す７５文字の銀象嵌銘の鉄刀が出土したことで知られている。

○治天下獲□□□鹵大王世奉事典曹人名无□弖八月中用大鉄釜井四尺延刀八十錬□十振
三寸上好□刀服此刀者長寿子孫洋々得□恩也不失其所統作刀者名伊太□書者張安也

・天（あめ）の下治（しろ）しめす獲□□□鹵大王の世　（つか）え奉る典曹人
名は无□弖　八月中　大鉄釜井四尺延刀を用い八十錬　□十振の三寸上好□刀也
此の刀を服（おび）る者は長寿にして子孫は洋々　□の恩を得る也　其の統（す）ぶる
所を失わず　刀を作る者名は伊太□　書く者は張安也

第２１代雄略天皇の後、第２２代清寧、第２３代顕宗、第２４代仁賢天皇と続いたが、第２５代武烈天皇には跡継ぎがなく、応神天皇の５代目の子孫に当たる男大迹王（オオドノオオキミ）（継体天皇）が「男大迹王は慈悲深く孝順で王族の中で賢者は男大迹王ただ一人である」という大伴金村大連らに推戴されて即位した。

男大迹王は父彦主人王の死後、母振媛の実家である越前国高向（現在の福井県坂井市三国町）で育てられたと日本書紀に記されている。継体天皇（在位西暦５０７～５３１年）と百済武寧王（在位西暦５０２～５２３年）とはほゞ同時代の王である。

紀元６世紀、継体・欽明天皇の時代

継体天皇は西暦５０７年樟葉宮（現在の大阪府枚方市樟葉）で即位した。その年、仁賢天皇の皇女手白香を皇后とした。その後一人の男子が生まれた。これが後の欽明天皇である。

継体天皇は母振姫の実家である越前国三国（現在の福井県坂井市三国町）で養育された。

日本書紀垂仁天皇２年に次の記述がある。尚、角鹿（ツヌガ）は現在の福井県敦賀である。

○一云 御間城天皇之世 額有角人 乗一船 泊于越國笥飯浦 故號其處曰角鹿也

・御間城天皇（崇神天皇）の時代に額に角のある人が一艘の舟に乗ってやってきて越國の笥飯浦（ケヒノウラ）に停泊した。そこで其の處を角鹿（ツヌガ）と云う

○問之曰「何國人也」 對曰「意富加羅國王之子名都怒我阿羅斯等亦名曰于斯岐阿利叱智于岐」

・いずこの国の人かと問うと「意富加羅國（オオカラノクニ）の王の子 名は都怒我阿羅斯等（ツヌガアラヒト）亦の名を于斯岐阿利叱智于岐（ウシキアリシチカンキ）」と云う

○天皇 問都怒我阿羅斯等曰「欲帰汝國耶」 對諮「甚望也」 天皇詔阿羅斯等曰「改汝本國名 追負御間城天皇御名 便為汝國名」 故 號其國謂彌摩那國 其是之縁也

・天皇が都怒我阿羅斯等に「汝の国に帰りたいか」と尋ねると「帰りたい」と答えた そこで天皇は阿羅斯等に「汝の国の名を改め御間城天皇の名（ミマキイリヒコ）をとって汝の国の名とせよ」と命じた これが其の国を彌摩那国（ミマナノクニ）という由縁である

継体天皇は西暦507年に即位し、仁賢天皇の皇女の手白香を皇后とした。これは継体天皇の皇位継承をより正統なものとする意味があったものと考えられる。

継体天皇6年、天皇は穂積臣押山を使者として百済に派遣した。その年百済は使者を派遣して任那国の上哆唎（オコシタリ）、下哆唎（アロシタリ）、娑陀（サダ）、牟婁（ムロ）の4県の割譲を願って来た。穂積臣押山は「この4県は百済に連なり日本とは隔たっている 百済とは見分けが付かない位に似通っており、百済に与えるのが得策である」と具申し、大伴金村大連もこれに賛同して天皇に奏上した。そこで天皇は使者を送って百済へ任那4県を割譲する宣勅を行った。

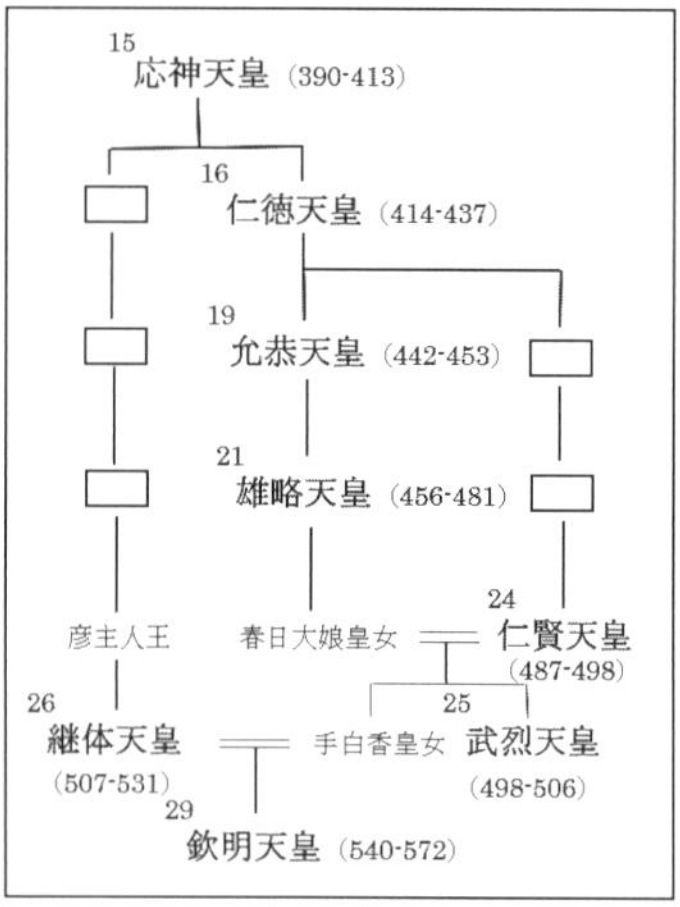

継体天皇系譜

継体天皇樟葉宮・今城塚古墳

継体天皇７年、百済は儒教の五経を教学する五経博士を送ってきた。

百済は伴跛国（ハヘ国）（任那国）が己汶（コモン）を略奪したので、これを返還することを願い出た。天皇はこれに応えて百済の己汶、帯沙の領有を認めた。

継体天皇１７年（西暦５２３年）百済の武寧王が亡くなり、聖明王が即位した。

継体天皇２０年、天皇は磐余（イワレ）（奈良県桜井市）玉穂宮に遷都した。

継体天皇２１年（西暦５２７年）新羅によって奪われた任那の南加羅、喙己呑（トクコトン）を新羅から奪還するため６万の兵を率いて任那に向かう近江毛野臣の進軍を筑紫の豪族の磐井が阻んだことにより、磐井の乱が勃発した。大伴金村大連が推挙し、天皇の命を受けた物部大連麁鹿火が翌年西暦５２８年、磐井の乱を鎮圧した。

日本書紀に磐井の近江毛野臣に対する言葉として「今こそ使者にあれ昔は我がともとして肩を摩り肘を触りつつ同じ器（うつわ）して共に食らひき にわかに使いとなり、余をして汝が前に従わしむること得むや」とあり、出兵に際し近江毛野臣が傲慢かつ高圧的な態度で磐井を従わせようとしたことに対する反発があったのではないかと思われる。

磐井の乱によって一時中断していた任那救援のため、天皇は近江毛野臣を安羅国に派遣した。近江毛野臣は百済と新羅に安羅国に参集するよう要請した。しかし、近江毛野臣の傲慢な態度に、百済、新羅二国のみならず任那国の離反を招いた。西暦５３０年、このことが天皇に報告され、天皇は近江毛野臣に召喚命令を下した。しかし、毛野臣は日本への帰還の途中対馬で病死した。任那は二年後の西暦５３２年に滅亡した。

継体天皇は西暦５３１年、磐余玉穂宮で崩御した。継体天皇陵は大阪府茨木市太田にある太田茶臼山古墳が充てられている。

前方後円墳の形状は時代を経るにつれて前方部の長さが長くなり、後円部径に対する全長の比が大きくなる。又、前方部の幅が長くなり、後円部径に対する前方部の幅の比が大きくなる。

継体天皇陵に充てられている太田茶臼山古墳は全長が約２２６ｍ、後円部径が約１３８ｍで、後円部径に対する全長の比が１・６４、前方部幅は１４７ｍである。允恭天皇陵は全長約２３０ｍ、後円部径約１４０ｍで、後円部径に対する全長の比が１・６４、前方部幅約１６０ｍである。すなわち、太田茶臼山古墳と允恭天皇陵とは極めて類似した形状である。

允恭天皇の崩年は5世紀中頃の西暦４５３年である。一方、継体天皇の崩年は西暦５３１年である。

大阪府高槻市にある今城塚古墳は全長約１９０ｍ、後円部径約１００ｍで、後円部径に対する全長の比が１・９０、前方部幅１４８ｍで後円部径に対する前方部の幅の比が１・４８である。

今城塚古墳は前方部の長さが長く、後円部径に対する前方部の幅の比が大きい5世紀後半から6世紀前半の後期古墳の特徴を有している。従って崩年が西暦５３１年の継体天皇陵は太田茶臼山古墳ではなく今城塚古墳と考えられる。今城塚古墳には埴輪祭祀区域があり、円筒埴輪や祭祀用の家、武人や巫女などの人物、馬、鶏、水鳥などの動物形象埴輪が多数出土している。

継体天皇は即位前にすでに尾張連草香の娘目子媛を娶っており、勾大兄皇子と檜隈高田皇子の二人の皇子があった。継体天皇の崩御後、勾大兄皇子が即位して安閑天皇となり、その後に弟の檜隈高田皇子が即位して宣化天皇となった。第２７代安閑天皇の在位は3年で、第２８代宣化天皇の在位は4年であった。

西暦５３８年、百済の聖明王は熊津（ウンジン）（現在の公州）から西南に約３０ｋｍの所にある泗沘（シビ）（現在の扶余）に都を遷した。

西暦５４０年第２９代欽明天皇が即位した。継体天皇の擁立に貢献した大伴金村は任那4県の割譲などの外交政策を物部氏らに糾弾されて失脚し、代わりに蘇我氏が台頭した。

蘇我稲目は欽明天皇2年、娘の堅塩姫（きたしひめ）と小姉君（おあねのきみ）を欽明天皇の妃として送り込んだ。その結果、蘇我氏と天皇家との関係が強まり蘇我氏の全盛となった。

欽明天皇13年（西暦552年）百済聖明王は倭に仏像、仏具、経典などを献上した。天皇は蘇我稲目らが仏像を安置して礼拝するのを許したが、その直後に疫病が流行し物部氏らは異国の神を迎えたためだとして仏教排斥を主張し、寺や仏像が焼き払われた。

当時、百済は高句麗の攻撃に対して倭に援軍を求め倭もこれに応えて軍の派遣や武器の援助を行った。百済の聖明王は西暦554年、高霊（コリョン）の大伽耶と共に新羅を攻撃した。

しかし、この管山城の戦い（西暦554年）で百済は敗北し、聖明王は戦死した。

西暦571年に欽明天皇が崩御し、翌年第30代敏達天皇（在位西暦572年〜584年）が即位した。敏達天皇は蘇我氏の仏教崇拝を容認した。しかし、蘇我馬子らが仏像を祀り、拝んだところ又もや疫病が流行して、物部守屋らは再び仏教排斥を主張した。

敏達天皇は西暦585年に崩御し、翌年第31代用明天皇が即位した。欽明天皇と蘇我稲目の娘、堅塩媛との間の子が用明天皇である。用明天皇は仏教を容認し、その後、聖徳太子の時代となって蘇我氏を中心に仏教が広まった。用明天皇の在位は西暦586年から587年までの2年間で、その後欽明天皇と蘇我稲目の娘小姉君との間の子の第32代崇峻天皇が即位した。

崇峻天皇は4年後の西暦592年に崩御し、翌年第33代の推古天皇が即位した。推古天皇は欽明天皇と蘇我稲目の娘堅塩媛との間の皇女で、敏達天皇の皇后である。

推古天皇は西暦593年 用明天皇の皇子で甥に当たる厩戸皇子（聖徳太子）を摂政とした。

西暦600年、百済では韓国歴史ドラマ「薯童謡（ソドンヨ）」の百済王、武王が即位した。武王の在位は西暦600年から西暦640年である。

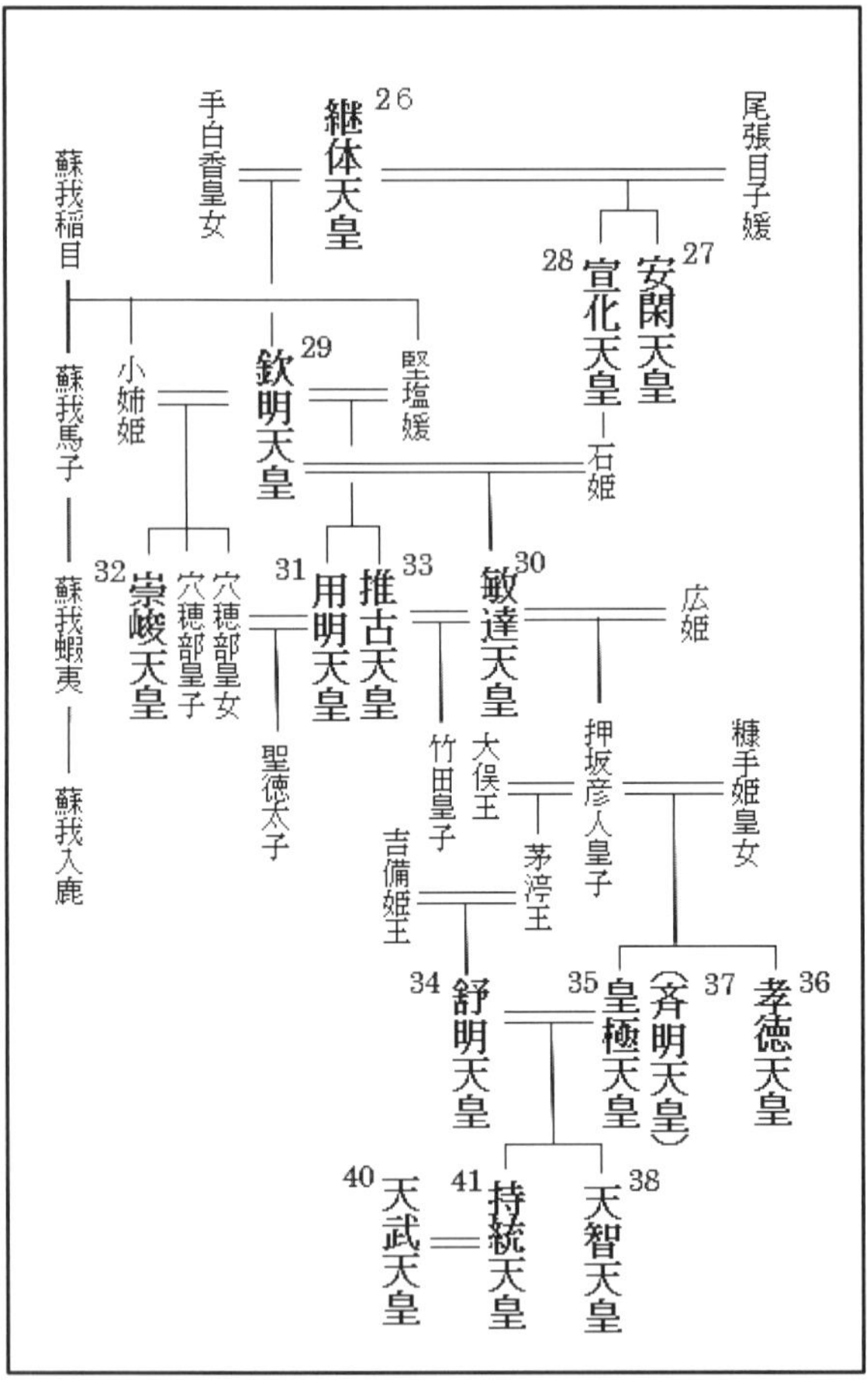
26 継体天皇
手白香皇女
尾張目子媛
27 安閑天皇
28 宣化天皇
石姫
蘇我稲目
小姉姫
29 欽明天皇
堅塩媛
蘇我馬子
蘇我蝦夷
蘇我入鹿
32 崇峻天皇
穴穂部皇子
穴穂部皇女
31 用明天皇
33 推古天皇
30 敏達天皇
広姫
聖徳太子
竹田皇子
大俣王
押坂彦人皇子
糠手姫皇女
茅渟王
吉備姫王
34 舒明天皇
35 皇極天皇
37 (斉明天皇)
36 孝徳天皇
40 天武天皇
41 持統天皇
38 天智天皇

欽明天皇系譜

斑鳩の宮は厩戸皇子（聖徳太子）が推古天皇９年（西暦６０１年）に造営したとされている。又、法隆寺は西暦６０７年聖徳太子により建立されたとされている。法隆寺は奈良県広陵町の馬見古墳群から北に約６ｋｍのところに位置する。

その法隆寺のすぐそばに藤ノ木古墳がある。直径約４８ｍ、高さ９ｍの円墳で、法隆寺が建立される前の６世紀後半に築造されたと推定されている。

１９８５年の発掘調査で、全長１４ｍ、幅２・７ｍ、高さ４・４ｍの横穴式石室から未盗掘の家形石棺が発見された。石棺は長さ２・４ｍ、幅２・７ｍ、高さ４・４ｍで、中から金銅製透彫鞍金具や金銅製冠、金銅製履、金銅製筒形品その他の装身具、刀剣類、画文帯神獣鏡など多数の副葬品が出土した。

藤ノ木古墳の被葬者は二人で一人は男性であるが、もう一人は男女いずれか不明であった。

藤ノ木古墳から出土した金銅製飾履は武寧王陵から出土した王妃の金銅製飾履と極めて類似している。従って、藤ノ木古墳のもう人の被葬者は女性ではないかと思われる。

男性の被葬者は欽明天皇の皇子で敏達天皇の異母弟の穴穂部皇子とする説が有力である。

穴穂部皇子は敏達天皇の崩御（西暦５８５年）後、天皇への野心をあらわにするが敏達天皇の後、第２９代欽明天皇と蘇我氏の娘の堅塩媛の間の皇子である用明天皇が即位した。

１９７２年に奈良県明日香村の高松塚古墳から極彩色の壁画が発見され、一大古代史ブームとなった。その後、１９８３年に高松塚古墳の南約１ｋｍの所にあるキトラ古墳から極彩色の壁画が発見された。

この古墳は上段が9・4m、下段が13・8m、高さ約4mの二段築造の円墳である。石室の内部の壁に青龍、白虎、朱雀、玄武の四神像や天井に古代の天文図である星宿図が描かれていた。

高松塚古墳もキトラ古墳も藤原宮からまっすぐに伸びる「聖なるライン」上にあり、藤原京が都であった7世紀末から8世紀初めの築造と考えられている。

紀元7世紀、飛鳥時代

西暦592年から西暦710年の奈良平城京遷都までの約120年間は飛鳥時代と呼ばれる。崇峻天皇の後西暦593年第33代推古天皇が即位した。推古天皇の在位は西暦593年から西暦628年までの36年間である。西暦596年、飛鳥寺（法興寺）が完成した。

敏達天皇と広姫との間には押坂彦人大兄皇子があったが、押坂彦人大兄皇子は西暦607年に亡くなっており、推古天皇の後西暦629年に押坂彦人大兄皇子の子の舒明天皇が即位した。

舒明天皇は西暦630年に飛鳥岡本宮に遷宮した。舒明天皇は西暦641年に崩じ、舒明天皇の皇子の中大兄皇子は若年のため、舒明天皇の皇后の皇極天皇が飛鳥板葺宮で即位した。

尚、奈良県明日香村の飛鳥板葺宮は斑鳩の宮から南南東に約20km弱の所に位置する。

西暦645年、乙巳の変で中大兄皇子と中臣鎌足が蘇我蝦夷、馬子父子を滅ぼした。この後、皇極天皇が譲位して弟の孝徳天皇が即位した。西暦655年、孝徳天皇が崩御すると皇極天皇が重祚して第37代斉明天皇となった。宮は飛鳥板葺宮であった。

西暦660年、百済が唐・新羅連合により滅ぼされた。斉明天皇は西暦661年、百済救援のため筑紫の朝倉宮に遷ったが当地で崩御した。西暦663年、百済復興のため派遣した倭国軍は白村江の戦いで敗北した。

西暦672年に壬申の乱がおこり、翌年の西暦673年、大海人皇子が即位して第40代天武天皇となった。宮は飛鳥浄御原宮であった。天武天皇は天智天皇の皇女を妃とした。これが後の持統天皇である。天武天皇は西暦686年に崩御した。その後持統天皇が朝政をとったが皇太子の草壁皇子が亡くなったため、翌年西暦689年に即位した。持統天皇は飛鳥浄御原令を施行し班田収授を実行し律令政治の基礎を固めた。西暦694年、持統天皇は藤原宮に遷都した。西暦697年持統天皇の譲位により、草壁皇子の子で持統天皇の孫の文武天皇が即位した。

文武天皇は飛鳥浄御原令を基礎として西暦701年大宝律令を制定した。

1972年に奈良県明日香村の高松塚古墳から極彩色の壁画が発見され、多くの人々の古代への関心を集めた。これは1970年代の古代史ブームのきっかけとなる出来事であった。

高松塚古墳は直径約23m、高さ5mの円墳である。発掘調査の結果、石室の壁に朱雀、青龍、玄武、白虎の四神像と男女人物像の彩色壁画が描かれているのが発見された。

高松塚古墳については直木孝次郎氏著『王権の争奪』の中で、奈良国立文化財研究所、京都橘大学名誉教授の猪熊兼勝氏により詳しい解説がなされている。

高松塚古墳は天武・持統天皇陵と同じく、藤原京から南にまっすぐに伸びる「聖なるライン」上にあることから、被葬者は皇族クラスの高貴な身分の人であるとの見方がなされていた。

京都橘大学名誉教授、猪熊兼勝氏は男子群像が捧げ持つ蓋条（きぬがさ）の色が深緑であり、718年に制定された養老令で「一位深緑」とされていることから、被葬者は位階一位の人物である。又、副葬されていた神獣葡萄鏡が西暦698年に亡くなった唐の高官の墓から出土した鏡と同じ工房で作られたもので、西暦702年の遣唐使の一行が704年に持ち帰ったものであることなどから高松塚古墳の被葬者は西暦705年に没した天武天皇の皇子の忍壁皇子（おさかべのみこ）であるとしている。

藤原宮と高松塚古墳

（国土地理院地図データより作成）

壁画に描かれた男女人物像は忍壁皇子も参加した藤原宮の大極殿で行われた西暦701年の大宝律令完成の朝賀儀式を描いたものであるとしている。

文武天皇は病弱で西暦７０８年に亡くなった。このため母親の元明天皇が即位した。６９４年の藤原宮遷都から十六年後の西暦７１０年、元明天皇により平城京遷都がなされた。

おわりに

本書は邪馬台国論争をこのままの状態で終わらせてはいけないという思いから、記述と矛盾のない倭人伝の解釈により、倭人伝に書かれた邪馬壹国がどこにあったのかを明らかにすることを目的としたものである。

倭人伝には「郡より女王国に至る一万二千余里」と記されている。従って「一万二千余里」や「水行十日陸行一月」は郡、すなわち、帯方郡からの里程である。邪馬台国畿内説は、倭人伝の誤った解釈に依拠するものであり、その根拠となるものが示されていない。

旧唐書には「倭国は古への倭奴国である」、「日本国は倭国の別種なり」と記されている。この記述は紀元前後から紀元３世紀の北部九州の倭奴国や邪馬台国と紀元４世紀以降の畿内大和王権とが別種であることを示している。これより、邪馬台国畿内説は斥けられる。

他方、邪馬台国北部九州説も倭人伝の記述とに矛盾があるにも関わらずこれを無視したものとなっている。

末蘆国を唐津とすると伊都国は糸島になるがこれは誤りで、伊都国はイト国ではなくイツ国で唐津に比定される。

末盧国は東松浦半島であり、半島の北端の呼子から唐津市鏡付近まで古代に道路があったと思われるところを辿って距離を求めると約35kmである。一里は約7kmであるから35kmは五百里で、末盧国から「東南陸行五百里伊都国に至る」という倭人伝の記述とよく一致する。

倭人伝に書かれた奴国はナ国ではなく、倭奴（イト）国であり、糸島に比定される。紀元前後から紀元2世紀末まで他の倭の諸国を統属し、倭の宗主国として後漢に遣使し西暦57年光武帝から漢委奴国王の金印を下賜され、西暦107年の安帝の時再び遣使朝貢した倭奴国である。

倭人伝には奴国から東行百里不彌国に至るという記述がある。これまで奴国の中心地から不彌国の中心地までが百里と解釈されて来たが、そうではなく、倭奴（イト）国の中心地から東に百里で倭奴国と不彌国の「国境」に至ると解釈される。糸島の波多江付近から東に約7km行くと長垂山がある。ここが倭奴国と不彌国の国境である。不彌国は福岡市藤崎付近に比定される。

東松浦半島の北端の呼子から久留米市北野町付近まで古代に道路があったと思われるところを辿ってその距離を求めると約140kmである。一里は約7kmであるから二千余里である。帯方郡から末盧国までが一万余里で水行十日、更に末盧国から邪馬台国まで二千余里、陸行一月である。従って、帯方郡から邪馬台国まで一万二千余里、水行十日陸行一月である。

本書の結論は、伊都国はイツ国で唐津、倭人伝に書かれた奴国は倭奴（イト）国で糸島、不彌国は現在の福岡市早良区藤崎、投馬国は福岡平野、邪馬台国は筑紫・筑後平野である。

本書はこのほか、これまで謎とされて来た魏から贈られた銅鏡百枚、前方後円墳の設計思想、箸墓古墳の被葬者、日本書紀の編年などについて著書や論文を参考に独自の説を提示した。

○魏から贈られた銅鏡百枚

京都府の元伊勢籠神社に神宝として伝えられている異体字銘帯鏡は同じものが糸島の三雲南小路遺跡から出土している。又、長宜子孫内行花文鏡や伊勢神宮に神宝として祀られている八咫鏡は同じものが糸島の平原遺跡から出土している。これらの銅鏡は3世紀の中頃畿内に東遷した倭奴国によりもたらされたものと思われる。

我が国では数百枚の三角縁神獣鏡が出土しているが、その殆どが仿製鏡である。一方、畿内の前期古墳からは舶載の三角縁神獣鏡が出土しており、これが魏から贈られた銅鏡百枚である。

○帆立貝式前方後円墳の設計思想

方格規矩鏡は直径に対する方格の一辺の長さの比が径の大小にかかわらず0・3である。

方格規矩鏡の直径と方格の比をそのまゝにして、前方後円墳を形成したとすると、後円部径に対する全長の比は1・3となる。帆立貝式前方後円墳として知られるホケノ山古墳の後円部径に対する全長の比は1・3であり、帆立貝式前方後円墳は円は天、方は地を表す天円地方の思想に基づいた方格規矩鏡の形状をもとに設計されたものと思われる。

○前方後方墳の設計思想

後方部に外接する円の円周と前方部の周の長さが等しいとすると後方部の長さに対する全長の比は2・1となる。馬見古墳群の新山古墳は全長約137m、後方部の長さ67mの前方後方墳で、後方部の長さに対する全長の比は約2・1である。これより、前方後方墳は方円図に基づいて設計されたものと考えられる。

○箸墓古墳の被葬者

日本書紀の記述は箸墓古墳が倭迹迹日百襲姫の墓と思わせるものとなっている。これは卑弥呼を倭迹迹日百襲姫になぞらえ、箸墓古墳を卑弥呼の墓と思わせるためである。このような記述がなされたのは邪馬台国が畿内にあったと思わせることを意図したためである。

古事記、日本書紀に崇神天皇、垂仁天皇、景行天皇はいずれも纏向を都としたとされている。崇神天皇陵と景行天皇陵が纏向にあるのに対して垂仁天皇は纏向にはなく不自然さが指摘されていた。これは箸墓古墳を倭迹迹日百襲姫の墓としたためであり、箸墓古墳の被葬者は垂仁天皇である。

○日本書紀の編年

日本書紀の神武天皇の即位は西暦600年から1260年遡った紀元前660年に設定されている。神武から第9代開化天皇までは実在しない天皇でその在位年数は560年間である。後漢より金印を拝受した概数西暦60年を起点とし、斑鳩の宮造営の西暦600年までの歴史年代の年数は540年間である。この540年間が1260年間に引き伸ばされている。

西暦60年を起点として崇神天皇の即位年が歴史年代の540年間の何年に当たるかを計算すると240年となる。起点が西暦60年であるから西暦300年が崇神天皇の即位年となる。

崇神天皇の在位年数は神功皇后の在位年数と同じ69年である。崇神天皇の即位は西暦300年であるから、西暦370年が応神天皇の即位年となる。西暦300年の崇神天皇の即位から、垂仁、景行、成務、仲哀天皇の在位が69年間で西暦370年が応神天皇の即位年となる

最後に

私が生まれ育ったところは周りにいくつもの古墳があり、この古墳がいつ頃のものか、子供の頃から古代に興味を持って育った。

邪馬台国に関心を持つようになったのは大学に入って１９６９年に出版された原田大六氏の『邪馬台国論争』を読んでからである。その後は古代史、特に邪馬台国に関する本が出版されるたびにその本を読むのが楽しみとなった。

昭和４７年（１９７２年）に奈良県明日香村の高松塚古墳から極彩色の壁画が発見され、１９７０年代の一大古代史ブームのきっかけとなった。今振り返ると多くの人々が古代に関心を持ち希望に満ちた昭和の良き時代であった。

私が倭人伝の解釈で前からずっと疑問に思っていたのは末蘆国を唐津とすることであった。末蘆国を唐津とすると、糸島は伊都国となり奴国は福岡となる。糸島は唐津から東北の方角にあり「末蘆国から東南陸行五百里伊都国に至る」という倭人伝の記述と矛盾する。

又、「南、邪馬台国に至る水行十日陸行一月」の水行の起点を博多湾岸の不彌国とすると倭人伝の解釈は困難となる。倭人伝には「郡より邪馬台国に至る水行十日陸行一月」と記されており、水行の起点は帯方郡である。本書は倭人伝の新解釈により、これまでの定説を覆す新邪馬台国論を世に提示するものである。

参考著書・論文

本書を著述するに当たり多くの方々の著書や論文を参考にさせて頂いた。又、その多くを本文中に引用させて頂いた。ここに、これらの方々に敬意を表し深く感謝すると共に、その主なものについて以下に列挙する。

○著書　（　）は発行年（敬称略）

（１）『古事記精選』育英書院（１９４１）
（２）澤瀉久孝氏『萬葉集注釋』中央公論社（１９５７）
（３）伊藤正文氏『中国詩人選集３・曹植』岩波書店（１９５８）
（４）井上光貞氏『日本の歴史・神話から歴史へ』中央公論社（１９６５）
（５）日本古典文学大系『日本書紀・上』岩波書店（１９６７）
（６）原田大六氏『邪馬台国論争』三一書房（１９６９）
（７）古田武彦氏『邪馬台国はなかった』朝日新聞社（１９７１）
（８）『邪馬台国』小学館（１９７５）
（９）岡田英弘氏『倭国』中央公論社（１９７７）
（１０）山田宗睦氏『魏志倭人伝の世界』教育社（１９７９）
（１１）福井重雅氏『古代中国の反乱』教育社（１９８２）

（9）竹治貞夫氏『中国の詩人・屈原』集英社（1983）
（10）直木孝次郎氏『王権の争奪』集英社（1986）
（11）金両基氏『物語韓国史』中央公論社（1989）
（12）奥野正男氏『邪馬台国はここだ』徳間書店（1990）
（13）『東洋思想・中国宗教思想』岩波書店（1990）
（14）鳥越憲三郎氏『弥生の王国』中央公論社（1994）
（15）堀口清視氏『東アジアの古代文化』大和書房（1995）
（16）新日本古典文学大系『萬葉集』岩波書店（1999）
（17）生野眞好氏『陳寿が記した邪馬台国』海鳥社（2001）
（18）水谷千秋氏『謎の大王　継体天皇』（株）文藝春秋（2001）
（19）楠原佑介氏『地名学が解いた邪馬台国』徳間書店（2002）
（20）竹田昌暉氏『日本書紀の謎』徳間書店（2004）
（21）斎藤忠氏『倭国と日本古代史の謎』学習研究社（2006）
（22）榊原英夫氏『西海道歴史紀行』海鳥社（2006）
（23）田中俊明氏『古代の日本と加耶』山川出版社（2009）
（24）姜吉云氏『倭の正体』三五館（2010）
（25）吉村靖徳氏『九州の古墳』海鳥社（2015）
（26）河内春人氏『倭の五王』中央公論新社（2018）

○論文

（1）佐伯春恵氏「立岩遺跡出土「清白鏡」及び銘文に関する一考察」
筑紫女学園大学人間文化研究所年報 21号 361－374（2010）
（2）須股孝信氏「古代の使用尺度に関する考察」
土木史 第12巻 131－142（1992）
（3）須股孝信氏「前方後円墳の設計理念と使用尺度」
土木史 第17巻 333－344（1997）
（4）樋口隆康氏「武寧王陵出土鏡と七子鏡」
史林55（4）413－429（1972）
（5）福永伸哉氏「船載三角縁神獣鏡の製作年代」
史学篇30・1－22（1996）
（6）福永伸哉氏「河北省出土の魏晋鏡」
史林83（1）123－139（2000）
（7）置田雅昭氏「天理市西山古墳測量調査報告」
日本考古学会・考古学雑誌59巻4号1-16（1974）
（8）奈良県橿原考古学研究所・天理市教育委員会「黒塚古墳の発掘調査」
日本考古学第7号95-104（1999）
（10）福岡市埋蔵文化財課「那珂八幡古墳現地説明会資料」（2019）

（独）国立文化財機構・東京文化財研究所　馬淵久夫氏論文
（11）「漢式法の化学的研究（1）」考古学と自然科学（61）1－16（2010）
（12）「漢式法の化学的研究（2）」考古学と自然科学（62）43－63（2010）
（13）「漢式法の化学的研究（4）」考古学と自然科学（66）1－24（2012）
（14）「漢式法の化学的研究（5）」考古学と自然科学（70）29－48（2016）
（15）「漢式法の化学的研究（7）」考古学と自然科学（75）1－26（2017）

○画像提供
（1）佐賀県立博物館　桜馬場遺跡出土流雲文縁方格規矩四神鏡
（2）糸島市立伊都国歴史博物館　平原遺跡出土内行花文鏡
（3）飯塚市歴史資料館　立岩遺跡出土連弧紋精白鏡・重圏紋精白鏡

坂本 光久（ さかもと てるひさ ）

１９４５年　熊本県山鹿市生まれ
１９６４年　熊本県立山鹿高等学校卒業
　同年　　　九州大学工学部応用化学科入学
１９６８年　九州大学工学部応用化学科卒業
１９７０年　九州大学大学院修士課程修了
　同年　　　東ソー株式会社入社
２００５年　定年退職

２０１２年８月　韓国公州市 武寧王陵にて

倭人伝の新解釈　新邪馬台国論

2021年12月15日　第1刷発行

著　者　坂本光久《さかもとてるひさ》

発行者　太田宏司郎
発行所　株式会社パレード
大阪本社　〒530-0043　大阪府大阪市北区天満2-7-12
TEL 06-6351-0740　FAX 06-6356-8129
東京支社　〒151-0051　東京都渋谷区千駄ヶ谷2-10-7
TEL 03-5413-3285　FAX 03-5413-3286
https://books.parade.co.jp
発売元　株式会社星雲社（共同出版社・流通責任出版社）
〒112-0005　東京都文京区水道1-3-30
TEL 03-3868-3275　FAX 03-3868-6588
印刷所　創栄図書印刷株式会社

ISBN 978-4-434-29617-8 C0021